佐藤文子著

日本古代の政治と仏教

——国家仏教論を超えて——

吉川弘文館

目次

総　説……一
第一章　優婆塞貢進の実像とその史的意義……一六
はじめに……一六
一　優婆塞貢進文の再検討……一八
二　優婆塞貢進とは何か……三一
三　〈網羅的官度制〉から〈限定的官度制〉へ……三九
むすび……四四
第二章　日本古代における得度前行者の存在形態……五五
はじめに……五五
一　古代における白衣の俗人たち……五六
1　『年中行事絵巻』に見える白衣の人々……五六

2　「前行者」の白衣が意味したこと……五八
二　得度前行者の存在形態……六二
1　『日本霊異記』にみえる得度前行者の存在形態……六二
2　優婆塞貢進文にみえる得度前行者の形態……六七
3　得度前行者としての童子……七〇
三　得度前行者とは何であったのか……七三
1　得度前行者の法的立場……七三
2　得度前行者をめぐる本音と建て前……七七
3　得度前行者の発生の原理……八〇
むすび……八三
第三章　古代の得度に関する基本概念の再検討……九三
——官度・私度・自度を中心に——
はじめに……九三
一　「官度」の概念と得度システム……九四
1　「官度」の概念をめぐって……九五
2　「官度」による得度と治部省・玄蕃寮……九五

二　「私度」と「自度」とを検証する……九八
1　「私度」の解釈をめぐる思想と論理……九八
2　『日本霊異記』にみえる「自度」の存在形態……一〇〇
三　古代社会のなかの「私度」の実像……一〇四
1　いかなるものが「私度」と呼ばれたのか……一〇五
2　中国における「私度」の概念……一〇八
むすび……一一一
第四章　延暦年分度者制の再検討……一二〇
はじめに……一二〇
一　延暦年分度者制の基本理念……一二一
1　延暦十七年勅における得度政策の転換……一二一
2　延暦年分度者制の挫折と妥協……一二六
3　延暦年分度者制の模倣性と独自性……一三三
二　延暦年分度者制起草以前の得度制……一三四
三　延暦年分度者制成立の基盤と背景……一三八

1　官人登用試および学制との近似……一三八
2　起草者の問題……一四三
むすび……一四九
第五章　臨時得度の政治思想……一五七
はじめに……一五七
一　臨時得度の様相……一五八
二　『出家功徳経』の受容とその効果……一六三
三　「度」を賜うことの意味……一六六
四　いわゆる「例得度」をめぐって……一七三
むすび……一七四
第六章　淳仁朝の造宮計画
——宮の新営と天皇権獲得の原理——……一八三
はじめに……一八三
一　淳仁朝の造宮計画……一八四
二　「臨軒」について……一八八

三　宮の新営と廃棄をめぐる問題……一九五
四　宮の新営による天皇権獲得の原理―むすびにかえて―……二〇一
第七章　郊野の思想
―長岡京域の周縁をめぐって―……二一〇
はじめに……二一〇
一　長岡「京下」の問題……二一〇
1　「京下」の示す意味……二一一
2　カタノとカタビラ……二一三
3　北郊の諸相……二一六
二　西郊の特質……二二三
1　葬地としての役割……二二三
2　長岡廃都後の変容……二二五
3　大枝から鳥辺野へ……二三〇
三　郊野の思想―むすびにかえて―……二三三

結章　史学史としての〈国家仏教〉論……二四三
はじめに……二四三
一　ふたつの〈国家仏教〉論……二四四
二　〈国家仏教〉論の創出とその背景……二四七
三　〈反律令仏教〉・〈律令仏教〉論の生成……二五三
四　〈国家仏教〉論の復権……二五六
むすび……二五九
あとがき……二六五
索　引

総　説

総説に際して

本書は、筆者が一九九三年から二〇一二年の間に、執筆した論考をもとに結章を付し一書とするものである。最初の発表からすでに時間が経過したものが含まれるが、全体を通して大きな論旨の変更はない。これらをまとめるにあたっては、すでに単行論文として多くの引用を受けてきたため、構成を大きく改変することはひかえ、文章を修訂し、史料を補充するにとどめた。ここ総説においては、初出執筆時の研究情勢にも触れながら、現在に継続する筆者の問題意識を、本書の論旨の進行に則して申し述べていきたいと考える。

本書の方法

『日本古代の政治と仏教』と題した本書は、日本古代の社会と、そこに現出する権力の特質を、古代人の思想と信仰とを糸口として考究していこうとする趣旨に立つものである。また本書は、政治権力のありさまやその行動原理を、近現代の政治史を読み解くのと同じコモンセンスを使って読み解くのではなく、それじたい古代人の思想に包含される問題として解析していく方法をとる。さらにその作業を通じて、ながらく日本史研究において依用されてきた〈律令制〉論と、そのかなめの位置に置かれた〈国家仏教〉論とを学問史として把握し、過去のパラダイムが主張してきた思想を明らかにしながら、あらためて日本古代社会の歴史評価を考えていく。

整然とした法体系の導入とその実現という筋書きを使って〈国家〉の成立過程を説明する思想は、所定の要件を満たせばすなわちそれである、という西欧的概念認識の方法に依拠する部分が少なからずある。日本について説かれる国家論が、直接間接にその影響を受けて成立してきたことの経緯は、ここでは深く触れないが、古代国家論はその始動において、具体的な学究作業の対象となる以前に、国民国家を指向する政治人に必要とされたこと、彼らが「復古」という建て前で実現しようとした、モデルとしての〈理想古代〉の役割を担わされて発進したこと、そして当然のこととして内実からではなく外枠から設定され、新政府を担おうとした人びとの〈由緒〉として語り始められたことについて、資史料から事実を確認し受け止めていかなければならない。

『日本帝国美術略史稿』（帝国博物館編、農商務省刊、一九〇一年）は、一九〇〇年パリ万国博覧会開催を契機として日本を世界に向かって紹介する目的で編纂され刊行された *Histoire de l'art du Japon* の日本語稿である。この書物は、現在では日本美術についての記念碑的作品として知られている。わたくしたちが注意しなければならないことは、この書物のなかには日本で初めての通史的歴史叙述が含まれ、現今に至る日本の歴史叙述の祖型をなしているということである。

これより以前、政教問題と連動して、〈古代〉において仏教が「国教」であったとする国史構想が進行していたが、いわゆる久米邦武筆禍事件（一八九二年）を契機にこれが頓挫・解体していた。実質的な国史の誕生は、黒板勝美の仕事を待たなければならないために、文物の説明として書かれたこの書物に描き出された通史は、国史学者の裔である日本史研究者の目に留まることがほとんどない。しかしこの書物に示された日本のすがたは、黒板を経由し、その後の国史叙述に吸収されて現在に系譜をつないでいる。

『日本帝国美術略史稿』は、文物の紹介としては、当時まだ珍しかった時系列章立てを採っている。その各章冒頭には、「当代の美術に及ぼせる社会の情況」という節が付されている。国史編纂が頓挫していたちょうどこの時期、文物を説明することを目的とした時代概説が起草され、国外に向けて発信されていた事実は重い。

この書物の第二章聖武天皇時代の第一節には、孝徳天皇の時代に「隋唐の制を斟酌して、地方分権の制を革め、中央集権の制」をとり、日本の社会・文化は、聖武天皇の時代に隆盛の頂点に達したとしている。また、天智・天武が選定した「律令」が文武のときに大宝令となって完成し、元明・元正のときに励行・修飾され、「社会の秩序愈々整理し、中央政府の権力益々鞏固と」なったと叙述している。

重要なことは、この歴史叙述が表現した世界は、歴史学者の学究の果から成ったものではなく、当時の政治人が実現をめざしていた国家のすがたを、投影することができるように構成されているということである。そこには彼らにとっての〈理想古代〉とでもいうべきものが表現されているのである。

わたくしたちが、無意識に用いてきた「中央集権」「律令」「国家鎮護」といったタームやキーワード、そして聖武天皇時代には仏教を「政事の資」としていたという主張は、国史学が本格的に始動する前の二十世紀初頭、日本を対外的に紹介する役割を担ったこの書物の説明のなかで、すでに提示されていたものであった。このことを事実としてまず知っておく必要がある。

このような既成概念の成立や来歴に意を注することがなければ、何をどう論じようとも、それは誰とも知れない先人によって、いつとも知れない過去において、すでに決定されている枠を鵜呑みにしていることになる。みずからが学究的行為と思って取り組んでいることも、どのような意図を含んで成立したのかも知らないままの枠線に沿って、色を塗っていくような作業に堕してしまう。

わたくしは自己の研究を進めるに当たって、何よりもそのことを恐れた。そしてともかくも、既成の文法をその場の便宜で使うことなく研究を進めることこそが肝要だと考えた。古代の歴史を考究しようとするならば、いったん近代の力によってその掌中に収められた歴史（近代という時代によって書かれた歴史）を、その支配から解き放ち、具体的事象――もちろん権力者の政治行動をも含めた――ひとつひとつを古代人の思想的営為として捉え直していく必要があると考えたのである。

各章の梗概

第一章「優婆塞貢進の実像とその史的意義」では、正倉院文書という文書群のなかに残存している優婆塞貢進文と呼ばれる推薦書類の分析作業を通じて、八世紀の度人推薦の実態を論じている。わたくしが修士論文としてこの問題を考究していた当時、優婆塞貢進文を分類・分析した先行研究に鬼頭清明の「天平期における優婆塞貢進の社会的背景」（『日本古代都市論序説』法政大学出版局、一九七七年、一九七二年初出）があった。この論考における鬼頭の分析手法には、きわめてみるべきものがあった。これを受けたわたくしの論は、結論においては鬼頭の説を批判しているが、手法においては、文書の物質資料としての性質に注目した鬼頭に多くを学んで成立している。

わたくしはここで、貢進文を最初に三類（詳細な内容を持つもの・簡略な内容を持つもの・その他）に大別する鬼頭に対して、八類に細分類することを提案している。資史料の分類によって何かをあきらかにしようとするならば、その作業は、大分類からではなく細分類から始め、それをもとに有意味な単位をもって中分類、大分類と階層を上げていく手順を踏むべきと考えたためである。

そこで八類の細分類をもとに一次使用と二次使用の時間対応を確認し、優婆塞貢進文が受給されて、一次使用時の役目を終えてから、二次使用に至るまでの段階において、同時性と同場所性を示す群を一括ととらえた。鬼頭分類との違いは、資史料の文字情報である年紀が示す時間情報と、物質としての一括という状態情報を併用して、貢進文を編年のうえにのせた点にある。考古資料の分析に用いられる一括性の概念（モンテリウス著・浜田耕作訳『考古学研究法』雄山閣出版、一九八四年、原著は一九〇三年）を応用し、資史料の時系列変化を観察するための手だてとしたのである。

その結果、二次使用場所から割り出された貢進文の提出先は、太政官管下の官司ではなく、光明子の皇后宮職であった。優婆塞貢進という事業からかいま見える当時の権力の動きは複雑であり、一元的なものではない。伝統的有力学説は、およそ古代社会において、得度は国家によって完全に掌握されていたとしてきたが（二葉憲香『古代仏教思想史研究―日本古代における律令仏教及び反律令仏教の研究―』永田文昌堂、一九六二年・井上光貞『日本古代の国家と仏教』岩波書店、一九七一年）、それを掌握しているはずの主体の構造が、複合的・分散的であったり、その在り処がたえず揺れ動いているために、何らかの確立した制度に則って優婆塞貢進事業が展開していたと理解することは困難である。

優婆塞貢進による度人推薦は、天平六年（七三四）太政官奏が述べているように、この当時頻繁に行われていた「嘱請」による得度そのものである。むしろ度人の推薦を行っていた貢進者（推薦者）の階層（貴族・皇親・上級僧尼）にとって、近親者を出家・得度させる行為が、事実上の既得権と認識されていたと考えられる。

第二章「日本古代における得度前行者の存在形態」では、剃髪得度して沙弥となる以前の段階にあって、得度を目指して修道していた俗人の存在形態に注目した。およそ日本の古代社会において、公的勢力に属するものと私的勢力に属するものがつねに対抗関係にあるとしてきたいわゆる二項対立論は、こんにちでは戦後の唯物史観の盛行において宣揚されたように見えている。もしその対立の図式が現実であるとするのならば、〈あいだの人びと〉は、どこからどのように転身するのか、という見定めが必要であるとわたくしは考えた。

中国唐宋の事例では、有髪俗体で寺内に居住し、僧尼になるために修道していた者を、童子・行者の意から「童行」と称されていたことが知られている。剃髪に先だって、行政側の許可証を受けなければならないとする俗律が成立すると、剃髪して法体をとる前に関門ができ、童行身分の者が急速に膨張していく。宋代に至ってシステムが整備され、童行籍なるものが成立することで、個々が免丁身分の仏教修道者として認定される道筋が整い、行政と寺院両方によって身分把握されるに至る。

つまり、中国の僧尼社会では、俗人が僧尼になるに際して、まず出家して童行という身分に成り、修道生活を行い、剃髪得度を経て僧尼と成るという二段階制をとり、そこに行政支配が介入して「公度」と呼ばれるシステムが確立していくということである。そのことを念頭に置きながら、日本社会での具体相についての観察を試みると、日本でも短い期間ながらこの二段階制が存在していたことが看取される。八世紀の寺院社会において、「優婆塞」「童子」と呼称される得度前行者たちが、得度を目指して修道していたことが確認できるのである。

中国社会において、得度前行者の身分把握が確立に向かっていくのとは対照的に、日本社会ではこれらは九世紀中葉以降消失し、出家・得度の形態や僧尼身分に総合的変質が惹起する。日本では中国から関連法を輸入したことにともなって、得度剃髪している者すべてについて、その身分を把握することが目指されたが、理念が存在しながらついに把握に至ることはなかった。九世紀初頭には僧尼の一部を官僚的身分として採用する方式へと移行していく。

第三章「古代の得度に関する基本概念の再検討―官度・私度・自度を中心に―」では、古代史の基本概念である「官度」「私度」「自度」の語義について、これまで誰も行わなかった史料検討に基づく意味確認を試みた。

伝統的理解では、「私度」とは国家の許可を得ず、勝手に剃髪得度した者のことを指すと解説され、長い間、国家権力の厳しい弾圧にさらされつつ活動した民衆仏教の担い手であると目されてきた。そのイメージを支える仏教説話集『日本霊異記』は、一九五〇年代に〈私度僧の文学〉という立場を与えられたことで一躍注目を浴び今日に至っている。

ところが本文中にはいちども「私度」という語が登場しない。多くの論者が『日本霊異記』に登場する「自度」を「私度」と同義と断じているが、これについて何の根拠も示されたことがない。このような状況に対してわたくしは、事例と実態からこれらの語義を分析するという基本的作業が不可欠であると考えた。

全体を解析する鍵となるのは、「度」が、「自分が得度する」という意味ではなく、むしろ「何らかの主体が誰かを得度させる」という意味の動詞として使われていたという点である。すなわち「官度」という場合は、「官」（公の意通語）つまり、何らかの公的権力が、誰かを得度させる行為を指しており、「私度」は、何らかの私的権力が、誰かを得度させる行為を指しているのである。唐の戸婚律私入道私度条の疏議によれば、私度の刑罰は得度して僧尼と成った人物ではなく、得度させる行為をした人物に科されることになっていた。個人が意思的に税金逃れしようとしたことを禁じたものではない。

「私度」によって僧尼となった者が、あきらかに仏教者集団（サンガ）や寺および師主との関わりのなかで活動しているのに対し、「自度」は自分で自分を得度させた者であるために、名乗るべき法名を持っていない。「自度」身分は教団内の秩序に依拠していなかったためである。本章では、これらの概念についての長年にわたる誤読・誤解を訂正し、私的権力が人を得度させる行為が頻繁にあり得た当時の社会の性格について言及している。

第四章「延暦年分度者制の再検討」では、延暦十七年（七九八）から延暦二十五年（八〇六）にかけて整備され、実施された延暦年分度者制の特質とその歴史的意義について論じている。延暦年分度者制の内容を分析すると、「学令」に規定がある官僚の養成および登用のシステムを、官僧の場合に応用していることがあきらかである。この時点をもって日本の得度システムは模倣の段階を脱し、日本の実情にあわせたものへと転換したと評することができる。

この間発令された官僧採用についての一連の法令は、すべて桓武天皇の勅に拠っている。そのなかで、最終的に効力を持ったのは、延暦二十五年の太政官符（奉桓武天皇勅）である。ここにおいては、得度を目指して修道する得度前行者（官僧候補生）の必習テキストが業（宗）ごとに指定され、それに基づいて「読」「講」「論」という研鑽を順次積んでいくという養成方法が採られ、その及第によって官僧の階梯に進んでいく。免丁把握を目的とするためのシステムではなく、官僧を官僚のように養成し、採用していくシステムが導入されたのである。この延暦二十五年制は、宗ごとに度者の推薦枠を割り振るいわゆる〈宗分度者〉であったので、結果として、宗という単位が、天皇勅に基づいて実質的な度僧権を免許された集団（サンガ）として定着していく。

このシステムが採られたことによって、官僧と呼ばれる存在の性格は変質した。天皇勅に認められた宗という単位が確定したために、官僧になるにあたっては、既存の宗に属して年分度者にエントリーされるか、それに匹敵する権力主体から推薦されてそれが実現するという構造が成立したのである。権力を発動して得度を実現させる僧俗勢力の様態は、この時代の特質を見定めていくうえできわめて重要である。

第一章であきらかにしているように、有力勢力が度者を推薦する慣習じたいは、これより以前からあったものである。したがって延暦年間の一連の施策は慣習の整備でもあった。配下の者を得度させる権利が、紆余曲折を経て最終的に天皇勅のもとに集約されたという点に、延暦年分度者制の歴史的特質がある。

第五章「臨時得度の政治思想」では、日本古代において頻繁に実施された臨時得度について論じている。臨時得度については、これまで部分的に論じられることはあっても、これじたいを正面に据えて主題として論じる研究はなかった。その理由は、古代史を理解する枠組みが長らく〈律令制〉論によって規定され、天平期をその最盛期におく

（この事情については本書結章において詳細に論じている。）という結論に向かって予定調和するものであったために、税金逃れの私度僧を厳しく禁じていたはずの律令国家が、税負担者を減らすばかりの臨時得度を積極的に実施し、それが天平期にもっとも頻繁かつ大量に行われたという事象を、説明することが困難であったからである。

逆にいえば、この臨時得度の問題こそは、当該期の社会を特徴づける事象であり、日本という地域、そこに展開した社会において、権力と宗教とがどのような文脈でつながっているのかをあきらかにしていくうえで、さけて通ることができない本質的課題であるといえる。

八世紀の天皇詔によく見受けられるものとして、「災気」は、天皇の「不徳」「寡薄」によって惹き起こされるという思想が存在している。「災気」は病気や自然災害となって立ち現れる。すると天皇は我が身の「不徳」をなんとか克服する対処をせねばならない、という構造をとって現れる思想である。

臨時得度は、大赦や賑恤などと併行して、「災気」の対処として頻繁に実施された。このような対処法には、中国の政治思想の影響が色濃く認められる。とくに為政者による臨時得度の実施は、儒教思想に基づく仁徳に、仏教的功徳を現報として求めようとする思想が融合したものである。

この問題に関して、則天武后時代に流行し、八世紀の日本社会に受容された『出家功徳経』という経典の存在が注目される。この経典がもっとも強調している「放人出家」の功徳は、この問題に深く関与している。「放人出家」とは、篤信者が自身に隷属させている存在を解き放ち、僧尼とさせるために出家させる行為で、出家を免した者はその身に善報を受け、出家を妨げた者はその罪報として、病を受け地獄に堕ちると説く。

日本の古代社会においては、さまざまなレヴェルの権力主体が、配下の者を出家・得度させるという行為に動機を持っており、天皇が掌握したのは、現実には得度させる権利を給する権利であった。またそれを確実に掌握したのは九世紀初頭のことである。それ以前の度僧権は、その所在がきわめて動的で、得度させる権利は、天皇が一元的に掌握した状態にはなかったし、太政官が管理統括した状態にもなかった。これまでの論者が、これをあたかも固定した〈制度〉であったかのように論じてきたことについては、方法じたいがこの問題の解明に適さないものであったといわざるを得ない。

『出家功徳経』や同時期に流行したその他の功徳経（たとえば『造像功徳経』『造塔功徳経』『浴像功徳経』など）に説かれる善報や罪報の論理は、為政者を含む富貴なる篤信者を突き動かし、臨時得度をたびたび実施させ、さらに大規模な造寺造仏写経などの檀越活動へと誘引する具体的動機となっていた。

わたくしはこの論点が、〈国家〉による仏教興隆と仏教統制の二本立てで説明されてきた〈国家仏教〉論を、学術的手続きに則って超克し、権力者層の仏教活動の意味を適正にとらえ、さらには当該期社会の構造を分析していくための具体的かつ有効な糸口となると考えている。

第六章「淳仁朝の造宮計画―宮の新営と天皇権獲得の原理―」では、淳仁天皇の「帝」時代における小治田宮・保良宮への「行幸」「遷都」という事象を素材として、古代の天皇権の獲得・発動と新宮造営との関わりを論じている。

権力や勢力はいったいいつ何をもって「官」となるのか。この問題をあきらかにするには、権力の獲得と発動についての当時の人びとの思想を観察する作業が、まず必要である。ここでわたくしが注目したのは、淳仁天皇の「臨軒」記事である。「臨軒」はこれまで、根拠を示されることなく、大極殿出御のことであるとされてきたが、これはあやまりで、「臨軒」とは天皇が正座ではない座に出御することを指す。

淳仁が「帝」であった当時、単独で大極殿出御することがなく、「臨軒」をたびたびくりかえしていた。このことは、淳仁が天皇権力を発動するための装置――淳仁のための正宮・正殿・高御座――およびそれらの確立によって獲得される天皇権が不全であった状況を示している。

古代の天皇が権力を発動するためには、統治者としての信託を受けて天皇権を獲得する必要があった。中国社会において皇帝権力の裏づけが天命によるというコモンセンスに依っていることに対して、日本の天皇権が、何をもって信託を受けたと見做されるかについては、時期によって少しずつ変化があるようである。たとえば、讖緯説が日本社会にも広がりを見せたことから、天文現象、ネズミや蛙などの小動物が群れをなして移動をする現象、誰とも知れず歌いだされるはやりうた（童謡）などが、人智を超えた存在の意思を託されたものとされ、現実の政治に影響を与えていたことは、周知の通りである。

新宮営造が頓挫せず（とくに火災に遭わず）、材が調進され、無事に成立するか、という問題も当時の思想のなかで理解されるべき事柄である。新天皇のための新宮は、後見勢力の「功」によって営造が成ることじたいが重要で、今日的な意味での公共事業とは思想が異なっていることには、注意しなければならない。

淳仁とその後見勢力は、宮の新営によって天皇権獲得を目指すと同時に、高野天皇（孝謙）の天皇権の解体を試みるが、結果として不首尾に終わる。造宮計画の頓挫とともに、淳仁は政治的にはいわゆる死に体となり、その勢力は瓦解し「廃帝」に至る。この現象が語ることは、かつて日本社会においては天皇権が、血筋の秩序よりもむしろ何らかのレガリアの獲得によって承認されていたということである。とりわけ古代においてはそれが宮の新営とリンクしていたという思想背景をふまえることが重要である。

都宮の新営には新天皇のレガリア獲得の意味があり、後代に「遷都」と叙述される出来事には、現実にはクーデターとしての性質がしばしば含まれる。結果として頓挫した場合には、それは「遷都」とは叙述されにくいことになる。

近代以降に成立する価値観を遡及させて、それらを〈公共〉事業だと結論を予定する議論からは、本質はあきらかにされ得ない。仮に古代に〈公共〉という概念を認める立場に立つならば、宮や都の新宮（あるいは破却）や遷都という事件こそが、〈公共〉の内実化を起動する位置にあるというべきである。

第七章「郊野の思想―長岡京域の周縁をめぐって―」では、長岡京域の周縁地域を素材に採り、都城の郊野の構造・機能およびそれを支える思想についてやや長いタイムスパンで考察した。都城には、その周縁に「郊」「野」と呼ばれるエリアが付帯している。日本ではこの二者について厳密な区別はなされていないが、都城に付帯し、都城の機能を補完するエリアが計画的に設定されていたことは確認できる。ここではそれを郊野と称して研究の俎上にあげた。

都城研究では、都城の内部の構造を研究することが常で、どこまでが都城域に含まれたかという議論が重視される。それに対して、都城と相互に影響しつつ展開した郊野の歴史はあまり注目を浴びることがない。しかし郊野は、都城の歴史を考察するうえで欠かすことができない要素であり、都城を消費地とした生産地としての役割をはたしただけではなく、葬送や隠棲などの地として都人の精神世界を補完した。都に対応する身近な鄙としての機能を持っていたのである。

都城プランじたいはいわば制度であり、地形図のうえに定規を当てて引くことができるが、都市は人間の営為が重層的複合的に展開して立ち現れるものであり、その存在は思想的動態として観察されるべきものである。時代をおって変化していく長岡京郊の様相は、そのことを如実に語っている。

結章「史学史としての〈国家仏教〉論」では、国史学の成立と連動して古代国家論の中核に据えられた〈国家仏教〉論を取り上げた。

古代史の概説は、聖武天皇時代の国分寺建立・大仏造立という事件を章立てのなかに組み入れて叙述しており、国史学の萌芽期からそれは、かなめの位置に置かれてきた。このことは、視覚的にアピールする仏教遺産を中核に据えて日本古代のイメージが組み上げられたことと深く関わっている。

江戸時代以来のたとえば水戸学の歴史叙述においては、当然ながら天皇の仏教活動を政治の手だてと位置づける発想はなかったので、これは明治政府によってまったくあらたに択び取られた論法であった。これが「政事の資」「支配イデオロギー」などと言い換えられながら戦前戦後を通じて継承されていくことになる。

明治二十年代後半には、旧制中学の歴史教科書において、法隆寺（西院伽藍）と正倉院宝物とが図版ページを割いて大きく取り上げられている。後に呼称されるところの美術史・建築史分野において仏教遺産を使った古代像が構築され、聖武天皇時代が隆盛の頂点である、という教育がすでになされるようになる。

国史学は、それよりも遅れて、水戸学者や神道勢力との軋轢を体験しながら、右の文脈と協同する途をたどった。仏教遺産を表に出して、日本の文明度を西欧と同値化し、古代においては、聖武天皇時代が隆盛の頂点であったと説明することは、近代日本が択び取ったあたらしい公式見解であったのである。

国史学の立場から〈国家仏教〉という概念を創出し、『国史の研究』各説の部（文会堂書店、一九一八年）においてそれを担ったのは黒板勝美である。黒板は、聖武天皇時代の仏教事業を国家的なものであったとする新見解を歴史叙述のなかに吸収し、従来の評価を一八〇度転換させた。また聖武天皇時代の仏教文化を東アジアの影響を脱した日本的なものとする立場をとった。ただし黒板が学者として、日本の国分寺構想が中国の模倣に依っていたという基本的事実を知らなかったとは到底考えられない。

黒板の〈国家仏教〉論は、戦後いったん消えてしまうが、昭和四十年代に井上光貞によって再構築され、教科書の記述に復活する。井上は黒板の〈国家仏教〉論に二葉憲香らによる〈律令仏教〉論を吸収するように学説を構築した。その結果もともとは別のふたつの概念を〈国家仏教〉というひとつのタームに背負わせることになった。国家による仏教興隆・国家による仏教統制の二本立てで概説がなされ、研究者がその枠組みを用いて具体的事例をはめこんでいくようになったのは、これ以降のことである。

総説のおわりに

日本の古代社会は、天皇という権力装置を導入し、それじたいを政治システムとして用いつつ、内外のさまざまな権力との関係を図りながら、全体としての秩序を構築していった。ここで注意しておかなければならないのは、この天皇という装置による政治システムが、一極集中型の権力の発動という形態をつねにとっていたわけではない、ということである。

さらに、権力が分散的重層的に機能する場面が有意味に頻繁にあり、それを例外的状態として切り捨てて全体像を構想することはできない。天皇という権力もまた、即位によってただちにその内実が完成されるものではなかった。「日本古代において得度権は国家によって完全に掌握されていた。」という通説にはいくつもの論点先取が含まれている。ここでいう国家とはだれのことなのか、あるいはどのような構造を持つ主体のことなのか。そしてそのような国家はどのようなプロセスを経て成立したのか。この説を支持しようとするのであれば、その支持者は各自の力でまずそこを説明しなければならない。さらに得度権が完全に掌握されていたとは、どのような実態から証明されたのか。「得度権」は二葉憲香による造語であり、「度僧権」の言い換えである。二葉以降多くの研究者はそのことに気づかずに使ってきたが、この言い換えには仕掛けがあり、度僧行為が造寺や写経と並ぶ檀越活動であり、その主体者に功徳をもたらす行為であるという、あたりまえのことを忘却させた。二葉説は、唯物史観に仲介されて仏教者たちのメンバーシップの外に飛び出し戦後歴史学の文脈に影響を与えた。そして強大な力を持った国家は強大な力を持っていた、という国家史のトートロジーに親和し得たのである。

第一章　優婆塞貢進の実像とその史的意義

はじめに

古代史において僧尼もしくは僧侶となる権利は、得度認許権あるいは得度権とよばれ、〈国家〉によって掌握されていたと考えられてきた。（1）このことは、日本の古代仏教をもっぱら〈国家〉的なものであると認識させてきた、先行学説の特徴である。歴史上の使用例がさほどみられない「官僧」「官度」（補注1）という史料語が、研究上の既成概念となり、術語として多用されてきたのは、（2）公的権力による得度認許権が実態において十全に機能していたという前提に立ってきたことに拠る。

しかしながら、公的権力による得度認許に際する手続きが、これまでの研究において具体的にあきらかにされてきたか、また積極的に議論されてきたか、というとそれは否といわざるを得ない。

この分野における代表的論者である薗田香融は、昭和五十一年（一九七六）の時点で「律令政府は得度の際に、（1）勘籍・除籍事務、（2）僧籍への編入事務、（3）度縁の発給という三種の届出義務を課することによって実質的にこれを官僚統制下におこうとしたのである。」と述べている。（3）薗田は、『延喜式』玄蕃寮（71）年分度者条と「雑令」（38）造僧尼籍条の条文をもとに古代の得度手続きを説明しようとしたのであった。

○「雑令」（38）造僧尼籍条

凡僧尼、京国官司、毎六年造籍三通。各顕出家年月、夏臈及徳業（ママ）、依式印之。一通留職国、以外申送太政官。一通送中務、一通送治部。所須調度、並令寺准人数出物。

僧尼は、京・国の官司が、六年ごとに三通を造籍せよ。それぞれ出家の年月、夏臈および得業を明記し、式に依って押印せよ。一通は職・国に留め、それ以外は太政官に申送せよ。一通は中務省に送り、一通は治部省に送れ。必要な調度は、いずれも人数に応じて寺に出させよ。

○『延喜式』玄蕃寮（71）年分度者条

凡年分度者、試業訖更随所業、互令各論、択其翹楚者、仍聴得度。其応度者、正月斎会畢日令度、畢省先責手実申官、与民部共勘籍。即造度縁一通、省寮僧綱共署、向太政官請印、即授其身。其別勅度者勘籍度縁亦宜准此。但沙弥尼度縁者用省印。

年分度者は、試業終了後、更めて所業（専攻する業）について互いに各論させ、才能がすぐれた者を択んで、そこで得度を許可せよ。得度予定者となった者は、正月斎会の畢日に得度させ、終了後治部省がまず戸籍の写を用意して太政官に提出し、民部省と共に勘籍せよ。すぐに度縁一通を造り、治部省・玄蕃寮・僧綱が共署して太政官に向して請印し、すぐに本人に授けよ。別勅度者の勘籍・度縁もこれに准じる。但し沙弥尼の度縁は治部省印を用いる。

薗田説が立脚した『延喜式』段階における年分度者のモデルは、ある程度当該期の実態に連動すると考えるが、これを延暦新年分度者制施行以前の社会にまで遡及させることは難しい。「雑令」（38）造僧尼籍条についても、法と実態との差異をあらためて吟味していく作業が必要となる。また、日本古代において度縁制が網羅的統一的に機能していた証左は、その後の研究においても示されてはいない。

つまるところ、日本社会における得度認許にかかるシステムは、いつどのように成立し、どのような変容過程をたどったのか、という具体相の解析は課題として残されたままである。

他方、しばしば引き合いにだされる史料に、正倉院文書に残存する優婆塞貢進文と呼ばれる文書群がある。この文書群について竹内理三は、「仏教の急速なる普及は、大量の僧尼を必要としたので、民間から、清信廉行、僧尼たるに堪ふる者を貢挙せしめられた。」と解説し(4)、以来優婆塞貢進文は「在俗篤信の男女を政府に推薦し、得度を願い出た文書(5)」であると認識されてきた。

現にこれらの文書には、貢進されている人物の氏名・年齢・本貫のほか、どんな経典を読誦できるかなどの仏教的能力に関わる事項が具体的に記載されていることもある。そのためこういった文書が存在するというだけで、太政官や治部省などを職権主体とする得度認許手続きが整備されていたと理解されてきた。ところが、これら貢進文が太政官管下に提出されたとするべき根拠はどこにもなく、こういった理解が史料検討に立脚した研究が充分なされた上でのものであったとはいえない。

本章は、以上のような問題点をふまえ、優婆塞貢進文の史的性格を明らかにするための基礎作業を行ない、古代における得度の問題を、制度という固定的なとらえかたではなく、歴史的実態と変質過程を意識下に検討を試みるものである。

一　優婆塞貢進文の再検討

優婆塞貢進文の史料としての難しさは、その書式（記載内容）がきわめて多様であることにある。簡略なものから複雑なものまで、書式が定まっているとはいえず、ために優婆塞貢進の普遍的性格が把えにくいものとなっている。検討にあたっては、分類というプロセスは不可欠である。すでに鬼頭清明が、これらの分類を試みており、これまでの研究のベースとされてきた。(6) 鬼頭分類の概要は以下のとおりである。

〔A類〕詳細な記載をもつもの——被貢進者名・年齢・本貫地・読経・誦経・浄行等の資格内容の記載

A1類　二次使用が皇后宮職ないし写経所関係の文書であるもの

A2類　二次使用が丹裏文書であるもの

〔B類〕きわめて簡略化したもの——被貢進者名・年齢・本貫地・年月日等の他簡単な注記

B1類　「了」という追筆をもつもの

B2類　「四月五月」という追筆をもつもの

〔C類〕A、Bの両方に属さないもの

鬼頭分類の評価すべき特徴は、その文書の二次使用の内容に着目していることである。正倉院文書という文書群が、物質として最終保管場所に至るまでの伝来の経路こそは、記載内容以上に優婆塞貢進の特質を語る可能性をもっており、貢進文の分類に際しては、二次使用の内容（特にその使用場所）がもっとも有効な情報であるとさえいえる。ところが残念なことに、鬼頭分類は以下に述べるように、その基本的方法において分類としての一般性に欠ける面をもっており、鬼頭以後の論者が、鬼頭分類の方法についての批判的検討をせずに鬼頭分類を前提としてきたことには問題がある。

鬼頭分類は、まず「詳細な内容をもつもの」（A類）と「きわめて簡略化したもの」（B類）との大別を起点としている。しかしながらこの分類方法では、最初の判断において既成概念に基づく予断が介入することがさけられない。

まず細分類を行ない、それを基礎に相互の分類の有意味性を確認し、その上でグルーピングを行なうという分類の基本的手順を踏んでいないことは不適切である。結果、分類の最終段階までさけられるべき、それら以外というグループ（C類）を設けたことで、あらかじめ史料の可能性をせばめてしまっている。

また鬼頭分類は、史料評価の上では、貢進文は天平十七年以降簡略化するという竹内理三説の影響下にありながら、天平四年（七三二）から宝亀三年（七七二）までの四十年間にわたる年紀が記載されている史料の年代差を、分類の基本情報として採用していないことも方法として適切とはいいがたい。当時の制度、もしくは政治意思が、四十年間の年代差を度外視して固定していたと前提することには賛同できない。優婆塞貢進文については、正倉院文書中にたまたま残存したもののみを材料としなければならないという制約のもとで、貢進はいつごろ、どのようにはじまり、いかなる変質過程をたどったのかをあきらかにするということは、分類という資史料解析作業の前提ではなく動機でなければならない。

もとより鬼頭分類の目的は、優婆塞貢進文の既成学説による概念規定に基づき、「得度を直接の目的としないものをあらかじめ検討の対象からはずす」ということにあった。優婆塞貢進文と称されるもののなかには、たとえば「謹解　申貢上優婆塞事」という事書のもとに、明らかに造仏事業へ従事させることを希望した記載内容をもつものが存在しており、(7) 問題を複雑なものにしている。鬼頭分類の動機もこういったところにあるのだが、得度を直接の目的としないもののなかには、事業に従事することを足がかりとして、その見返りとでもいうべき得度を目的としているものが含まれていることが、すでに知られており、正倉院文書の伝来経路（ルート）から考えると、文書の提出先を同じくしていた蓋然性が高い。したがって優婆塞貢進の意味じたいをあきらかにするという目的に立つならば、むしろ基礎的検討の段階では、それらを除外すべきではない。(補注2)

表1　優婆塞貢進文の分類

類別	点数	貢進文（一次使用）の年紀	二次使用	二次使用時の年紀
1	1	天平4年3月25日	皇后宮職関係文書	天平5年
2	4（1）	天平6年7月27日～天平8年12月	写経所関係文書	天平10年頃～天平15年3月
3	23（6）	天平14年11月14日～天平15年1月9日	写経所関係文書	天平15年8月～天平18年2月
4	6（2）	天平16年11月9日～天平17年4月18日	丹裹文書および造東大寺司関係文書	天平勝宝5年6月～天平勝宝7歳8月
5	8（16）	天平17年9月19日～天平17年9月24日	丹裹文書	天平勝宝5年6月
6	18	天平勝宝2年4月4日～天平勝宝2年5月18日	丹裹文書	天平勝宝5年6月
7	1	天平勝宝4年11月17日	造東大寺司関係文書	天平勝宝7歳6月
8	6	神護景雲4年6月25日～宝亀3年10月17日	写経所関係文書	宝亀年間

※一括の単位から検出できる外数を（　）にて示す

以上のような理由により、ここではまず貢進文じたいに記載されている年代を基軸とし、二次使用の内容（年代と場所）という要素によって類を検出した（表1）。貢進文として使用されている一次使用と、二次使用の使用時点を対応させてみると、貢進文がいったん反故となってから、再利用に至るまでの期間は十年程度以内であることが判る。保管から二次使用に至る際の単位が検出でき、それらの単位が二次使用の年代を含めて更に間隔をおいていることから、残存しなかった群があると思われる。一次使用の年代に対応する二次使用の年代が交錯する範囲をみると、この単位は明確に限定され、保管時の単位に近いものであると見做すことができる。ここでは論述の便宜上、この単位について一括文書（補注3）という術語を与えて論述を進めていくこととする（図1）。

〔1・2類〕

1類と2類は表1に示したとおり、一括文書としての単位を別とするが、次のふたつの理由によりここでは連続するものとして扱う。まず第一には貢進文に記載される事項

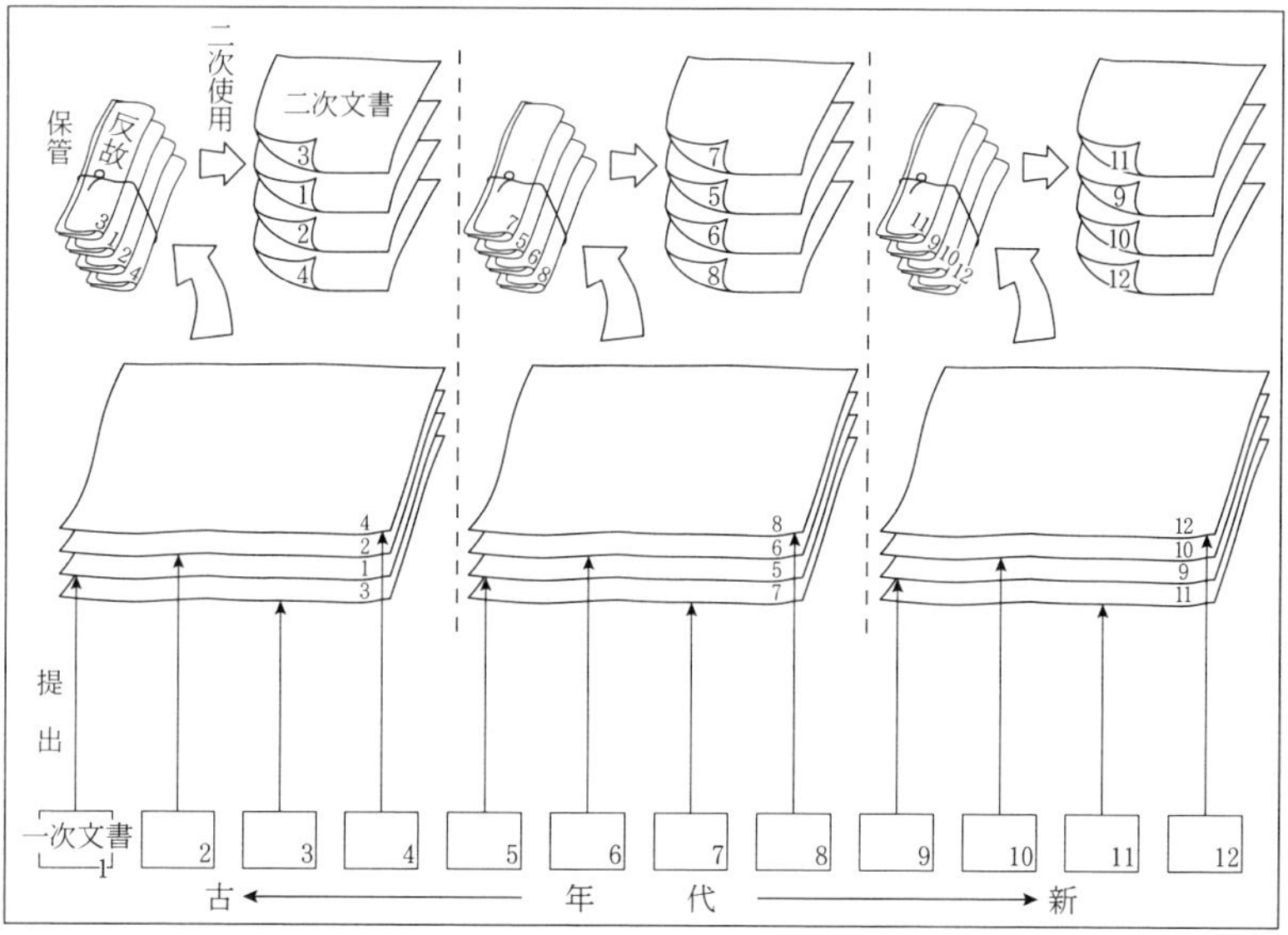

図1　一括文書の単位概念図

が同じであること、そして第二には二次使用の場所が同じであることである。2類貢進文は天平十年（七三八）から天平十五年三月の間に写経所において二次使用に至っている。当時写経所が皇后宮職の所管であったことはすでに確認されているとおりであるので、[8]皇后宮職で二次使用に至った1類とは伝来経路が同じであったと考えてよい。1・2類の類型は次に挙げるようなものである。

鴨県主黒人年廿三　山背国愛宕郡賀茂郷岡本里戸主鴨県主呰麻呂戸口
読経　法花経一部　最勝王経一部
涅槃経一部　方広経一部
維摩経一部　弥勒経一部
仁王経一部　梵網経一部
雑経　合十三巻
誦経　方広経上巻　観世音経
多心経　誦陀羅尼
羂索陀羅尼　仏頂陀羅尼
大般若陀羅尼　法花経陀羅尼
虚空蔵経陀羅尼　十一面経陀羅尼

八名経陀羅尼　　七仏八菩薩陀羅尼
結界唱礼具　　浄行八年
天平六年七月廿七日(9)

この1・2類に共通する特徴は、被貢進者の資質を示す経業が列記されていることである。事書のあるものは［溝辺浄土二四—四七］の一通に限られ、それには「謹解　申進上出家人事」とある。［秦伎美麻呂二四—三〇三］は貢進文として発給された時点の年紀がないが、二次使用の内容が天平十四年七月の「装潢本経充帳」であることから、2類一括文書中に含まれると考えてよく、貢進文としての発給時期を天平六年から八年ごろに比定できる。

〔3類〕

謹解　申貢出家人事
船連次麻呂年卅　河内国丹比郡野中郷戸主正六位上船連吉麻呂戸口
読経　法花経壱部八巻　　最勝王経壱部十巻
大般若経壱部六百巻　　花厳経壱部八十巻
瑜珈(伽)菩薩地十六巻
誦　不空羂索陀羅尼　　仏頂尊勝陀羅尼
浄行弐拾壱箇年
師主興福寺僧禅光
天平十四年十二月廿三日
貢人治部省少録従八位上船連多麻布(10)

3類は経業が列記されているという点では1・2類と同様である。この3類で特に注意しなければならないのは貢進者である。被貢進者の近親とみられる有位有官の俗人を貢進者としている例が多く見受けられ、それらは事書を「謹解　出家人事」としている。一方で僧を貢進者とするものが三例あり[11]、そのうち二点までが事書を「僧某謹解申貢度者(人)事」としている。近親の俗人を貢進者としている場合と僧を貢進者としている場合との違いは、被貢進者の実質的身分の違いに起因するものと考える[補注4]。つまり前者の被貢進者たちの身分が、いまだ本貫の近親者との強い結着に依拠しているのに対し、後者の被貢進者たちの身分はすでに仏教者集団の傘下にあったものと考えられる。また、3類の年代に該当する貢進文は、国分寺僧の推挙に関わると考えられ[12]、国司、郡司による貢進が二例ある[13]。

〔4類〕

4類から7類までは、二次使用の場所と年紀に拠れば一括文書として扱うべきものである。しかしながら一次使用の年紀において、天平十六年（七四四）から天平勝宝四年（七五二）までの八年間という時期幅があり、年紀の限定や記載の特徴によって有意味なグループを検出できることから、ここではさらなる細分類を施した。

4類には解や啓が混在し、文書の書式という点では統一的とはいえない。この類の時期の特徴は、次の三点の文書によって把えることができる。

①謹解　申貢上優婆塞事

猪名部真人年十七伊勢国員弁郡笠間郷戸主猪名部美久戸口

右件之人、預造奉仏所欲駆

使、故録事状、恐々謹解以申。

天平十六年十一月九日　「(異筆)以十二日入」

大安之寺僧本馥謹上(14)

②貢　出家人事
奈良日佐浄足年十三
右人、以去年七月十八日役使寺所優婆塞、至于今年尽労。
以前人、左京四条四坊戸主従八位上奈良日佐牟須万呂之男
天平十七年正月十二日　(自署)「玉祖人主」(15)

③私部継人年十三
丹波国船井郡々里戸主私部智国戸口
右人、入優婆塞例欲出家、今録具事状、謹以啓。
天平十七年三月廿一日
従四位下左衛士府督兼山背守侍従佐伯宿禰　(自署)「浄万侶」(16)

右のうち①は優婆塞が造仏所へ出仕することを願い出たものであり、②③は優婆塞が出家することを願い出たものであるから、貢進の直接の目的は異なっている。とはいうものの、これらは優婆塞が造寺造仏の事業に奉仕し、その労によって出家の身分を得るというコースにのった一連のものであることは瞭然としている。

それは次のようなプロセスを踏むものであった。まず②によれば被貢進者である奈良日佐浄足は、天平十六年七月十八日付で造寺所の優婆塞として出仕することをゆるされ、同十七年に至って所定の「労」を終えたという。この貢進文は「労」を終えたことを理由に彼を「出家」させるべく提出されたもので、一定期間の「労」をいわば代価とした出家が、この時期行なわれていたことがうかがえる。このことから③にみえる「優婆塞の例」とは優婆塞が労によって出家をゆるされることをいったものと理解できる。①の貢進文には、出家に関わる記載がみられないが、被貢進

者である猪名部真人は、貢進者である大安寺僧本馥に従う仏教修行者であったと考えられ、造仏所での労によって「優婆塞の例」に入ろうとしたと考えるべきであろう。

これらは文書の単位から同一場所に提出されたと見做される。このことからこれらの提出先は、出家を認定する主体であったとともに、この時期の造寺造仏事業の推進主体でもあったと考えなければならない。

〔5類〕

ここで5類を特に独立させている理由は、同一の書式をもつものが天平十七年の九月十九日から二十四日までの六日間に限定されて検出されることに拠る。

日置造石足年十九　紀伊国那名（加）郡荒川郷戸主日置造白麻呂戸口

天平十七年九月廿一日　（異筆）「了」[17]

5類の書式は他類と比較すると簡略なもので、被貢進者の氏名、本貫、年紀が記載され、そこに右にみるような「了」という異筆の書入れのあるものが含まれている。書入れのあるもののうち年紀が明らかなものは四点で、[18]年紀未詳のものは十六点ある。[19]年紀未詳のものも含め、いずれも丹裏文書として二次使用に至っており、他類の年紀の明らかなものには同様の書入れの例がない。このことから、「了」の書入れをもって5類に該当する年代観を与えるべきであると判断する。また、年紀が明らかで「了」の書入れのないものが四点あるが、[20]この有無は提出後の取り扱いの違いによると推測する。

「了」の書入れの意味については、すでに根本誠二が特に根拠を示していないながらも「出家希望者の戸籍の記載内容の事実確認（勘籍）の完了を示す」と推定している。[21]［秦人広山二五—八九］には裏面に「勘了」という書入れがあり、これが「了」と同じ意味合いをもつと考えれば、根本の推定の妥当性は高い。

また、年紀未詳で被貢進者名、年齢、本貫地のみの簡略な書式のものが八点存在している。(22) 二次使用はすべて丹裏文書であるが、これだけの情報では、年代比定ができないので、これらについての分類は留保する。ただ書式においては、5類もしくは後に述べる6類に近似している。

ところでこの5類のうち、「了」の書入れのある群は鬼頭B1類に完全一致する。鬼頭は［白髪部千嶋二五―一三六］に「師主薬師寺僧行円」の名がみえていることから、それを「得度を目的とする審査のための優婆塞貢進文である証左」と考えて、この群の性格を決定している。しかしながら3類にみたとおり、出仕を願い出ることを目的としたものについても、一定期間の労を功績として、出家得度をはたそうとしているわけで、それが恒例のことと認識されていたのであるから、師主名の有無をもって判断の根拠とするには無理がある。(補注5) そこで参照の材料として次の史料を挙げたい。

従五位上百済女王謹解　申進度者事
川直吉麻呂十七　近江国高嶋郡高嶋里戸主川直鎧戸口
天平十七年九月廿一日
（異筆）「甲賀役百廿日」(23)

右の貢進文は事書に明らかなように、度者（得度候補者）として貢進されたものである。彼が度者を願い出る資格は「甲賀役百廿日」の労に従事した実績に依っている。この貢進文は、鬼頭B1類には対応しないが、5類に関しては貢進文の年紀がこの時期に著しく集中していること、この時期のものが労を織り込んだ貢進が行なわれる契機となっていることから、これらを度者を貢進したものと推定することができる。

〔6類〕

酒見君奈良万呂年廿四　安波国長郡大野郷戸主漢人根万呂戸口

　　天平勝宝二年四月四日

（異筆）「四月　五月」(24)

6類は右のように「四月五月」もしくは「五月」の書入れがあり、この特徴によって完全に網羅される。この書入れの意味を考えるため次の一点を挙げる。

貢　　智識□□（人事カ）

雀部（異筆）「正丁」　御垣守年廿四　参河国宝飫郡形原郷戸主雀部小虫戸口

　　天平勝宝二年五月十五日

（異筆）「充千手千眼堂

　　　主典葛井連根道

　五月　　　　　　　　」(25)

右にみえている主典葛井連根道は、天平勝宝元年（七四九）から天平宝字三年（七五九）ごろに造東大寺司の主典であったことが確認できる人物である。鬼頭は、鬼頭B2類に対応するこの6類の追記を、造東大寺司政所でなされたものとしている。また、右については「知識人として千手千眼堂への出仕を判定している」ものとし、この類は得度を申請した貢進文ではないと断じている。

しかしこれは必ずしも正しくない。前述のように記載内容に「師主等、優婆塞貢進文とする明証」がなく、造東大寺司管下への出仕を示す内容があるということが、即座に出家得度と無関係であるということを意味するわけではないからである。この6類とともに一括を構成する群には、出家得度に直接関わるものが存在しているのであるから、群の同時性・同場所性という客観状況に従って、出仕を願い出ているものについても、4類や5類でみたような、出家得度との関わりを視野に入れて検討することは必要不可欠である。この点に関しては、次の貢進文が示唆を与えてくれる。

長谷部池主年廿五 尾張国中嶋郡茜部郷戸主従八位上長谷部稲持戸口

先参入役日百日

天平勝宝二年四月廿四日尾張国々師鏡忍

（異筆）「四月　五月」(26)

右の貢進文において、被貢進者長谷部池主は、自らの本貫である尾張国の国師鏡忍を貢進者としている。同日、池主と同様に甚目子牛養も鏡忍によって貢進されており(27)、その貢進文には「先参入役日百廿日」とある。勤めるべき役日があらかじめ決まっていることで、これらの労が出家得度を念頭においていることが判る。また、国内の教導を責務とする国師の僧によって貢進が行なわれていることから、貢進すべき人物の簡定が国レベルで行なわれることがあったことが判る。

〔7類〕

僧法栄解　貢優婆塞事

宗形部岡足年十七

右人筑前国宗像郡荒城郷戸主宗形朝臣人君戸口

天平勝宝四年十一月十七日僧「法栄」

「四年十二月十七

五年正月廿七二月廿七三月廿九四月廿五月廿七六月廿五七月廿三」(28)

7類は右の一点のみである。この書入れ部分については鬼頭が指摘しているように、造東大寺司においてなされたと考えるべきで、6類と同様に考えて差し支えない。

〔8類〕

8類には、東大寺別当である奉栄や少鎮実忠の自署を書き入れたものがあり(29)、これらは造東大寺司での登用の認可を意味すると考えられる。東大寺案主である上村主馬養による貢進文が二点ある(30)。また、8類には直接出家得度を希望する記載を含むものはまったくみられない。

〔賀茂部秋麻呂八―四九〕には「貢　優婆塞舎人事」という事書がある。これについて井上薫は「優婆塞と舎人のどちらかに採用してもらいたいという意味」(井上のいうところの優婆塞としての採用とは、出家得度の認可そのものをさす)とし(31)、佐久間竜は「舎人として官人機構の末端で働きながら、しかも仏道修行を志す賀茂部秋麻呂が貢進されたとする方が自然」としている(32)。この貢進文には造東大寺司に登用されたとみられる他の貢進文と同様に、少鎮実忠の自署がみえており、8類が時と場所を共有する一括文書であるということから、これが出家得度を即座に願い出たものであると断定するのは難しい。一方でこの賀茂部秋麻呂は、持経師位法師恵雲を貢進者としており、すでに仏教者集団の傘下にあって仏道修行に従う優婆塞であったと考えられる。貢進文の体裁からすれば、彼の優婆塞であるという経歴や、師位僧を貢進者としていることが、登用に際して有利に働く要素であったと考えられるが、出家得度との関わりについては、これだけでは決め手を欠く。

以上、貢進文の分類とその内容について述べた。次節においてはこの分類をもとに、優婆塞貢進のもつ歴史的性格について考えていく。

二　優婆塞貢進とは何か

本章冒頭で述べたように、優婆塞貢進は、古代において出家得度に際する「正規の」手続きに関わるものと考えられてきた。佐久間竜は、官僧身分を決定する度縁発給の手続きについて「まず経業を記した優婆塞貢進解を作成し、治部省に貢挙することを原則とする」としている。(33) この理解は大方の支持を得てきたわけであるが、この理解には、貢進文が「正規の」手続きに関わるものであるという先入観が働いている。特に貢進文の提出先を治部省とする理解については、史料検討に基づいた根拠が全く示されていない。にもかかわらずこの点においては数多くの研究者が同様の立場に立ってきた。そのなかにあって、貢進文の分析作業をもとに、特にそれらの二次使用の内容（使用場所）に着目して提出先を推定しようとしたのは鬼頭清明のみである。

前節にみたように、貢進文の二次文書は、皇后宮職関係文書（1類）、写経所関係文書（2・3・8類）、丹裏文書（4類の一部・5・6類）、造東大寺司関係文書（4類の一部・7類）によって占められている。このうち写経所で二次使用に至った写経所関係文書は、造東大寺司が成立する以前においては、(34) 写経所が皇后宮職の管下にあったことが判明しているので、(35) 年代が該当する2・3類については、1類とともに皇后宮職管下で二次使用に至った群と認識できる。

写経所は道鏡の専制にともなって、天平宝字六年（七六二）ごろから造東大寺司の管下をはなれて奉写御執経所として内裏におかれ、更に神護景雲元年（七六七）に至って、造東大寺司と同格の奉写一切経司に格上げとなるが、称徳天皇没後、すなわち宝亀元年（七七〇）以降、再び造東大寺司所管となるので、宝亀年間に二次使用に至った8類については、造東大寺司管下で二次使用に至ったということができる。また丹裏文書については、すでに吉田孝が推定しているように、(36)やはり造東大寺司管下において二次使用に至ったものとしてよい。

したがって優婆塞貢進文の二次使用の場所は、1・2・3類は皇后宮職管下、4・5・6・7・8類は造東大寺司管下であったということができる。このうち4・5類については貢進文の年紀が造東大寺司成立以前であるため、二次使用に至る以前に保管されていた場所を想定しなければならない。そこで、これらを年代順に三期にわけ、それぞれⅠ期（1・2・3類）、Ⅱ期（4・5類）、Ⅲ期（6・7・8類）とする。

Ⅰ期は鬼頭A1類に該当するが、鬼頭は二次使用の場所から、この類を皇后宮職で一括して反故となったものと考え、提出先を皇后宮職に推定している。Ⅰ期の貢進文は、一次使用と二次使用の年紀が接近しており、鬼頭の推定は蓋然性が高いものとみなければならない。しかしまた、出家得度を認許する権限は、重要な国家権であると認識されてきたのはいうまでもなく、かかる出家得度の手続きに関わる書類が、皇后宮職を提出先としていたとすると、大方の予想——令制官を提出先としていたはずという予想——には反することになる。ではなぜ貢進文は皇后宮職に提出されていたのか。この問題は優婆塞貢進の本質を把えるうえできわめて重大な論点であるにもかかわらず、積極的に議論されない。

そこで再び貢進文そのものに立ち戻って考えていきたい。今問題としているⅠ期のうち、3類は国分寺僧得度に関わることを先に触れた。国分寺僧の選定については天平十三年（七四一）二月十四日の「国毎に僧寺を造り、必ず廿僧を有らしめよ。」という勅により、(37)天平十四年五月二十八日には四畿内及七道諸国に対して「精進練行にして操履称ふべき者を取りて之を度せ。其れ称ふべしといへども即ちに度することを得ざれ。必ず数歳の間、彼の志性の始終変はること無きを観るを須ちて、乃ち入道することを聴せ。」という太政官符が下されている。(38) さらに次の貢進文によれば、同年十一月十五日には、大養徳国から城下郡に対して国分寺僧を貢挙させるようにとの符が下っている経緯が看て取れる。

合弐人
鏡作首縄麻呂年十三 黒田郷戸主正八位下大市首益山戸口
他田臣族前人年十六 同郷戸主鏡作連浄麻呂戸口
右、被国（大養徳）今月十五日午時符云、為国分寺僧尼応定。宜知此意、簡取部内清信廉行、堪為僧尼之人貢挙者。謹依符旨、簡誠（試カ）部内之人、且貢進、謹解。
天平十四年十一月十七日
大領外正八位下大養徳連「友足」
権少領少初位上室原造「具足」(39)

右にみえる「国の今月十五日午時の符」とは、先の五月二十八日の官符をうけて大養徳国が管下の郡に下したものと考えられる。城下郡では郡下の黒田郷の二名を簡取し貢挙したわけである。ここにみる限り、天平十三年・十四年の時点で国分寺僧候補者の簡定は国および郡が執り行なうことが原則となっていたようにみえるが、このような形態をとるものは事例としてはむしろ稀少である。

3類のうち大部分は、国郡司による選考決定を経る替わりに、読誦経典や浄行年数など、仏教者としての能力を申告する内容を備えており、それをもって選に預かろうとしているとしか思えない。表2に示すように、3類の貢進者をみると、一見して被貢進者との縁故をもつ有位者が目立ち、身内による人材供給の傾向がはなはだしい。中には治部省の高官なども含まれている。鬼頭はこれについて「職責からしても優婆塞貢進に対して積極的でなければならない立場にあった。」としているが、これらの貢進が、きわめて縁故的な性格を含んでいることは明らかで、貢進者たちが立場や身分を利用して近親の者の出家の便をはかるべく権力に働きかけたとしか考えられない。このことは被貢進者の経業等について同様の記載内容を含むI期全体について拡大して考えなければならない問題といえる。

そこでこの当時の出家得度の実態について考えたい。

太政官奏、仏教流伝必在僧尼。度人才行実簡所司。比来出家不審学業、多由嘱請、甚乖法意。自今以後、不論道俗所挙度人、唯取闇誦法花経一部、或最勝王経一部、兼解礼仏、浄行三年以上者令得度者、学問弥長、嘱請自休其取僧尼児、詐作男女、得出家者、准法科罪。所司知而不正者、与同罪。得度者還俗。奏可之。

太政官が次のように奏した。「仏教の流伝には、僧尼の存在が重要である。度人の才能・修行は、確実に所司によって、簡定されなければならない。最近の出家は、学業を審査せず、嘱請によるものが多く、はなはだ法意にそむいている。今後は、推挙者が僧尼であろうと俗人であろうと、挙された度人は、法華経一部か最勝王経一部を誦経し、かつ礼仏を解し、浄行三年以上の者だけを取って得度させることにすれば、学問はいよいよレベルアップし、嘱請はおのずとなくなるだろう。僧尼の児を（自分の）娘・息子であると詐って出家を得た場合は、法に准じて科罰せよ。所司が事情を知っていて正さなければ与同罪とし、（出家を得たあとさらに）得度していた場合は還俗とさせたい。」奏の通りとさせた。

（『続日本紀』天平六年（七三四）十一月戊寅〈二十一日〉条）

この奏によれば、「度人の才行」は「所司」による厳なる簡定によるべきものであるにもかかわらず、実際には学

表2　3類貢進文の貢進者ならびに被貢進者

貢進者	被貢進者	本貫・戸主	大日本古文書 正倉院古文書影印集成
治部省少輔従五位下粟田朝臣馬養	秦三田次	山背国愛宕郡鳥部郷 粟田朝臣弓張	八巻一六一頁（続々集巻四二）
正五位上曾禰連伊甘志	曾禰造牛養	右京一条三坊 戸頭正五位上曾禰連伊甘志	二巻三二一頁（続修巻一八） 五巻一九五頁
外従五位下勲十二等日根造大田	辛国連猪甘	河内国日根郡可美郷 戸主日根造夜麻	二巻三三一頁（続修巻一八） 五巻一九七頁
治部省少録従八位上船連多麻布	船連次麻呂	河内国丹比郡野中郷 戸主正六位上船連吉麻呂	二巻三二三頁（続修巻一八） 五巻一九六頁
出雲国守従五位下勲十二等多治比真人国人	日置部君稲持 （他一名欠失）	出雲郡漆治郷 戸主出雲臣大国	二巻三三二頁（続修後集裏巻九） 一一巻二一一頁
少初位上高橋虫麻呂	秦調曰佐酒人	山背国葛野郡橋頭里 戸主秦調曰佐堅万呂	八巻一五四頁（続々修巻一）
中臣寺三綱	童子少広 （淡海少広）	大養徳国添上郡仲戸郷於美里 戸主奈良許知伊加都	八巻一三四頁（続々修巻二三）
僧霊福	槻本連堅満侶	左京三条二坊 戸主従八位上槻本連大食	二巻三一九頁（続修巻一八） 五巻一九四頁
弓削寺僧行聖	星川五百村	因幡国高草郡古海郷 戸主星川君虫麻呂	二巻三二四頁（続修後集裏巻九） 一一巻二〇・二一頁
大安寺僧善提	秦大蔵連喜達	右京四条四坊 戸主従六位下秦大蔵連弥智	二巻三一四頁（続修別集巻四七） 一三巻二五一頁
（城下郡）大領外正八位下大養徳連友足 権少領少初位上室原造具足	鏡作首縄麻呂 他田臣族前人	黒田郷 戸主正八位下大市首益山 同郷 戸主鏡作連浄麻呂	二巻三一八頁（続修巻一七） 五巻一八六頁

業の審査を経ず、「嘱請」によって出家を認められる者が多くあったことがわかる。それに対してこの奏は一定の得度条件を示している（これは奈良時代の史料に見出し得る唯一の得度条件と認められるものである）。太政官奏という史料の性格上、これが奈良時代の得度制度（システム）の中に組みこまれ、制度化に至ったものとするには無理がある。また、すでに指摘されているように、奏に示される条件は貢進文の記載に照らすと最低限のレベルにとどまるものである(40)。この点をどのように理解すべきであろうか。

「度人」（得度候補者）を簡定する職務権限は「所司」にあるということは奏自体が述べるところであるが、ここにいう「所司」とは、本貫地の国郡および僧綱を指すと考えられる(41)。その簡定を経ない「嘱請」出家をやめさせようとするならば、太政官はまずこれら「所司」に対し粛正を促す下達を行ない、「嘱請」出家を取締まるべきではなかったか。折しも太政官は藤原武智麻呂を首班にいただき、前年には唐への戒師招請が行なわれるなど、仏教者統制の気運はたかまっていたはずである。

天平六年太政官奏の性質を考えるにあたって、留意すべきはまさにこの点にある。この奏は「嘱請」出家そのものを取締まろうとはしていない。ここに示された条件を満たしさえすれば、少なくともこの時点以前「法意に乖」くと太政官が認識している「所司」の簡定を経ない「嘱請」出家を許容することにしているのである。「嘱請」を受け入れて出家の便宜を図っている主体は、太政官の下達をうけない管外に位置すると考えられ、太政官はこれを半ば許容することによって、建て前をなんとかつなぎとめようとしているにすぎない。皇后宮職に対する優婆塞貢進が正倉院文書中にみえはじめるのが天平四年、先にみた貢進の有り様はまさに天平六年太政官奏にいう「嘱請」そのものといわざるを得ない。

次にⅡ期貢進文についての考察に移りたい。Ⅱ期はⅢ期と同じく、造東大寺司において二次使用に至るが、貢進文の年代が造東大寺司成立以前であることから、造東大寺司に職掌の系譜をつなぐいずれかの機関を貢進文の提出先として想定しなければならない。鬼頭は正倉院文書にみえる出家人試所なる機関にこれらが集中したと想定している。出家人試所については、天平十五年十二月から天平十七年までの存続が確認されているが[42]、この機関がいずれの所管のどのようなものであったかに関しては、何ら明らかではない。

鬼頭は、金光明寺に造東大寺司の前身としての立場を求め、出家人試所は金光明寺管下に存在したと推論した。鬼頭は丹裏文書中にみえる玄蕃少属秦道成啓[43]を金光明寺に対して出されたものと考え、「金光明寺自体が度者の選考を行ない、その連絡を玄蕃寮とのあいだで行っていたらしい」と推察している。しかしながらこの啓を金光明寺に対するものとする積極的根拠はないうえに、仮に鬼頭の推察に従えば、玄蕃寮から金光明寺への連絡が、下達でなく明らかに上申の体裁をとっている点はまことに納得しにくいものといわなければならない。本来、為政者側の人身把握の建て前により必要とされている出家の認定を、甲賀寺が破綻する以前の金光明寺が、廃都たる平城京にあってこれを執り行なったとする想定は大変苦しいものがある。

さらにこのⅡ期に属する4類には、鬼頭があらかじめ検討の対象からはずした出仕を希望する貢進文が含まれており、文書単位を同一にしている。それらが労を功績として出家を認められる「優婆塞の例」にのったものであることは既述のとおりである。これら4類の貢進文の年代は、紫香楽宮における造寺造仏の時期に完全に一致し、前掲「猪名部真人二―三六〇」にみえる「造奉仏所」は紫香楽宮で造仏事業を担当していた皇后宮職管下の造仏所に確定できる。以上のような点から考えるとⅡ期貢進文の提出先についてもやはり紫香楽宮での事業を推進し、ともすれば太政官の権能を犯すまでの権力中枢となり得た皇后宮職をおいて他に考えられない。

ここで承前の出家人試所の立場が問題になる。その存続期間を考えると、天平十五年十二月には、紫香楽宮造営の費用を捻出するため恭仁京の造作が中止され、同十六年二月、天皇不在の難波宮を皇都とする勅が出ながらも、同十七年正月には実質上紫香楽宮に遷都がなされており、紫香楽宮での事業がもっとも本格的に行なわれていた期間に該当する。出家人試所も紫香楽宮での事業に推進主体として関わっていた皇后宮職管下の「所」の一つではなかったかと想像されるが、実証的な判断のための材料が極端に乏しいため推論の域を出ない。ただこのように考えると、貢進文の提出先を皇后宮職管下の出家人試所であると考えることも可能であるが、縁故的性格の強い貢進文の内容を考慮すると、これらの貢進は提出先が出家得度の認許権を遂行し得る権力主体であったからこそあり得たわけであるから、優婆塞貢進の提出先はあくまで皇后宮職であったとするのが妥当であろう。

Ⅲ期貢進文には、出家得度を申請した内容のものが含まれないことはすでに述べた。それらの内容は明らかに造東大寺司への出仕をあらわすものであり、二次使用の内容からも、当初から造東大寺司に提出されいったん役目を終えて保管された後、他所へ移動することなく再利用に至ったと考える。

竹内理三は天平十七年以降の貢進文の変化を「仏典修行によらずとも造仏の事業に奉仕することによって得度をみとめるに至った」ことによる簡略化であると把らえ、(44) この見解は大方の支持を得てきた。しかしこのⅢ期貢進文に関する限りでは、本章で検討してきた物質としての文書の伝来経路が、文献としての記載の内容以上に雄弁にその理由を物語っている。

すなわち、Ⅰ期およびⅡ期においては、貢進文が皇后宮職に提出されていたが、それらには権力中枢への私的「嘱請」という意味あいが強かった。Ⅲ期貢進文の提出先である造東大寺司は、皇后宮職管下で行なわれていた事業部門をうけついで省と同格の司として独立したものであるから、ここに提出された貢進文に出家得度を「嘱請」するものがないのは当然といわなければならない。

この後出家得度を「嘱請」した貢進文を、最終保管場所を正倉院とする文書群中にみることはできないが、敢えて推論するならば、このような「嘱請」は造東大寺司成立後も継続し、権力のあとを追って紫微中台へと引き継がれたのではないだろうか。光明皇太后の没後、権勢をふるった道鏡は、天平神護元年（七六五）以降失脚に至るまで、本来治部省の職権である度縁発給権を一手に握っている[45]。ここにおいて「嘱請」が権力のあとを追うことは宿命的であったとみるべきであろう。

三　〈網羅的官度制〉から〈限定的官度制〉へ

前節で明らかになったように優婆塞貢進とは、私的「嘱請」という性格の強い事業であり、それらの提出先は皇后宮職であった。この事実は得度認許権を国家権と考えてきたこれまでの一元的理解に対して再考をせまるものであり、従来必ずしも十分には議論されてこなかった奈良時代から平安時代にかけての出家得度の変質過程を考える上で重要な意味をもつ。ここでは、奈良時代後半から、平安時代初頭にかけて、このなかば公然と認められていた私的「嘱請」による出家得度がどのような過程をたどったかについてさらに検討を深めていきたい。

あからさまに太政官の職権を犯した、権力に対する「嘱請」出家は、天平年間において皇后宮職に対する優婆塞貢進という形態をとってあらわれた。さらに道鏡政権下においては「道鏡印」によって度縁発給が行なわれていた。次によれば、僧尼名籍についても、管理不確実な状態が継続していたことが判る。

治部省奏曰、大宝元年以降僧尼、雖有本籍、未知存亡。是以諸国名帳、無由計会。望請、重仰所由令陳住処在不之状。然則官僧已明、私度自止。於是下知諸国、令取治部処分焉。

治部省が天皇《光仁》に申し上げた。「大宝元年《七〇一》以降の僧尼は、本籍はあるが、生死が不明であります。ゆえに諸国の名帳は、計会する手がかりがありません。天皇から所由に厳命して、（僧尼が）住処にいるかいないかという状況を申告させてください。そうすれば、官僧であることがすっかり明確となり、私度はおのずとなくなるでしょう。」諸国に下知し、治部省の処分を取らせた。

（『続日本紀』宝亀十年《七七九》八月庚申〈二十三日〉条）

右にみるような「官僧」と「私度」との不分明な状況は決してここに始まったわけではなく、僧尼統制が企図された時から継続した懸案であった。「官僧」身分を確定するはずの僧尼本籍の約八十年間に及ぶずさんな管理によって、〔補注6〕僧尼統制は再びふりだしに戻らざるを得なかったのである。道鏡失脚後、宝亀二年正月には度縁発給権が治部省のもとに帰されるとともに、(46)新たな統制への模索が始まっていた。

勅、僧尼之名、多冒死者、心挟姦偽、犯乱憲章。就中頗有智行之輩。若頓改革、還辱緇侶。宜検見数、一与公験。自今以後、勿令更然。

次のように勅した。「僧尼の名は、すでに死んだ僧尼の名を冒していることが多い。悪だくみを意図し、きまりを乱すものである。なかにはたいへん智・行にすぐれた者があり、急激な改革をするとかえって（すぐれた専門家である）黒衣の人びとを辱しめてしまう。現時点での数をしらべて、全員一様に公験を与え、今後はさらにこのようなことがないようにさせよ。」

（『続日本紀』宝亀十年《七七九》九月癸未〈十七日〉条）

この勅にみえる「死者を冒」すとは、官僧として認知されている僧が死んだ後に、僧名をもたない者が名を冒してなりかわることで、「僧尼令」（22）私度条においては「冒名相代」と称され、「私度」と同類として禁断する規定がある。先にみた同年八月の治部省奏とこの勅とについて吉田一彦は、「全く同時期、一つのテーマについて二種の相反する施策」が打ち出されているとし、政策上の矛盾が放置されていたものとしている。[47]しかしながらこれは完全な誤認識で、光仁天皇への八月の治部省奏と、それに対する九月の光仁天皇勅とが密接に関連するものであることは、説明を要さない。

八世紀後半以降「嘱請」による出家得度の盛行や度縁発給権の私物化により、太政官による官僧把握はまったく不能な状態にあり、この奏と勅とは、こういった事態に対して、ふりだしに戻って名籍や公験制の整備に更めて乗り出したもので、僧尼の網羅的把握をめざしたものとして、首尾一貫している。宝亀十年九月勅は「私度」的要素を含みこむことをも辞さないものであったが、これははじめて「官僧」という理念構築が開始された時からの方針に基づいている。その方針とは僧尼を網羅的に管理下におくためにひとまずすべてに「官僧」という身分を与え、自余については存在そのものを許さない〈網羅的官度制〉と呼ぶべきものである。

大宝元年には僧尼本籍の作成が企てられ、[48]養老四年（七二〇）には公験制整備が着手されるなど、[49]〈網羅的官度制〉は戸籍の理念と共にあってその実現が徐々に図られていた。ところが実際にはその両輪ともいうべき名籍と公験は十分な機能を果たし得ておらず、[50]恒常的に不全であった。〈網羅的官度制〉は理念としては断続的に存在するが、実現への道程は遠いものであったといわざるを得ない。天平年間以降、極端な仏法興隆の気運のもとに行なわれた多量の臨時得度は、〈網羅的官度制〉の実現とはまったく相反するベクトルをもつものであった。そのため宝亀年間に至って統制の方針が取り戻された途端に、出家得度についての抜本的改革が急務となったのであった。

延暦年間に企図された年分度者制の整備はこのような状況を前提としたものであった。これについては本書第四章に詳述するので、ここでは端的に述べる。延暦年分度者制は、特に得度者の枠を限定するという意図においては、従来に比べるべくもなく厳しいものであった。年分度者制の全面改革が提示されたのは、延暦十七年（七九八）四月の勅においてである。(51)そこでは、これからの年分度は「年卅五以上を択び、操履已に定まり、智行崇むべきにして、兼ねて正音を習ひ、僧と為《な》るに堪ふる者(52)」でなければならないとされ、度者の簡試の法について「習ふところの経論、惣じて大義十条を試し、通五以上の者」ときわめて具体的に規定された。勅の述べるところによると、従来の年分度者は「幼童を取りて頗に二経の音を習はせ、未だ三乗之趣を閲せず」というものであったという。

事実、この勅が新たに打ち出した「年卅五以上」という年齢制限に対して、これ以前十五歳前後の者を度者とすることは一般的であったし、度者の教学上の条件も先にみた天平六年太政官奏にみえているレベルでしか、行政側の条件は存在していなかった。

延暦十七年四月勅において、年齢制限、簡試内容、人数枠など、従来に比してもかなり厳しい基準が設置されたのは、桓武天皇時代の非常に強い行政意志を示すものである。ここに至るまで私的「嘱請」による出家得度が多く容認されてきただけに、猛烈な反発があったと考えられる。現にこの急激な改革は簡単には受け容れられなかったらしく、延暦二十年四月勅(53)に至って大幅な緩和をみている。年分度者の年齢制限は十五歳も引き下げられて「廿已上」に、簡試については「二宗の別を弁ぜしむ」ことに、という具合である。

くり返し述べることになるが、この時期に当たって度者の選定についてこれほどまでに踏み込んで統制しようとしたのには、門を狭めて官僧の枠を限定しようという目的があった。ここではこの統制方針を先の〈網羅的官度制〉に対して〈限定的官度制〉と呼ぶこととする。この方針のもとでは、これまで容認されてきた「嘱請」による出家得度は否定されなければならないし、このことは、近親者を得度させるという利権をなかば認められていた既存勢力――いわゆる皇親や南都系（法相系）の上級僧――の既得権益の否定を意味した。延暦十七年の時点ですでに新たな制を提示しながら、三年後には条件を緩和し、本格的実施にはさらなる時間を要したのも[54]、延暦年分度者制の実施がいかに難行したかをものがたるものである。

延暦二十三年（八〇四）五月、「正月斎会の度者」すなわち年分度者の簡定は、旧年十二月中旬以前に行なうことを定め、簡定後に候補者を替えることを禁じている[55]。ここで「然らば則ち本願虧くことなく、属託も亦た止まらむ。」と述べているところをみると、度者の条件を定め、規定に基づいた簡試を行なってもなお、それに拠らない者が「属託」つまり私的な「嘱請」によって入り込んでいた実情があり、それを禁じようとしたことが明らかである。

特定の個人に「度（者）」を賜う賜度の記事が頻出するのは、この前後延暦十三年から延暦二十五年ごろのことである。このような賜度が一般化するのはまさにここより後のことであって、これ以前の例は稀少であり、特例的であったといえる。

個人に対するものとしては、養老四年（七二〇）八月、藤原不比等の危篤に際して度者三十人を賜わった例などに限定される[56]。それに対して延暦年間に行なわれた多量の賜度は、その事由すら明らかではなく、機械的に人数が割り振られ、給与されている。

これらがピークを迎えるのは延暦二十四年のことで、七月十五日には伝灯大法師位常騰・安曁・玄賓等三十七人と三品美努摩内親王に「人毎に三人已下一人已上」（総計五十九人）の度を賜うとある[57]。この年の他の賜度記事とあわせると延暦二十四年の賜度による度者は史料上判明するだけで九十四人である。延暦年分度者制が反発をうけながらも一応の完成をみたのが延暦二十五年、賜度がもっとも集中するのはその前年であった。

これらの賜度の事由として、桓武天皇時代における功労に対する恩賞と考えるのは発想としては当然ともいえよう。ところがいざその顔ぶれに目を移すと、これらすべてが功労を事由として賜度されたものという考えはあまり説得力をもってこない。まず僧位を有するような上級の僧侶が多く、皇親、四位以上の官人などによって占められている。これらはむしろ南都系の既存勢力を含みこんでいるものといえるであろうし、奈良時代後半に「嘱請」による出家得度を容認されていた層にかさなるものである。これらのおびただしい賜度がこの時行なわれたのは、著しく度者の枠を限定する延暦年分度者制の施行とひきかえに、その枠外で近親者を得度させる権利を特例として給したものと考えなければならない。延暦年間の賜度は日本社会の実情に合わない〈網羅的官度制〉に基づく統制方針をきっぱりと捨て去り、より実態に即した〈限定的官度制〉を確立させるためにとられた、桓武天皇晩年の苦肉の計であったといえるのではないだろうか。

むすび

戸籍に関わる理念に基づいて意図された〈網羅的官度制〉は、大宝年間の僧尼名籍の作成、養老年間の公験制の整備においてその実現意志のたかまりをみせたが、結局はその実現をみることはなく、官僧身分を確定する作業の途上で挫折している。宝亀年間に至るまでの施策が、容認と禁断をくり返しているようにみえるのは、出家者の網羅的な把握を目指していながら、その方針に基づく官僧のシステムがついぞ確立しなかったためである。その理由について、検討すべき課題については次章以下順次論じていく。ここでは〈網羅的官度制〉確立のために当然必要となるべき具体的制度の整備が、常に理念に反して停滞していたことを指摘しておきたい。〈網羅的官度制〉は確立しないまま、仏法興隆はピークを迎えることとなる。

優婆塞貢進は仏法興隆の気運のたかまった天平年間に、権力に対する私的「嘱請」による出家得度の一形態としてはじまった。かつて竹内理三は、天平十七年以降にみえる貢進文が簡略な形式をとっていることについて「大仏造立の労働力を得るために、仏典の修行によらずとも、造仏の事業に奉仕することによって得度をみとめるに至ったため」と述べた。(58)それをうけて鬼頭清明は、被貢進者の階層が「在地豪族層か、それにつらなる有力者」から「一般白丁層」あるいは「一般民衆」に拡大すると考えた。(59)鬼頭のいうところの「一般民衆」が、どういった範囲を指すものであるのか明確ではないが、本章での検討に基づく限り、鬼頭のこの論理進行には首肯しがたい。優婆塞貢進がもともっている縁故的性格からすれば、貢進者の身分が権力に近いものであるほど、被貢進者の教学上の要件はルーズなものとなる可能性がある。貢進者に該当する層に対して行なわれた延暦年間のおびただしい賜度は、優婆塞貢進が、被貢進者の教学研鑽よりも、貢進者の権力との関係（身分）を要件として確定していたということを認知させるものである。

優婆塞貢進の提出先は、当時造寺造仏を中心とした仏法興隆事業の推進主体であった皇后宮職であった。中宮職舎人の定員が四百人と規定されているのに対し、皇后宮職がその管下に抱えていた人員にはおよそ定員が認められない。数々の事業所を従えていた事実から考えても、優婆塞貢進にみるような私的「嘱請」は出家得度の認可のみにとどまるものではなかったと考えなければならない。天平年間の事業が大がかりに展開し得たのは、これらの事業が太政官の権能の外で推進されたからである。

天平十五年十月のいわゆる大仏造立の詔(60)は、「一枝の草、一把の土を持ちても造像を助けむと情願するもの」があれば「恣に」これをゆるせとしている。つまり知識としてであれば、本貫をはなれて活動することを無制限にゆるしているのである。これが課口の確保を重視する地方行政の立場と相反していることはいうまでもない。詔が「国郡等の司、此事に因りて百姓を侵擾し、強いて収斂せしむるなかれ」と命じていることからも、地方行政の実行者との間に政治意思の齟齬があったことが認められる。当然ながら、この天平年間において〈網羅的官度制〉確立への道は大きく後退したものとせざるを得ない。

いっぽうで、奈良時代後半に私的「嘱請」による出家得度が恒常的に行なわれたことによって、貴族・皇親・上級僧などで構成されるある階層に、近親者を出家得度させる利権が認識されはじめる。官度者の門が狭められるに従って、その利権の価値はより確定的なものとなっていった。

延暦年間以降の得度において、得度させる権利の割譲を意味する「賜度」による得度の比率は決して無視できるものではない。これ以降、得度者となるためのルートが複線型をとることになる。それは桓武天皇時代に企図された限定的な年分度者制に基づいて、少数精鋭のエリートとして度者となる場合と、貴族や僧侶などに対する賜度によって、推薦をうけて度者となる場合とである。〈限定的官度制〉に基づいて行なわれたこれらの得度は、遅かれはやかれ、得度本来の意味であるみずから三宝に帰依し、沙弥十戒を受け、俗から僧となるという本質を失わざるを得ない宿命を原理的にもっていた。官度者を著しく限定したために、すでに師主より十戒を授けられ、教団サイドでは沙弥（小僧）と認知されて修道する者が、官度の機会を待って、形式上俗体をとってこれに臨んだことも多かったと考える。(61)

年分度者については年料度者とも称されることが知られているが、得度させる利権が確定してくるにつれ、年分度者の性格においても宗分、寺分に給される年料といった意味合いが確定していったと考えるべきであろう。

延暦年間に採られた〈限定的官度制〉は、天皇勅によって既成勢力としての仏教集団を確実に支配下におさめることによって、教団の権威の上に天皇権威を位置づけ、奈良時代後半に日本社会が経験したような、宗教権威が天皇権威に比肩し凌駕し得る可能性を閉ざそうとした。一方で優婆塞貢進にみた私的「嘱請」による出家得度を源流として、より権力に近い人間が官僧の身分を得やすい構造が成立する。それはとりもなおさず僧尼社会の貴族化を方向づけるものであり、俗界における門閥勢力をそのまま僧衆に投影する筋道をつくった。

最後にこのような〈限定的官度制〉とそれに基づく出家得度が、この後どのような展開を遂げていくかについての展望を述べておかなければならないだろう。戸籍の理念に連動して意図された〈網羅的官度制〉に対して、〈限定的官度制〉は沙弥以上の法体者すべてを包括することを本来目的としていない。この方針のもとでは、一部の官度沙弥を除くほとんどの沙弥についての把握は事実上放棄されていたと考えなければならない。このことは、私度の概念が社会的レベルにおいても、国家的レベルにおいても、沙弥の概念のなかに融和して認識されるようになるという現象に呼応している。(62)

〈網羅的官度制〉から〈限定的官度制〉への方針転換を機として、官僧という語の概念が変質していく。すなわち〈網羅的官度制〉において必要とされていた官僧概念は、身分が本貫に依拠しない出家者という身分を漏れなく把握するためのものであったが、〈限定的官度制〉における官僧は、為政者との関係において存立するごく限られた幹部候補のエリート僧なのである。(63)〈限定的官度制〉において官度沙弥であることの積極的な意味は、その度縁が効力をもっとも発揮する場面である、大僧戒授戒に際する前提条件としての意味に集約される。官度が得度本来の意味と乖離し、すでに比丘（大僧）となることが確定している者に対する形式的通過儀礼となっていったと考えれば、官僧の度縁が形骸化し、ついには作成されなくなっていく歴史過程として理解しやすいのではないだろうか。

このような古代から中世までの変容過程を視野に入れた検討は、特に中世史専攻の論者によって中世の成立を説明する目的でさかんに議論されてきた。(64)古代史の立場はもっぱら制度史的観点の内側に閉塞してきた傾向がある。〈僧尼令的秩序〉(補注7)という術語に代表される古代仏教についての評価は、絶えず精緻な史料検討に基づいた議論がくり返され、その結果として提示されてくるべきものである。これが逆に議論の前提となってきたことには問題がある。この方法に拠る限り、「基調」にそぐわないものに対して「例外」として以上の評価をなし得ないといった予定調和的誤謬論はくり返される。歴史は動態であり、すべての時点がそれぞれに変容過程の一場面であるという基本的立場に立ち帰った問題考察こそが、必要とされている。

註

（1）二葉憲香『古代仏教思想史研究』（永田文昌堂、一九六二年）、同『日本古代仏教史の研究』（永田文昌堂、一九八四年）、橋本政良「僧尼身分の設定と得度官許制」（『日本歴史』三一〇、一九七四年）、中井真孝「僧尼令・准格律条について」（『ヒストリア』五六、一九七〇年）、同「奈良時代の得度制度」（速水侑編『論集日本仏教史』二、奈良時代、雄山閣出版、一九八六年、二編とものち中井『日本古代仏教制度史の研究』法蔵館、一九九一年に再録）、薗田香融「国家仏教と社会生活」（岩波講座『日本歴史　古代四』岩波書店、一九七六年、のち同『日本古代仏教の伝来と受容』塙書房、二〇一六年に再録）など。場合によっては私度的要素などの例外を認めながらも、「国家」による得度認許権の掌握を古代仏教の基調として認識している。

（2）佐久間竜が史料語をもとに術語として使用した概念で（同「官僧について」（『続日本紀研究』三―三・四、一九五六年、のち同『日本古代僧伝の研究』吉川弘文館、一九八三年に再録））、古代仏教史研究においては、僧尼統制を目的とした概念として一般的なものとなっているが、平安仏教史の立場から薗田香融が異を唱えている（薗田香融前掲註（1））。史料語としても術語としても明瞭でない部分がある。また、松尾剛次の提唱によって中世史においても認識されている（同「官僧と遁世僧―鎌倉新仏教の成立と日本授戒制―」（『史学雑誌』九四―三、一九八五年、のち同『勧進と破戒の中世史―中世仏教の実相―』吉川弘文館、一九九五年に再録）、同『鎌倉新仏教の成立―入門儀礼と祖師神話―』（吉川弘文館、一九八八年））。

（3）薗田香融前掲註（1）。

（4）竹内理三「智識優婆塞貢進文」（『寧楽遺文』下巻、解説、東京堂出版、一九四四年）。

（5）井上薫「優婆塞貢進文」（『国史大辞典』第二巻（う〜お）、吉川弘文館、一九八〇年）。

（6）鬼頭清明「天平期における優婆塞貢進の社会的背景」（坂本太郎博士古稀記念会編『続日本古代史論集』吉川弘文館、一九七二年、のち鬼頭『日本古代都市論序説』法政大学出版局、一九七七年に再録）。なお、この鬼頭分類に依拠したものに、若井敏明「奈良時代の対仏教政策—得度の問題を中心に—」(『ヒストリア』一〇九、一九八五年)、根本誠二「天平期の知識と優婆塞・優婆夷」(『地方史研究』二〇六、三七—一一、一九八七年)がある。

(7)『大日本古文書』二巻三六〇頁(『正倉院古文書影印集成』五、一九八頁、続修、巻一八)。なお本章では正倉院文書中の貢進文を引用するにあたって、文書名による混乱を防ぐため、便宜的に被貢進者名と『大日本古文書』における所収巻頁による略号を用いることとする。たとえば、右の場合は〔猪名部真人二—三六〇〕とする。

(8)福山敏男「奈良朝に於ける写経所に関する研究」(『史学雑誌』四三—一二、一九三二年、のち同『寺院建築の研究』中、中央公論美術出版、一九八二年に再録)。

(9)〔鴨県主黒人一—五八三〕(『正倉院古文書影印集成』十三、二四九頁、続修別集、巻四七)。

(10)〔船連次麻呂二—三二三〕(『正倉院古文書影印集成』五、一九六頁、続修、巻一八)。

(11)〔童子(淡海)少広八—一三四〕(続々修、巻二三)・〔榎本連堅満侶二—三一九〕(『正倉院古文書影印集成』五、一九四頁、続修、巻一八)・〔星川五百村二—三二四〕(『正倉院古文書影印集成』十一、二〇・二一頁、続修後集、巻九、裏)。

(12)若井敏明前掲註(6)。

(13)〔鏡作首縄麻呂・他田臣族前人二—三一八〕(『正倉院古文書影印集成』五、一八六頁、続修、巻一七)・〔日置部君稲持二—三三二〕(『正倉院古文書影印集成』十一、二一・二二頁、続修後集、巻九、裏)。

(14)〔猪名部真人二—三六〇〕(『正倉院古文書影印集成』五、一九八頁、続修、巻一八)。

(15)〔奈良曰佐浄足二五—一〇四〕(丹裏文書47)。

(16)〔私部継人二五—八一〕(丹裏文書24)。

(17)〔日置造石足二五—一三一〕(丹裏文書78)。

(18)〔秦人部辛麻呂二五—一六四〕(丹裏文書128)・〔大伴部田次二五—一二二〕(丹裏文書65)・〔日置造石足二五—一三一〕(丹裏文書78)・〔山直国足二五—一二五〕(丹裏文書70)。

(19)〔占部真麻呂二五—一二九〕(丹裏文書75)・〔久米部家主二五—八四〕(丹裏文書28)・〔久米部馬二五—一〇三〕(丹裏文書44)・〔日下部子真人二五—一四二〕(丹裏文書92)・〔大屋子千虫二五—八二〕(丹裏文書25)・〔大宅直乙麻呂二五—七八〕(丹裏文書17)・〔葦占臣人主二五—七三〕(丹裏文書12)・〔宗我部小敷二五—一二五〕(丹裏文書70)・〔委文連並国二五—一〇五〕

（丹裏文書48）・［長谷部東人二五―一〇四］（丹裏文書47）・［内臣東人二五―一六七］（続々修、巻四六）・［若田部黒麻呂二五―一〇二］（丹裏文書43）・［秦人広山二五―八九］（丹裏文書35）・［狛人黒麻呂二五―六五］（丹裏文書2）・［白髪部千嶋二五―一三六］（丹裏文書82）・［道守臣蔓麻呂二五―七五］（丹裏文書15）。

（20）［大神黒麻呂二五―八一］（丹裏文書24）・［幡文広隅二五―八七］（丹裏文書34）・［川直吉麻呂二五―七五］（丹裏文書15）・［物部牛麻呂二五―一二六］（丹裏文書72）。

（21）根本誠二前掲註（6）。

（22）［財部牛甘二五―九〇］（丹裏文書37）・［爪工石敷二五―八四］（丹裏文書28）・［秦人足嶋二五―一三〇］（丹裏文書76）・［日奉部足人二五―八六］（丹裏文書33）・［尾張倉人古第麻呂二五―八七］（丹裏文書34）・［志何史堅魚麻呂二五―九九］（丹裏文書41）・［邇布直諸嶋二五―一二三］（丹裏文書66）・［川背舎人立人二五―九八］（丹裏文書40）。

（23）［川直吉麻呂二五―七五］（丹裏文書15）。

（24）［酒見君奈良万呂二五―一四八］（丹裏文書96）。

（25）［雀部御垣守二五―七九］（丹裏文書21）。

（26）［長谷部池主二五―一二八］（丹裏文書74）。

（27）［甚目子牛養二五―一四二］（丹裏文書91）。

（28）［宗形部岡足三―五九〇］（『正倉院古文書影印集成』五、一九八頁、続修、巻一八）。

（29）［大湯坐部浄山六―八二］（続々集、巻三一、裏書）・［県犬甘宿禰真熊・飽波飯成六―一二九］（『正倉院古文書影印集成』十三、二五八頁、続修別集、巻四七）。

（30）［上村主高成六―四〇五］（『正倉院古文書影印集成』十三、二五九頁、続修別集、巻四七）・［日奉虫女六―四〇六］（『正倉院古文書影印集成』十三、二五九頁、続修別集、巻四七）。

（31）井上薫『日本古代の政治と宗教』（吉川弘文館、一九六一年）。

（32）佐久間竜「優婆塞・優婆夷について」（『古代文化』九―一、一九六二年、のち同『日本古代僧伝の研究』吉川弘文館、一九八三年に再録）。

（33）佐久間竜前掲註（2）。

(34) 造東大寺司の成立年時については見解が分かれるところであるが、各説を見渡しても天平十八・十九年ごろから天平二十年七月ごろまでの範囲内におさまるため、貢進文の二次使用場所を推定するにあたってはおおむね影響はないと考える。
(35) 福山敏男前掲註(8)。
(36) 吉田孝「律令時代の交易」(『日本経済史大系』一、東京大学出版会、一九六五年、のち同『律令国家と古代の社会』岩波書店、一九八三年に再録)。
(37) 『類聚三代格』巻三、国分寺事、天平十三年二月十四日勅。
(38) 『類聚三代格』巻三、国分寺事、延暦二年四月二十八日太政官符所引天平十四年五月二十八日太政官符。
(39) 〔鏡作首縄麻呂・他田臣族前人二—三一八〕(『正倉院古文書影印集成』五、一八六頁、続修、巻一七)。
(40) 舟ケ崎正孝「試業得度・公験制下の民間僧尼の動向—養老~天平期—」(『歴史研究』一八、一九八一年、のち同『国家仏教変容過程の研究』雄山閣出版、一九八五年に再録)。
(41) 『令集解』「僧尼令」(22) 私度条所引朱説。
(42) 堀池春峰「優婆塞貢進と出家人試所」(『日本歴史』一一四、一九五七年、のち同『南都仏教史の研究上〈東大寺篇〉』法藏館、一九八〇年に再録)。
(43) 『大日本古文書』二五巻一三〇頁。
(44) 竹内理三前掲註(4)。
(45) 『続日本紀』宝亀二年正月壬戌(四日)条。
(46) 『続日本紀』宝亀二年正月壬戌(四日)条。
(47) 吉田一彦「古代の私度僧について」(『仏教史学研究』三〇—一、一九八七年、のち同『日本古代社会と仏教』吉川弘文館、一九九五年に再録)。
(48) 『続日本紀』宝亀十年八月庚申(二十三日)条。
(49) 『続日本紀』養老四年正月丁巳(四日)条。
(50) 神亀元年(七二四)十月一日の治部省奏(『続日本紀』同日条)によれば京および諸国の僧尼名籍を勘検したところ、私度や冒名相代の可能性のある者がこの時点においてもなお千百二十二人に及んでいたことが知られる。この状況に対し、詔をもって「一ら見名に定め、仍ほ公験を給へ。」とする施策は、宝亀十年段階の施策とまったく同様のものである。
(51)『類聚国史』巻百八十七、仏道部十四、度者、延暦十七年四月乙丑（十五日）条。
(52)「僧為《た》るに堪ふる者」と訓まれていることが多いようだが、日本古代史料上、「僧」とは大僧以上を意味している事実に基づき、正式の僧である比丘となる資質がある者という意味で「僧と為《な》るに堪ふる者」と訓むのが正しい。
(53)『類聚国史』巻百八十七、仏道部十四、度者、延暦二十年四月丙午（十五日）条。
(54)延暦年分度者制はこの後延暦二十五年正月二十六日太政官符（『類聚三代格』）をもって一応の完成をみる。
(55)『日本後紀』延暦二十三年五月庚寅（十七日）条。
(56)『続日本紀』養老四年八月辛巳（一日）条。
(57)『日本後紀』延暦二十四年七月壬午（十五日）条。
(58)竹内理三前掲註(4)。
(59)鬼頭清明前掲註(6)。
(60)『続日本紀』天平十五年十月辛巳（十五日）条。
(61)『令集解』「僧尼令」(24)出家条所引の「跡記」によれば「度する限りにあらずとは、謂ふこころは、白衣に成り訖りて後に官度を受くるは禁ずる限りにあらずと」とあり、更に「朱説」によれば「経業有れども、度する限りにあらずとは、謂ふこころは、白衣に成り訖りて後、更めて官僧尼と為るは禁ぜざる也と」とある。ここでいう白衣とは、僧を象徴する黒衣に対し俗を象徴する名詞であり、官度をうけるに際して形式上俗体をとるのが慣例となっていたことが判る。
(62)平雅行は、『日本霊異記』とその説話を継承する『三宝絵』『法華験記』『今昔物語集』などの比較検討から「私度」「自度」といった用語の概念が社会的レベルから消滅してしまっている事実を指摘した（同「中世仏教と社会・国家」（『日本史研究』二九五、一九八七年）、のち同『日本中世の社会と仏教』塙書房、一九九二年に「中世移行期の国家と仏教」として加筆再録）。平はそれが私度の禁止政策が放棄されたことを意味するとした上で、十世紀前半の個別人身支配の解体と関わるとし、その時期を十世紀中葉に求めている。しかしながら管見によれば、『日本文徳天皇実録』斉衡三年七月甲子（二十四日）条、『日本三代実録』天安二年九月七日条、同貞観十五年十一月七日条には、「沙弥」に対して得度（すなわち官度）をゆるした記事がみえており、国家把握のレベルにおける私度概念消失と沙弥への融和は、少なくとも九世紀中葉以前にさかのぼるとするのが正確である。

(63)　官僧の概念については、佐久間竜が律令国家から公験をうけ、課役免除をうけた僧尼を総括的に把握するものとして提示したが、これに対し薗田香融は「真に官僧という名に値するものは、官寺に住し、官の扶持に預り、官の修める護国法会に勤仕することを務めとする僧でなければならぬ」としている。〈網羅的官度制〉から〈限定的官度制〉への転換を指摘する立場から述べるならば、両者は具体的に対象としている時代にずれがあり、概念が違っていることはむしろ当然である。

(64)　平雅行前掲註(62)、松尾剛次前掲註(2)、平雅行「書評・松尾剛次『鎌倉新仏教の成立—入門儀礼と祖師神話—』」(『史学雑誌』九九—三、一九九〇年)など。

(補注1)　「官度」は中国からの輸入語である。これについては、佐藤文子「出家と得度のあいだのひとびと—日本と中国の度僧システムについての比較研究の試み—」(佐藤文子ほか編『仏教がつなぐアジア』勉誠出版、二〇一四年)において指摘している。

(補注2)　これについては初出時点で欠落していた視点があることを申し述べておかなければならない。優婆塞を貢進している貢進者らは、たんなる口ききというにとどまらず、配下の者を仏事のために施入することによって功徳を我が身に受けるという思想構造に基づいて、貢進行為を行なっていたと考える。これについては、本書第五章。

(補注3)　ここでいう「一括」とは別個の個体が、同時期・同場所に伴って存在したことの単位を指す。ここでは、紙の文献をいったん物質資料ととらえることによって、移動経緯分析の方法として使用する。これは、考古学の方法における共伴性の概念を応用したものである。なお、初出当時、図1について鬼頭清明氏より御指導を賜わり、一時使用終了の保管時の形態を巻子にしてはどうか、とのことであった。今回は、概念図としてほぼ初出通りとしているが、正倉院文書についていえば、巻紙もしくは巻子状態で保管されていたとするべきで、二次使用に供されながら順次貼り継がれた例があることが、すでに中林隆之によって指摘されている(同「優婆塞(夷)貢進制度の展開」『正倉院文書研究』一、一九九三年)。

(補注4)　いまだ得度に至っていない優婆塞が、俗家を離れ寺内で修道者として活動しているケースについて、本書第二章。

(補注5)　優婆塞貢進における優婆塞は、得度をめざす前行者たちであり、仏教に帰依し持戒生活を継続している(これを「浄行」という)のであるから、優婆塞の段階で師主(依止師)があることは、当然である。

（補注6）初出当時、「未知存亡」を、僧尼本籍じたいの紛失を意味すると理解していたが、誤読であったので訂正する。

（補注7）〈僧尼令的秩序〉は、中川修の術語である。管見においては、中川修「僧尼令的秩序の境界―道慈・玄昉・行基の場合―」（仏教史学会編『仏教の歴史と文化』一九八〇年、同朋舎出版）において用いられたのが初見である。

（初出「優婆塞貢進の実像とその史的意義」『史窓』五〇、一九九三年を修訂）

第二章　日本古代における得度前行者の存在形態

はじめに

日本古代における仏教者の得度以前の修道形態に関して、それじたいを専論として取組んだ研究は多くを見いだすことはできない。数少ない先行研究はおもには、奈良時代を中心に活動の足跡を見ることができる優婆塞と呼ばれる存在の検討を主眼としている(1)。一九五〇年代の時代の空気のなかで、たとえば堀一郎は、優婆塞を民間仏教の担い手と措定し、私度とほぼ同義でとらえている。そこでは、優婆塞を特徴づけるものは「遊行乞食、歴門仮説、道場建立、罪福の因果説法、祥災卜占、村落寄宿、治病祈禱、呪術厭魅、社会事業、無戒律」であるとされた。このような理解に対しては、すでに佐久間竜や根本誠二によって疑問が呈せられてきた部分があるが(2)、いまなお、根幹において訂正されていない。堀に代表されるこのような説が、優婆塞総体について、権力と対抗する民衆という階級概念のなかに予定調和的に回収されてしまっていることは明らかで、こんにち、あらためて実態に基づいた研究が必要であることはいうまでもない。

古代社会において「優婆塞」という人称で呼ばれ得る仏教者のなかには、得度を目指す修行者が含まれていた可能性がある(3)。たとえば国分寺僧の得度について定めた天平十四年（七四二）五月二十八日の太政官符に、「其れ（精進練行操履たるを）称ふべしと雖も即ちに度するを得ざれ。必ず数歳の間、彼の志性の始終変はること無きを観るを須ちて、乃ち入道を聴せ。」（傍点佐藤）とあることから、入道以後得度以前の数年間修道段階にあったものが存在していたと考えられる。ところがいまもなお、得度剃髪をしていない仏教者のイメージとして、非日常的で特殊性を帯びた部分ばかりが注目され、時代の特質を理解するうえで、より重要である常態の解明がなおざりにされている。

このようなことから本章では、特に日本古代における得度前行の最も基本的形態に注目し、その存在形態や社会的立場をあきらかにするとともに、得度前行者が出家得度システムのなかでどのような立ち位置のものであったかを、史料に基づき検討・解明していきたいと考える。

一　古代における白衣の俗人たち

1　『年中行事絵巻』に見える白衣の人々

『年中行事絵巻』は、十二世紀後半に後白河法皇の命により製作された宮廷行事の記録として知られるものである。寛文年間に原本を忠実に模写したとされる住吉本『年中行事絵巻』の御斎会の場面には、御斎会の初日、その開催にあたって大極殿前庭に参入してくる参加者の姿が描かれている。この場面では、治部省および玄蕃寮の官人を先導役として、大極殿東西の東福門・西華門から衆僧らが参入している。この場面には、衆僧らに付き随うようにして、法体ではない者の姿がみえている。垂髪に色の狩衣姿で顔にあどけなさがのこる童子らと、やはり垂髪ながらあきらかに童子より年長とおぼしき白い狩衣姿（いわゆる白丁装束で冠の無い姿）の人々である。

図2　住吉本『年中行事絵巻』（個人蔵）にみる御斎会の初日

平安時代前期に撰修された『儀式』によって、この場面に該当する御斎会初日の次第をみてみると、参入の際に衆僧らに後続すべき存在は六位と前行と五位で、前行と六位は大極殿東西の階から四丈ほどのところで、衆僧らの昇殿就座を見届け、前行者は参入の次第のとおりに退場するとある。(4)『年中行事絵巻』に描かれるところでは、衆僧に従う者として五位と六位の姿はないので、童子らと白い狩衣姿の者らが、史料中「前行」もしくは「前行者」と称しているものに該当する。衆僧らに従う「前行者」なる存在とは、僧侶となることを目指して修道する得度前行者を意味すると考えられる。

法会に参加し、雑事に従事する俗体のものには堂童子があり、童形をとる成人と考えられているために、ここに姿のみえる白衣の俗人たちをこれと混同する向きもあるようであるが、(5)彼らはこれとはまったく異なる存在である。『儀式』によれば、堂童子の座は殿堂東西の廉に設けられ、このあと法会の進行に従事するが、彼ら「前行者」は法会そのものには参加せず、衆僧らが昇殿すると退去し、講読師の小輿に従って殿前まで参入し、講読師の昇殿を見届けると小輿を引いて東福門・西華門まで退き、講説が終了するまで控えることになっている。

彼らのような「前行者」には、当然ながら僧侶としての身分はなく、なおかつ実態において、次節以下に述べるように俗家を離れて修道する者たちであった。とりわけ白衣の者たちについては、無位無官の成人男子であるということから、古代社会においてあるいは寺院内秩序のなかで、どのような立場のものとして存在していたかということについて解明することは重要である。

2　「前行者」の白衣が意味したこと

ここでまず彼ら「前行者」が着用している白色の装束に注目したい。在俗仏教者をして「白衣」と称することは、「緇素」という熟語の存在にみるように、黒衣の僧侶とそうではない俗人とを対照させて呼ぶ人称として成立している。彼らの装束もまずそのような意味合いにおけるものと想像される。「白衣」という漢語じたいは中国で成立したものにほかならないが、(補注1)日本古代においてもやはり同様の意味合いで用いられる例をみることはできる。

①『其私度人縦有経業、不在度限』謂、責其初犯法制、故不聴其度。若改正之後、更応得度者、不在禁限也。釈云、経業、謂知学経業也。古記云、経業謂所知経論也。穴云、其私度人縦有経業、不在度限、謂以私入道、即不聴得道也、但科罪還本色後、願者聴耳。跡云、不在度限、謂成白衣訖後、受官度者、不在禁限。朱云、有経業、不在度限、謂成白衣訖後、更為官僧尼者不禁也。身所得経業、有不離其身之故者。或云、不聴、何者先姦後娶為妻妾、尚為不聴之故者。非也、何者、此既為不得改不聴耳者。

『其私度人縦有経業、不在度限』とは、初めに法制を犯していることを過失として、そのために度を許さないということである。改正したあとで、あらためて得度することとなった場合は、禁ずる限りではない、という意味である。「令釈」では、経業とは、知学した経業のことであるとする。「古記」では、経業とは知っている経論のことであるとする。「穴記」では、其私度人縦有経業、不在度限、とは、私入道であることを以て、ただちに得道することを許可しないという意味であって、科罰してもとの身分にもどってから、願えばただ許可するだけであるとする。「跡記」では、不在度限とは、白衣（俗体）に成ってから、官度を受ける場合は、禁ずる限りではないという意味だとする。「朱説」では、有経業、不在度限とは、白衣（俗体）に成ってから、あらためて官僧尼となる者は禁じないという意味であって、本人が身につけた経業は、本人自身を離れないからだとする。あるいは許可しないともいう。その理由は、先に姦して後に娶って妻妾としても、なお（姦は）許さないからであり、だめである理由は、すでに改めることができないのであるから許さないだけであるとする。

（『令集解』「僧尼令」(24) 出家条〈部分〉）

②『若三綱及師主』謂、依止師是也。自為白衣時、服事者也。出家以後受業、亦同也。釈云、依止師、出家之後、伏膺受業亦同。穴云、令釈、伏膺謂習業也。古記云、師主謂依止師也。一云、名例律、於寺内親承経教、合為師主者。跡云、師主謂白衣之時就仕、令得度師、幷為僧尼後、受業師、皆是也。朱云、師主謂一事也、不有必教文師主也。

『若三綱及師主』とは、依止師のことを意味する。白衣となる時から服事するものである。出家して以後の受業（の師）もまた同じである。「令釈」では、依止師は出家して後、伏膺して受業するのもまた同じ（師である）とする。「穴記」では、「令釈」が伏膺というのは、習業の意味であるとする。「古記」では、師主とは依止師を意味するとする。一説に「名例律」では、寺内で直接経教を授けた者が、師主となるべきであるとする。「跡記」では、師主とは白衣の時に就仕し、得度させる師を意味し、（それに）あわせて僧尼となってからの受業の師もこれであるとする。「朱説」では、師主とはもっぱら事えることを意味するのであって必ずしも教文の師主ではないとする。

（『令集解』「僧尼令」（3）還俗条〈部分〉）

①によれば各注釈書とも、私度がいったん還俗してから官度を受けることは必ずしも禁じていない、というおおむね一致した説を述べている。またいったん得度前の在俗の形態にもどることを「跡記」と「朱説」は「白衣に成り訖りて後」と表現している。

また、②においては「義解」が「謂ふこころは依止師、是れなり。自ら白衣と為《な》る時服事する者なり。出家以後業を受くるも亦同じきなり。」とし、また「跡記」が「師主、謂ふこころは白衣の時就仕し、得度せしむる師、并せて僧尼と為りて後、業を受くる師、皆是れなり。」としており、得度前に仏教に帰依し、師主についている状態を「白衣」と称している。

これらの例によって、「白衣」は、『令集解』所引の「跡記」「朱説」および「義解」が成立してくる八世紀末から九世紀前葉の日本社会において、得度前行者を指す人称として、通用するものであったことがわかる。また白色の衣はおそらくは『年中行事絵巻』御斎会にみたように、彼らの正式な場面における装束として現実に採用されていたものとみてよいであろう。

先にも述べたように『年中行事絵巻』の成立は十二世紀後半であるから、九世紀以前の朝儀の様子をそのままに伝えたものとするには、もちろん無理があるが、御斎会初日の場面における装束の描写に関しては、衆僧の法衣は僧尼令の規定にみとめられた「木蘭・青碧・皀・黄及壊色」の範囲内に描かれており[6]、前行者が白衣をとるという点においても故実の踏襲に比重がおかれて描かれたものであると見做される。

しかしまた、『年中行事絵巻』では、前行者の白衣の形状が狩衣となっており、御斎会成立当初からまったくそのままの姿であったとは考えにくい(7)。御斎会における前行者が白衣を着用していたことはまず疑いを容れないが、その形状については少なくとも十世紀初頭ごろまでは狩衣のようなゆったりしたものではなく、もう少しスリムな筒袖のものであったと推測する(8)。

ところで、ここにみたような「白衣」をもって得度の前段階の俗人を指すという通念は、日本社会においていつごろまで保持されたものであるのだろうか。じつのところこの通念は、ほどなく消失の途をたどると考えたほうがよさそうなのである。たとえば延暦六年（七八七）ごろにその原撰本がなり、最終年紀を弘仁十三年（八二二）とする『日本霊異記』には、上巻―一九縁「呰読法花経品之人而現口喎斜得悪報縁」において自度沙弥と碁を打つ「白衣」が登場している。

昔山背国有一自度、姓名未詳也。常作碁為宗。沙弥与白衣倶作碁。時乞者来、読法花経品而乞物。沙弥聞之、軽咲呰、故偍己口、訛音効読。白衣聞之、碁条恐曰、畏恐矣。白衣者、作碁毎遍而勝、沙弥者毎遍猶負。於是即坐沙弥口喎斜、令薬治療、終不直。法花経云、若有軽咲之者、当世牙歯疎欠、醜脣平鼻、手脚繚戻、眼目角睞者。其斯謂之矣。寧託悪鬼、雖多濫言、而与持経者、不可誹謗。能護口業矣。

（『日本霊異記』上巻―一九縁〈部分〉）

ここで用いられている「白衣」なる人称は、この後身説話たる『三宝絵』中巻―九「山城国囲碁沙弥」、『今昔物語集』巻一四―二八「山城国高麗寺栄常誹法花得現報語」においては「俗」と、『本朝法華験記』下巻―九六「軽咲持経者沙弥」においては「人」と言い換えられ、人称として姿を消してしまうのである。

俗人をあらわす「白衣」はそもそもは僧侶をあらわす「黒衣」の対概念であるが、実態においては仏教空間における俗体を象徴する人称として展開したため、(補注2)先述の例にみたごとく、単なる俗人の意味ではなく、すでに仏門に身をおく俗人を特に指していた。

このことからすれば「俗」と「白衣」とを単純な同義語として読み換えることはできない。説話の継承過程にみる「白衣」の消失は、社会が認識する得度前行者の存在形態についての変化そのものを示しているものと考えられる。これを要するに「白衣」は九世紀前葉のころまでは、得度の前段階の俗人の姿として社会的に認知されていたものであったが、いつのころからかその存在が社会において実質を失うに至ったと考えるべきであろう。

その時期について、ここでは即断をさけておくが、白衣の前行者は、おそらくは御斎会など故実を重視する儀礼的場面においてや、あるいはまた先の「僧尼令」(22)私度条集解の諸解釈が述べているように、私度者が官度を受けるに際して形式的に俗体をとる場合をのぞいては、社会一般に見受けられなくなる形態であると判断される。(9)以上のような状況を踏まえたうえで、この得度前行者の存在形態についてさらに掘りさげ、実像を明らかにしていきたいと考える。

二　得度前行者の存在形態

1　『日本霊異記』にみえる得度前行者の存在形態

『日本霊異記』においては、前節でみた『年中行事絵巻』御斎会の場面にみられる衆僧に従う得度前行者たちが、寺院秩序の内側で活動している説話をいくつか見出すことができる。その概要は以下のとおりである。

①上巻―三縁「得電之憙令生子強力在縁」

〔梗概〕雷が農夫に授けた産児が成長して人並みはずれた強力を発揮する。十歳余りの「小子」の時には、力持ちで有名な王との投石くらべに勝利する。その後元興寺の「童子」となり、夜ごと鐘堂に出る鬼をみごと退治する。さらにその後その「童子」が、「優婆塞」となり、なお元興寺に住んでいた時、寺田への水引きを諸王が妨害し、田がひからびそうになるが、「優婆塞」は十人がかりで担ぐような鋤柄を水口に立てて据えたり、百人がかりで運ぶような石を水門に置いて寺田に水を入れ、無事に収穫を得る。そこで寺の衆僧の許可で得度させ、出家名を道場法師といった。

②上巻―四縁「聖徳皇太子示異表縁」

〔梗概〕凡人の目には賤しい人のようにみえる人が、聖人の通眼においては、聖であることがわかることがある。聖徳皇太子も聖人であったので、片岡村の毛深い物乞が聖であることを見抜いた。また百済僧円勢も坊を出て人里に出入りする願覚が聖であることを見抜いた。

円勢が葛木の高宮寺に住していた時、願覚は北の坊に住み、日ごろから毎朝人里に出かけ夕べに坊にもどる生活をしていた。円勢の弟子の「優婆塞」が師に告げると、口外するなと言われ、「優婆塞」が壁に穴をあけてこっそりのぞいてみると、室内は光を放ち照り輝いていたので、またそのことを師に報告した。円勢はだからだまっておれと言ったのだと言った。その後願覚はにわかに亡くなり、「優婆塞」は円勢の命を受けて火葬した。その後その「優婆塞」が近江に住んでいると、願覚の噂が耳に入り、行ってみると、まさに願覚本人が、「優婆塞」に、お久しぶり、お元気ですかと話しかけた。

③下巻―一縁「憶持法花経者舌著曝髑髏中不朽縁」

〔梗概〕紀伊国の永興禅師は海辺の人々を教化し、南菩薩と称えられていた。永興のもとに日ごろから法華経を誦持する禅師が訪れ滞在した。別れの時になって、永興はその禅師に干飯の粉二斗を施し「優婆塞」二人をつけて見送らせた。禅師は一日の道中を送らせると、「優婆塞」らにほとんどの持ち物を与えて去っていった。二年後熊野山中で法華経を誦す声が聞こえるというので、永興が行ってみると、送り出した禅師が投身して屍となっていた。禅師は聖であり、髑髏のなかの舌は朽ちることなく法華経を誦し続けた。

④下巻―二四縁「依妨修行人得猴身縁」

〔梗概〕近江の陀我大神の社のそばに堂があり、大安寺僧恵勝がしばらく修行をしていた。ある日恵勝は小さな白猴に、自分のために法華経を読め、と言われた。猴は前世東天竺の大王であったが修行僧の従者の数を制限したことが罪報となって猴の身を受け陀我神となったという。供養料がないので恵勝が断ると、猴は浅井郡の『六巻抄』の法会の知識に入ろうとしたがそれも断られてしまった。法会の当日、準備をしていたら「堂童子」と「優婆塞」があわてて走ってきて、小さい白猴が堂の上にいて、九間の大堂が倒壊、仏像も僧坊も壊れたことを知らせた。そこであらためて七間の堂を作り、陀我大神も知識に入れて『六巻抄』の法会を行なったところ、何の支障もなく行なわれた。

これらの説話のなかで「優婆塞」と呼称されている彼らは、一人前の僧侶になることをめざし、得度前行につとめる俗体の仏教者たちで、日常は、寺に居住していたり、僧侶に師事し従者として仕えるなど見習い仏教者の形態をとる。『日本霊異記』の説話のなかには、彼らのほかにも「優婆塞（夷）」の人称で呼ばれる宗教者が登場するが、本章が主眼におく常態のなかの優婆塞は、たとえば役優婆塞（上巻―二八縁）や利苅優婆夷（中巻―一九縁）といった寺院秩序の外側で活動し、およそ得度をめざして前行に励んでいる状態にはない在野宗教者らとは、明確に形態が異なっており、まったく別の範疇で括られるべき類型である。

異なる内包をもった別類型について「優婆塞（夷）」という同一の呼称を用いる『霊異記』の手法は、当時じっにさまざまなかたちで流布していた話を、仏教的説話にまとめあげた作者景戒の苦労のあとでもあり、また彼自身の宗教者観のあらわれでもある。しかしまたこのことが、優婆塞をもって反律令的存在というイメージで概括してきた論理的誤謬を引き起こす一因でもあったといえる。

先に列挙したもののうち、特に②③④の例において、優婆塞は何の奇を衒うこともなく寺の構成員として登場している。彼らのような形態のものが、九世紀初頭に成立する説話のなかで、なんら特別視されるような不思議な存在ではなく、常態としてとらえられていることこそがまったくもって重要なのである。『日本霊異記』に登場する優婆塞の諸類型については、すでに茂木秀淳が検討を加えているので[10]、その全容についてはこれに譲ることとし、ここでは、寺院秩序の内側で活動する彼らにスポットを当て、ほかの類型の優婆塞らと区別して論述を進めるために、便宜上〈寺内優婆塞〉という術語を与えて、以下の検討を進めていくこととする。

列挙した説話のなかで、寺院内における得度前行者の立場をきわめて明確に描いているのが、①である。この説話はいわゆる道場法師説話の初見として著名なもので、すでに多くの研究がある[11]。ここでは雷に授けられた強力の「小子」が元興寺の「童子」となることで衆僧に従う身分の者となり、そののち「優婆塞」となって引きつづき衆僧に仕え、寺内に常住している。またのちに衆僧のゆるしによって得度を受け、道場法師と号することになる。この説話は、童子として寺に入り優婆塞の段階を経て僧侶になるという、寺内における俗から僧への階梯の典型を描いている点で、きわめて重要なストーリー構成をもつものといえるであろう。

『日本霊異記』成立後、多くの著作がこの説話を継承しているが、それらのほとんどは、寺内優婆塞時代の水引きのエピソードの部分を省略してしまっている。たとえば平安時代の文人都良香（八三四〜八七九）の手になるという「道場法師伝」[12]は、鬼を退治した童子としての事績のところでストーリーが完結し、「童子また僧と為り、道場法師と号す。」と結んでいる。ここにおける形態の移行は、『日本霊異記』におけるような童子→優婆塞→僧ではなく、童子→僧であり、寺内における成人の得度前行者の段階をストーリーから除外してしまっているのである。

さらに十二世紀初めごろの成立とされる『打聞集』の「道丈法師事」においては、主人公が元興寺に入る契機の部分について「此子十六に成に、法師に成て元興寺にやる。其寺の僧と成て年来住。」とあるのみで、優婆塞より年少の童子の段階をも含め、寺内における得度前行の段階についてまったく認識されるところがない。

また『扶桑略記』第三、敏達天皇条は、実在人物の伝記としての体裁をもつ良香の「道場法師伝」をおもに引用し、それに欠落している優婆塞時代の事績を『日本霊異記』によって補塡している。それは字句に至るまでかなり忠実に双方の記述を引用するものでありながら、『霊異記』がたんに「然後其童子、作優婆塞、猶住元興寺。（然る後に、其の童子、優婆塞と作りて、猶元興寺に住めり。）」とするところを、「童子後得元服、為優婆塞、猶住元興寺。（童子後に元服を得て、優婆塞と為り、猶元興寺に住む。）」（傍点佐藤）と説明を付け足して書きかえている点は特に眼を引く。

このような状況を鑑みると、つまるところ説話の継承の過程で、寺内優婆塞の階梯がまったくストーリーから除外されたり、その立場についての説明がつけ加えられたりするのは、『日本霊異記』以降、時代がさがることによって、寺内における、成人した得度前行者の存在形態そのものが、社会一般に理解しづらいものとなったためであると考えるべきであろう。このほか先に列挙した『日本霊異記』で登場する寺内優婆塞のいずれもが、その後身説話において、まったく姿を消してしまったり、あるいはまたたんに「俗」と称されるに至ることは、この推測をさらにあとづける証左といえる。[13]

「道場法師伝」は『日本霊異記』成立後ほどなく、遅くとも都良香の没する元慶三年（八七九）には成立していたとみるべきであるため、寺内における成人した得度前行者の形態が失われる時期には、九世紀中葉以前と考えるのが妥当である。

2　優婆塞貢進文にみえる得度前行者の形態

正倉院文書に残された百余通の貢進文によって、天平年間にさかんに行なわれたことが知られる優婆塞貢進は、権力主体に対して出家候補者を推挙するものである。この優婆塞貢進の歴史的意味合いについてはすでに前章において論じたので[14]、ここでは特に貢進される対象となっていた優婆塞らの社会的立場や身分にしぼって論じていきたい。まず彼ら優婆塞の出身階層についてであるが、優婆塞貢進文を提出している貢進者は、被貢進者たる優婆塞の近親の有位有職者であるケースが目立っており、このことはとりもなおさず、優婆塞らの出身階層が、中下級官人もしくは郡司クラスの地方官人を輩出する有力豪族層に相当することを意味する。

これについては鬼頭清明が、天平十七年（七四五）以降は有力豪族層のみならず一般白丁層に拡大するとする立場を示している[15]。これは天平十七年以降の貢進文の書式変化を「大仏造立の労働力を得るために、仏典の修行によらずとも、造仏の事業に奉仕することによって得度をみとめるに至ったため」の「簡略化」とみた竹内理三の説を前提にしたものである[16]。

しかしながら貢進文の書式変化は、「簡略化」ではなく、労を出家のための功とすることが恒例化したことによる変質であり、天平十七年以降の貢進文が、出家得度ではなく出仕そのものを直接の目的として提出されたものであったために、経業を申告する内容の記載が含まれていないのだと考えられる。

特に造東大寺司成立以降の貢進文については、前章においてあきらかにしたように、皇后宮職管轄下で展開していた写経および造寺造仏事業が、その管轄を離れて造東大寺司に引き継がれたことによって、もっぱら権力に出家を嘱請することを目的に提出される貢進文が、正倉院に伝来する経路を失い、事業に出仕することを願い出た貢進文のみが残存することになったと考えられる。したがって、天平十七年以降の貢進文の書式が異なっているのは、優婆塞の能力低下を直ちに意味するものではあり得ず、貢進される優婆塞の階層に鬼頭がいうような変化があったとは言い得ないのである。

次に彼らの修道形態についてであるが、貢進文に優婆塞のキャリアとして申告されている内容には、読誦し得る経呪類、浄行年数に加えて、場合によっては法会の際に必要とされる唱礼作法を習得していることや、論を学得していることなどの記載を含んでおり、虚偽申告があったとしても、彼らがそれだけの能力や技術を習得し得る環境にあったことを示唆している。また貢進文の多くは、優婆塞の師主たる僧侶名を記載していることから、彼らのうち大部分は身分のうえでは俗人でありながら、すでに僧侶に師事している状態の修道者であったことがあきらかである。したがって正倉院文書にみえる貢進文の優婆塞らは、具体的形態において、先に『日本霊異記』の説話にみたような寺内をおもな活動場所とする得度前行者であったとみてよいと考える。

俗体の優婆塞が得度以前の段階で師主についていたことについては、先にもあげた『令集解』「僧尼令」（3）還俗条所引「跡記」に、条文中「師主」の解釈として「謂ふこころは、白衣の時、就仕し得度せしむる師、幷せて僧尼と為りて後、業を受くる師、皆是れなり。」とあることから、九世紀初頭の段階においては、ごく一般的ケースであったことが判る。実際に貢進文の師主が、優婆塞の経業内容に影響を与えていたことについては、すでに堀池春峰によって論じられているところである。(17)

得度前行者の日常の形態を考えるにあたって、さらに重要と思われるのは、貢進文にみえる浄行年数の記載である。優婆塞らの浄行生活の中身についての議論は、優婆塞についてもたれてきた反律令的なイメージに拘束され、民間での宗教活動を中心としていたとする予定的結論に結びつけて解釈されてきたが[18]、もちろんこれは妥当ではない。

　史料上の事例としては、行基とその弟子たちを禁圧の対象としたとして知られる養老元年（七一七）四月の元正天皇詔[補注3]において、民間における宗教活動を禁止した内容のあとに、僧侶が寺を離れて治病に赴く際の条件を提示し、「如し重病にして応に救ふべきもの有らば、浄行の者を請け、僧綱に告ぐるを経、三綱連署して期日に赴かしめよ[19]。」とする例がある。いうまでもなくここにおける浄行は、寺内寂居を常とし、歴門教化ならびに百姓妖惑を行なわない者たちを指している。つまりここでは、俗界との接触を妄りにもたない修道生活こそが浄行と理解されているのである。その意味では、浄行のキャリアを明記する貢進された優婆塞たちの形態は、かつて優婆塞を特徴づけると考えられた、反律令的な民間の宗教活動家とは、まったくの対極にあるといわざるを得ない。

　浄行については、根本誠二が官僧として必要な宗教的素養の習得期間であるとともに戒を持した期間を意味するという可能性を示唆している[20]。しかるに貢進文における浄行の記載は、内容や程度ではなく年数のみを端的に表記していることが重要で、このことは、特にことわらなくてもそれが一貫して同質の内容であることを意味する。これが天平六年（七三四）十一月の太政官奏[21]に得度許可条件として呈示された「浄行三年以上」における浄行の語義と同様、年数によって客観的に評価し得る仏教者としての基本的キャリアであったことはあきらかで、まったく端的に持戒年数そのものを指していることは疑いを容れない。おそらくは俗人仏教者の基本的戒である在家五戒を持した年数を指すと考えてよいであろう。俗人が八斎戒を長持した場合もあったとは思うが[22]、もしそうであれば、貢進文の申告においてその優婆塞が五戒ではなく、よりレベルが高い八斎戒を持したということを明示するであろうから[23]、何のことわりもなく浄行と称してその年数を申告する場合は、八斎戒ではなく五戒の持戒年数を指している蓋然性が高い。

以上のようなことから、優婆塞貢進において貢進対象となっている優婆塞らは、持戒生活を行ない、僧侶との師弟関係を恒常的にもつ者らであり、彼らの多くは、『日本霊異記』において何のてらいもなく寺内の常の存在として登場していた得度前行者たちに一致することは明らかである。

また優婆塞貢進文が俗権に対して許可を求めていることは、僧尼によって主宰される得度剃髪そのものではなく、正式の度人（得度予定者）となること、つまり得度剃髪を受けてもよい身分（度色）となることであったとみるべきであるから、貢進文によって推挙されている優婆塞らは、行政による許可というプロセスを経ることなく、すでに事実上俗家を離れて仏道修行に励む人びとであった。この形態は、戸婚律において非合法と規定される「私入道」にほかならない。ところが現実には、寺内において戒を持し、師主について仏道修行する彼らは、その存在形態じたいが摘発の対象となっていた形跡がない。法のごとく修行する者として事実上容認されていたのである。

それにとどまらず、彼らは優婆塞貢進において、出家を許可される対象となっていたのであるから、少なくとも優婆塞貢進がさかんに行なわれた形跡がある八世紀後半においては、特殊な例としてではなく常態として私入道者が官僧の母体となっていたというべきであろう。

3　得度前行者としての童子

さて、やや付けたり的となるが、ここで寺内優婆塞と並んで登場してくる寺内の童子の問題に少しだけ触れておきたい。というのも奈良時代の童子は、さきの道場法師説話にみるごとく、その身の将来において得度を許されて衆僧に連なり得るという点で、年少ながら寺内優婆塞と同質の得度前行者としての性格を有していると考えられるからである。

正倉院文書の貢進文には、童子を貢進の対象とした次の二例を確認することができる。

①

中臣寺三綱解　申出家人貢事

童子少広年壱拾伍

右大養徳国添上郡仲戸郷於美里戸主奈良許知伊加都戸口淡海少広

読経合廿九巻

法花経一部

最勝王経一部

方広経一部

弥勒経一部

薬師経　理趣経　仏頂経　阿弥陀経

多心経　大般若陀羅尼　千手陀羅尼

根本陀羅尼

唱礼具

天平十四年十一月十五日都唯（維）那慈蔵

知事得喜

（『大日本古文書』八―一三四［続々修二十三帙五裏］）

②
山階寺僧正基謹解「不（裏）」申進上童子事
土師麻呂年拾捌因播（幡）国益上郡大江里戸主土師首麻呂之戸口
（『大日本古文書』二十五―一三二〔丹裏古文書第七九号〕）

①にあげた貢進文は、見てのとおり中臣寺三綱が童子少広を貢進したもので、中臣寺の童子に出家身分を得させることを目的としたものと見受けられる。ここには少広の本貫、戸主、俗姓名も書かれているが、少広自身は中臣寺に事実上所属している寺童子として貢進されていることが明らかである。貢進文中で申告されている経業は、経呪類の読誦だけでなく、悔過作法に属す唱礼の習得に及んでおり、童子少広が寺内において衆僧に仕えつつ得度前行を修める形態のものであったことは疑いを容れない。

②にあげた貢進文は、山階寺僧正基が童子土師麻呂を進上したものであるが、経業に関わる記載もなく、文面からは何を直接の目的とした貢進文であるかわからない。この貢進文は、いわゆる丹裏文書として二次使用に至っているので、一次使用の年代が（すなわち貢進文の年代が）天平十六年十一月九日以降の年紀をもつ群と一括であると推定される。(24) 造寺所や造仏所での労を功績として出家を認めることが恒例化する時期に当たっているために、この貢進文も直接には出仕を目的としたものであったかもしれないが、この例もやはり僧侶が寺の童子を貢進したものとみてよいであろう。

彼らのような寺の童子は、成人の前行者たる優婆塞が、九世紀中葉以前に寺内から姿を消してしまうのに対し、完全に姿を消してしまう存在ではない。たとえば道場法師説話における童子は、『日本霊異記』の後身説話においては『打聞集』をのぞいてはその姿をまったく失ってしまうということはない。ただ、より詳しく本文を検討してみると、

「童子」の概念そのものが『日本霊異記』の段階とそれ以降とでは微妙な変化を遂げていることに気づかされる。

『日本霊異記』において雷に授けられた子どもの人称は、元興寺に入る前の段階には「少子（小子）」であり、寺に入ることで人称は「童子」に移行する。『日本霊異記』本文の記述では「然後少子、作元興寺童子。（然る後に少子、元興寺の童子と作りき。）」であるから、ここでの「童子」は寺に属する年少の前行者についての人称であり、子ども一般の意味ではない。それに対し、後身説話はそのいずれもが、寺に入る前と後との区別なく「童子」の人称を用いている。たとえば都良香の「道場法師伝」でいうならば、「童子元興寺の僧に師事す。」という具合である。ここでは「童子」が、寺の構成員たる童子を指す人称から、子ども一般を指す人称へと転化を遂げてしまっているのである。

以上のように、貢進文にみえる童子および『日本霊異記』の段階での童子は、優婆塞よりも年少ながら、いずれは衆僧らに連なり得る得度前行者としての性格をもっていた。童子は寺内優婆塞のように寺辺から姿を消してしまうことはないが、前行者としての性格にはやはり何らかの変質がおこるとみたほうがよいであろう[25]。

三　得度前行者とは何であったのか

1　得度前行者の法的立場

それでは次に、これまでみてきたような得度前行者が、当時の社会においていったいどのような身分のものとして認識されていたのかについて、検討を加えていきたい。

俗人が仏門に入道することに関する行政手続きについては、これを明確に規定した法制はじつのところ存在していない。禁止条項については、いくつかをみることができ、なかでも最も基本的なものは、次の「戸婚律」私入道条である。

凡私入道及度之者、杖一百、已除貫者、徒一年、本国主司及僧綱、知情者与同罪。

この条文は、『令集解』「僧尼令」（16）方便条所引の「古記」が引用する大宝律の条文である。「私入道及度之者」についての科罰規定と「本国主司及僧綱」についての科罰規定の二段構えとなっている。また『令集解』「僧尼令」（22）私度条所引の「令釈」によって、養老律に至って「本国主司及僧綱」の部分が「寺三綱」に改訂されたことがわかる。

この戸婚律私入道条の法文が、唐律における戸婚律私入道条を引き写し的に模倣したものであることは、よく知られた事実である。いささか冗漫になるのを承知の上で、論述の都合上その条を以下に挙げる。

諸私入道及度之者、杖一百若由家長。家長当罪已除貫者、徒一年、本貫主司及観寺三綱知情者、与同罪。若犯法合出観寺、経断不還俗者、従私度法。即「監臨之官、私輒度人者、一人杖一百、二人加一等、罪止流三千里」[26]、

（『唐律疏議』巻第十二、戸婚）

唐律私入道条には文中「観寺」とあることによって、この条文の対象とするところが、仏教修行者だけでなく道教修行者にも及んでいることがわかる。またこの唐律の条文は、日本律と異なり、さらに「私度法」なるものを引用し、私入道により還俗、という裁断に従わなかった場合について「監臨之官」についてさらに重い科罰規定をそなえた構造となっている。

さてここで重要なのは日唐両律に共通する第一の主語「私入道及度之者」の意味するところである。これについてはたとえば諸戸立雄は、唐代の僧侶の税役について論じるなかで、これを「私入道者本人、及びこれに度を与えた師

僧」の意と解している。[27]

唐律においてこの諸戸説は妥当性のあるものと考えるが、日本律についていえば、「度之者」に「度を与えた師僧」の意味はなかった可能性がある。(補注4) なぜなら、得度をさせた師主については、「僧尼令」(22)私度条に「師主三綱及び同房の人、情を知らば各還俗。」と規定するところであるからである。

またこの部分の「古記」説は以下のように述べている。

「古記」云、問、師主三綱及同房人知情者各還俗、又上条、其所由人与同罪、未知、此二条若為分、答、上条知情官司幷僧綱等、並依律与同罪、故不称還俗也、此条知情師主以下各還俗、不預所由官司、故不称与同罪也、然則僧綱三綱、依私度及冒名相代之人還俗、幷依律科罪、唯依。已判還俗之人、直還俗、依律无罪、其師主及同房知情者各還俗、依律无罪法也。

「古記」は以下のように述べている。問う、師主三綱及同房人知情者各還俗、について、上条(方便条)には、其所由人与同罪とある。この二か条にはどのような別があるのかと。答う、上条では、事情を知る官司と僧綱とがいずれも律に依って与同罪であるので、還俗とはいわないのである。この条で事情を知る師主以下はおのおの還俗としているのは、所由官司に預らないで(得度させているので)与同罪とはいわないのである。ということは、僧綱三綱については、(この条の)私度及冒名相代之人還俗、幷依律科罪のみに依るのである。すでに還俗と判じられた人が、すぐ還俗した場合は、律に依る科罪はない。其師主及同房知情者各還俗については、律に依る科罪の法はないのであると。

(『令集解』「僧尼令」(22)私度条所引「古記」)

「古記」は、「僧尼令」(22)私度条に科罰を規定するもののうち、師主と同房人については、この条によって還俗とされるのみで、律による科罰規定は存在しない、としている。「古記」の成立は天平十年(七三八)前後であると考えられるので、この解釈は、養老律令の成立と施行のちょうど間の時期のものである。つまりは日本の「戸婚律」私入道条は、この時点において、得度させた師主についての科罰規定を含むものとは認識されていなかったということになる。

結論からいえば、「私入道及度之者」とは「私入道之者」と「私度之者」――つまり出家の許可無く入道してしまった状態と、私入道のまま得度を受け僧侶となってしまった状態――のことを指していたと思われる。つまりはこの条文は、一般の在俗生活から得度剃髪以前の有髪の修道期間に移行することについても、何らかの許可を要することを前提として立法されているのである。

日本史上、出家といえば漠然と仏門に入道することを意味する場合が多く、得度との意味の違いは通常あまり認識されることがない。ところが前節でみたように、古代社会においては実態として有髪俗体の修道期間があり、寺内において得度前行を修めていた者がいたことがあきらかで、彼らは事実上俗家を離れた入道者であったから、その入道に際してなんらかの許可を要するとするこのような法理念の存在はむしろ当然ともいえる。

そこで次に、『令集解』の注釈書類を手がかりに「出家」の語義を追ってみると、法律用語としての「出家」は「得度」とは区別されているらしいことが判る。まず家人・奴婢の出家や還俗について規定した「僧尼令」(24)出家条の『令集解』所引「古記」は、条文中「若有出家」の部分の注釈として「謂ふこころは、本主放ちて出家を与ふる也。」としている。ここでは「出家」は家人や奴婢の本主が彼らの身分を解き放つことを意味しており、仏教者側の主宰によって行なわれる「得度」の意味をまったく含まない。また『令集解』「僧尼令」(22)私度条所引「穴《ママ》記」は、「冒名相代」の注釈として「答ふ、仮し甲籍帳を相冒し、乙子に注して忽に出家の事有りて、得度の後、始めて先の冒心を知るは還俗なりと。」としている。ここでは「出家」が、制度の上では得度剃髪して僧侶となることを意味する「得度」よりも前の段階にあることがあきらかである。

いずれにおいても俗法上の「出家」は宗教的入門の意味を含んでおらず、行政の許可を受けてなされる身分移動そのもののことを指している。

以上のことから、私入道と私度とを禁断した「戸婚律」私入道条の前提として、俗人が僧尼になるために行政側による出家の許可と仏教者側による得度の許可との二つの関門があったことになる。但しここで確認された出家と得度の二つの関門は、あくまで模倣により成立した条文の理念におけるものであって、日本社会の経験に基づいて成立したものではない。これが日本社会において実現していたか否か、あるいはどのように運用されたかという問題は、さらにまた別の議論である。

2　得度前行者をめぐる本音と建て前

ここまででみた寺内優婆塞の形態をとる得度前行者は、そのほとんどが正式な出家の許可を経ない「私入道」であったと推測される。もしかりに戸婚律私入道条が、その理念のままに効力をもっていれば、当然科罰の対象となってくる存在である。しかしながら実態において彼らの違法性は積極的に認識されていたとは認められない。

違法視された私入道の例を管見に触れた限りでみてみると、

①養老元年（七一七）四月詔において、妄りに罪福を説き、歴門仮説して乞食し、百姓を妖惑したかどで行基とともに摘発されたその弟子達。(28)

②延暦十五年（七九六）五月、市鄽において妄りに罪福を説き、百姓を眩惑するとして本国に逓送された生江臣家道女（越優婆夷）。(29)

③加賀郡内の山をめぐって修行する優婆塞で、浮浪人の長に「汝は浮浪人なり、何ぞ調を輸さざる。」と責立てられる京戸小野朝臣庭麻呂。(30)

などの例がある。ところがこれらが違法視された理由は、いずれの場合もその活動場所や活動内容に拠っている。彼らは寺内で師主に従うべき得度前行者の枠からはみ出した活動形態をとっているために違法視されているのであって、私入道たることそのものをもって摘発の対象とされているわけではない。すなわち、①の詔は、「凡僧尼、寺家に寂居し、教えを受け道を伝ふ。令に准へて云く、其れ乞食の者有らば、三綱連署して、午前鉢を捧げて告乞せよ。此れに因りて更に余物を乞ふを得ざれ。」と、「僧尼令」（5）非寺院条の概略を述べてから、それにつづけて、折しも「小僧行基幷びに弟子等」が、それに類する活動をしていることについて指弾している。②は、生江家道女が本国である越前国を離れて「常に市廛において妄りに罪福を説き、百姓を眩惑」するという活動をしたために本国に逓送されたものである。③は、小野庭麻呂が京に本貫があるのに、それを離れて活動していたために、浮浪人と見なされ労役に従事させられそうになったのであって、「浮浪人の長」は、庭麻呂が優婆塞であるかどうかは、関係がないという立場をとっているのである。

このような状況を踏まえた上で、当時のシステムのなかでの得度前行者の立場を明確にするため、左のように図化を試みた。法制に基づく理念のレベル（図3―A）と実態のレベル（図3―B）に分けている。ここではまず仮に図3―Aに即して解説を加えていきたい。古代においては、得度を受け法体の沙弥となる以前の段階として、前行者として修道する段階があり、これは『日本霊異記』をみる限り、常態としてこのような存在形態の者がいたと知ることができる。「戸婚律」私入道条が、俗から僧への身分移行に関して、出家と得度との二段階の関門があったことを前提としているので、得度前行者は、建前においては、行政（この行政権の管掌の主体は決してひとことで説明できるようなも

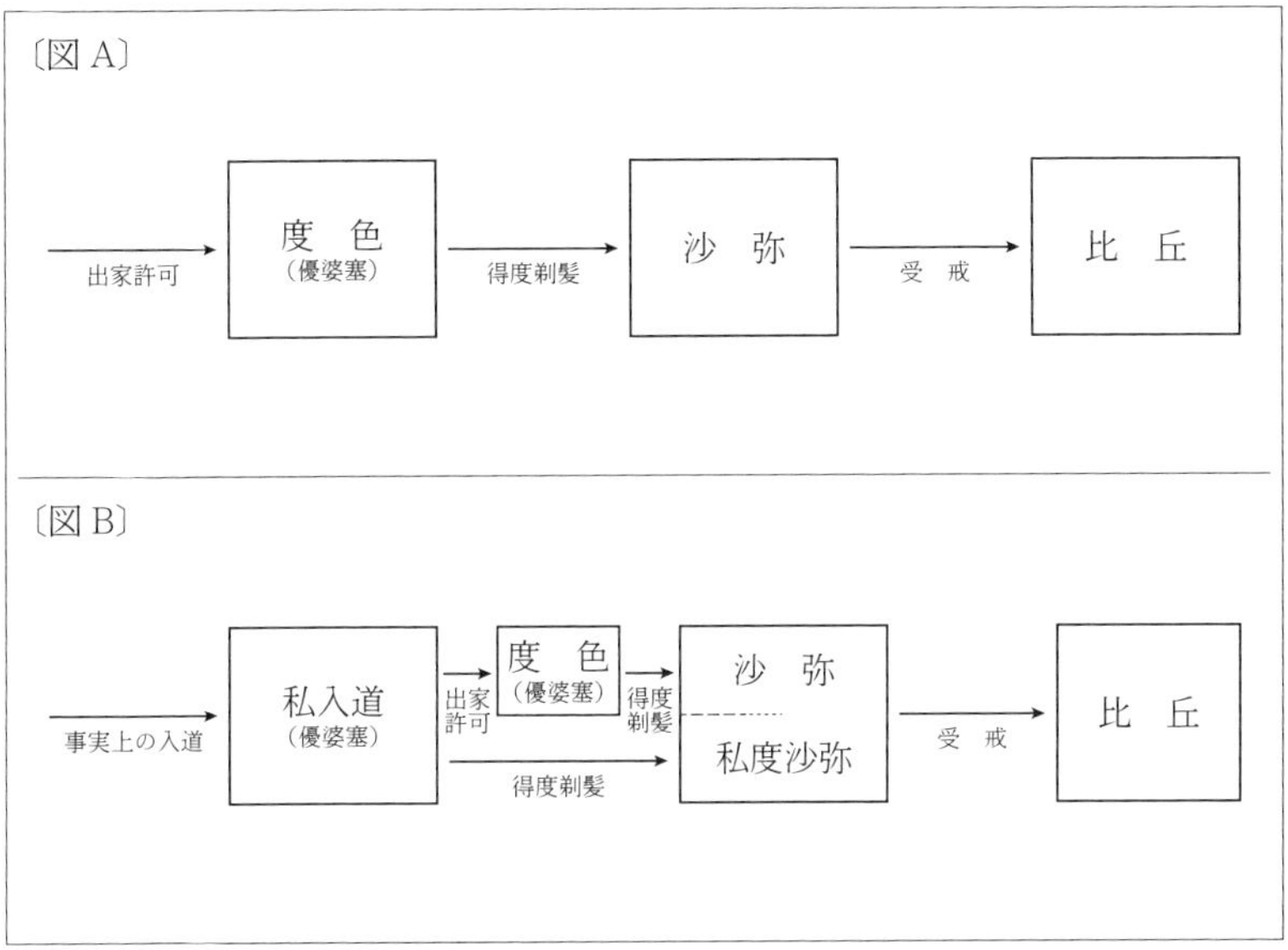

図3　出家得度システムの理念と実態

のではないのだが）から出家の許可を受けてから俗家を離れて寺に入り、有髪俗体の優婆塞として、寺内の一階層を占めるはずの存在であった。法制用語としての出家は、先にみたように宗教的入門の意味をもたず、得度に先立つ行政側の許可のことであった。

次に挙げる養老五年（七二一）五月の元正天皇詔[31]においては、得度に先立っては本来「度色」たることが必要という、養老年間における得度行政の建前が看取される。

詔曰、太上天皇《（元明）》聖体不予、寝膳日損、毎至此念、心肝如裂、思帰依三宝、欲令平復、宜簡取浄行男女一百人入道修道、経年堪為師者、雖非度色、並聴得度。

天皇《（元正）》は以下のように詔した。太上天皇のお身体がおもわしくなく、寝食も日に日に損なわれている。このことを思うたび心肝さけるばかりである。三宝に帰依して平復させたいと欲《ねが》う。そこで浄行男女百人を簡び取って入道させ、仏教を修せしめよ。年長者で師となるに堪える者は、度色でなくても、みな得度を聴せ。

（『続日本紀』養老五年《（七二一）》五月壬子〈六日〉条）

ここでは得度に先立って、「度色」（得度剃髪をしてもよい身分）と見做される段階が認識されていたことが明らかで、この詔の前提には、無許可の得度剃髪者を発生させないという建前が理念上存在していた。つまり得度以前の段階で何らかの許可を必要とするシステムが「あった」といえる。であるがゆえに、右の詔は「度色」ではない者について、天皇詔による非常時の特例として得度を許可せよとしているのである。

ところが実際には、出家の許可を受けない優婆塞らは、寺内で修道している限りにおいては、積極的に摘発の対象となっている例はない。摘発の対象となったのは、市井や山野で活動を行なう者に限られており、寺内において僧侶に師事し、従者として働きながら修道する大多数の者達については、事実上容認されていたとみなければならない。

さらに言うならば、僧侶となる者に対し、仏教者としての一定レベル以上の資質を満たしていることを求めようとすれば、それに先立って僧侶に師事し、仏道を修めていることはむしろ必要であった。「戸婚律」私入道条に照らせば違法であるはずの無許可の入道期間は、現実にはキャリアとして否定されず、むしろ優婆塞貢進においてはプラスに評価されていたことが明らかである。私入道は実態において容認されており、なおかつ正式な出家入道ひいては官僧の実質的母体となっていたと見做さざるを得ない。

『日本霊異記』の説話や正倉院文書優婆塞貢進文の被貢進者として姿をみせる彼らの存在形態は、くりかえし述べるように、まがうかたなく私入道そのものである。しかしながら彼らの形態は九世紀初頭までの得度前行者としては、きわめて一般的なものであって、それが違法であるとは積極的に認識された形跡がない。なおかつ実態においても、民間で反体制的宗教活動を行なう者達というイメージからは遠くあたらない。

3　得度前行者の発生の原理

このような得度前行者の立場は、仮に為政者側の立場に立っていえば必要悪とでもいうべきものであって、得度の前段階にあって得度者の資質を維持し、公の許可を経ない得度剃髪者を生み出さないシステムを支えるための、安全弁のような位置を占めていたといえるであろう。そこで次に彼らのような階層が発生した経緯について解明していきたい。

この問題を考えるにあたってまず、奈良時代の寺内優婆塞ときわめて似かよった形態のものが、中国史上においても存在していることを指摘しておきたい。中国史においては、有髪のまま寺内に居住し、沙弥となるための前行に励む者たちのことを、童子・行者の意味から「童行」と称している。

これらについての説明としては、宋の道誠の手になる『釈氏要覧』(一〇一九年〈天禧三〉成立)の解説がきわめて明解である。(32)そこでは巻上の童子の項に『南海寄帰内法伝』(唐義浄)を引き、「白衣の苾蒭所に詣り専ら仏典を誦して落髪を求むる、童子と号す。」といい、また行者の項に『善見律毘婆沙』を引いて「善男子有りて、出家を求めむと欲し、いまだ衣鉢を得ず寺中に依りて住まむと欲する者の名」とする。また童子と行者の区別は年齢によるものとし、行者を十六歳以上としている。(補注5)

この童行の問題については、すでに多くの研究がなされている。(33)ひとまずそれらに導かれつつ、全体像の概観を試みるならば、隋代までの出家得度は、まず父母から出家の許可を得てから師のもとに至り、そこで得度の許可を得るとすぐに得度剃髪をすますのが普通で、俗体のまま寺内で得度前行を修める形態は必ずしも一般的ではなかったようである。

諸戸立雄の指摘するところでは、(34)童行は勝れた素質の持ち主を教団に迎え入れるため、教団内部において自然に起こったもので、唐代に至って普遍化し、増加の一途をたどったとする。

また、俗人が出家して有髪の童行となり、童行が得度して沙弥になるという、二段階の関門を設けた中国の度僧制度は、宋代に至って確立するという点では、先学の各説はほぼ一致しているようである。すなわち宋代以後のシステムでは、出家して寺に入っても直ちに僧侶となるのではなく、見習期間として童行の段階があり、さらに得度を経て僧として公認されるというプロセスを踏んだとされている。

中国では出家の許可は、俗家の祖父母もしくは父母――つまり、家長の権限において家人に対する政を執る者――がまずこれを行ない、得度剃髪は僧侶たる師の主宰になる。宋代においては、この得度に先立って国家が発給する度牒（祠部牒）を持っていることが必要であった。この度牒が僧侶の身分証明書であるだけではなく、得度許可証としての機能を帯びていたことは、日本における度縁とは著しく異なる点である。少なくとも、たんに似たようなものであると把えるべきではない。

いっぽうで日本古代の得度前行者の形態については、出家と得度の二段階の関門を設けた度僧制における童行の立場に、近似する部分があることには注意しなければならない。ここにみる階梯秩序――つまり出家すること（ここでは俗体の入道者になる、という意味）じたいに許可を要するという秩序――が、日本において自然に発生したものとはやはり考えにくい。何らかの影響関係を念頭に置いて検討を深めていく必要がある。

童行は唐の段階においては、制度化された存在ではないと指摘されるところではあるが[35]、既成事実として増えつづける童行を度僧制の前提に組み入れる動きは、すでに唐代においてもあったのではないかと私はひそかに憶測する。日本における得度前行者の形態が、九世紀以降あまりにも忽然と姿を消してしまう状況からいえば、やはりその発生は、システムの模倣を端緒とすると考えたほうがよいからである。ただいずれにしてもこれについては明確な根拠を得ず、いまのところ憶測の域を出ることができない。

むすび

本章において考察を加えてきた古代の得度前行者の存在形態について総括をしておきたい。

彼らは、すでに家を離れて寺内をおもな活動の場とし、衆僧に仕える俗人であったが、仏教修行者として僧侶に師事しており、あくまで自身の将来において得度をはたして衆僧に列する可能性のある人びとであった。衆僧と得度前行者とは、前行者（童子・優婆塞）→沙弥→比丘（衆僧）という階梯にもとづいて、ともに相対的な立場で教団秩序に組み込まれた存在で、平安時代中期以降の大寺院にみる学侶と堂衆のように分断された関係にはない。

彼ら得度前行者の外的形態は、視覚的レベルであきらかに僧侶と異なっていた。彼らの基本的スタイルである無冠で垂髪の白衣姿は、僧侶との対照において俗人を象徴するものであったが、当然ながら通常の在俗成人男子のそれとも異なるもので、この外的形態は、これよりのちに出現してくる童形の大人たちの姿と混同してくる部分がある。しかしまた本章であきらかにしたように、得度前行者はその存在じたいが、九世紀中葉以前の段階で教団秩序のなかから消失してしまうので、これら童形の成人に直接に系譜をつなぐものではない。

得度前行者の修道生活の内容については、教学の傾向に関してはすでに優婆塞貢進文を素材とした吉田靖雄の論考などにほぼ言いつくされているといってよい(36)。ただ彼らの存在形態の解明を目指す本章の立場からいうならば、得度前行者は、優婆塞貢進文の被貢進者らをも含め、まったくの在俗生活を送る者達ではなかった。すなわち彼らが、すでに師主につき、持戒し、修道生活を送る者らであったことは強調されるべきで、寺内に居住していることも一般にあったことなのである。なおかつその違法性を積極的に認識されることはなく、優婆塞貢進がさかんに行なわれた八世紀後半には彼らのような存在が官僧の母体となっていた。

彼らのような存在が発生した事情について本章では、中国社会にその存在をみる童行との性格の近似を指摘し、その発生の契機をシステムの模倣によるものと考えた。結局のところ、日本における寺内の得度前行者は、九世紀中葉以前には失われる形態であったということは日本社会の重要な特質であって、このことは、彼らを構成要素とする出家得度システムが、制度的レベルでいったん模倣され、必ずしも消化されないまま変転していったことをものがたっている。

日本古代において得度認許権は国家によって掌握されるところであったとする説は、戦前戦後を通して多くの支持を受けてきた伝統的な学説で、いまなお〈国家仏教〉論の拠り所として有力なものであるが、出家に際し父母や為政者の許可が必要とする発想は、本来儒教倫理の浸透した中国社会において発生したものであって、日本社会が模倣によって酷似する法制を抱えても、その理念がその日からまったく同様に展開することはあり得ない[37]。

中国社会においては儒教倫理との相剋がたえずくりかえされることを通して、家や君臣の関わりをあえて否定する出家という行為が、きっぱりと俗塵を離れるものとして強調されていく。日本社会における出家は、それに比べればはるかに曖昧なもので、もとより家を出るという意識が希薄なために、俗塵との関わりを完全に断たない出家がむしろ一般に定着していく。本章で確認した得度前行者の発生と消失という現象も、出家得度について中国同様の法制が存在し、システムが模倣された形跡があるいっぽうで、結局のところ中国における場合とは異なる日本社会の実情を視野に置いて考えなければ、有意味な説明ができない。

そこで得度前行者の存在そのものが、寺内から失われる具体的な事情についても、ぜひともに触れておかなければならないのだが、この問題については、延暦年間における得度システムの再編や九世紀以降の実態について詳細な検討を行なわずに論じることは許されないので、ここでは次にみる少僧都恵運の牒[38]を手がかりに若干の展望として触れるにとどめたい。

「伏撿旧例、凡有得度者、先与度縁、次令入寺。就中年分度者経二箇年、臨時度者経三箇年、令練沙弥之行、然後初聴受戒爾。乃毎年三月以前僧綱放牒諸寺、令進当年可受戒者夾名、会集綱所、治部・玄蕃共勘名籍、兼試法花・最勝・威儀三部経、即簡定年六十已下廿五以上学得前件三部経者。更牒本寺三箇七日令修悔過。四月十五日以前定其受戒日、請集伝戒大小十師於東大寺戒壇院、依教法問十三難幷十遮、然後令登壇受戒。即受戒畢後安置戒壇院、差教授師、夏月之間、令修学比丘二百五十戒三千威儀、誓護国家。或在各本寺請依止師、細学律相同以誓護。其年不満廿、若七十已上、幷国家不放之人、債負之人、黄門奴婢之類、非是戒器。故仏不聴受戒。頃年之間非唯忘却旧例、兼復違背仏教。或臨受戒日纔下官符、新剃頭髪初着袈裟、冠幘之痕、頭額猶存、或十四已下年少之人、空有貧名之外謀、曾無慕道之中誠、皆是未練沙弥之行、況於懺悔之事乎、加以結番之場競上下而闘乱、登壇之次争先後而拏攫、遂則罵詈有司陵轢十師、濫悪之甚不可勝計、…（中略）…望請、惣拠旧例、…（中略）…謹請処分」者。

（少僧都法眼和尚位恵運が以下のように牒した。）「おそれながら旧例を検べてみますと、得度者があれば、先に度縁を与え、次に入寺させていました。そのなかで年分度者は二ヶ年、臨時度者は三ヶ年、沙弥の行を練らせてから、初めて受戒を許していました。そこで毎年三月以前に僧綱が牒を諸寺に放ち、当年受戒する予定者のリストを提出させ、綱所に（受戒予定者を）会集させ、治部省・玄蕃寮が共に名籍を勘べ、かつ法華経・最勝王経・威儀経を試し、その場で年六十以下二十五以上で前件の三部経を学得している者を簡定していたとのことです。（中略）近頃（の有様は）、旧例を忘れているだけでなく、仏の教えにまでも背いています。受戒の日になってやっと太政官符が下され、はじめて頭髪を剃り袈裟を着し、冠幘の痕が頭額にまだのこっているような者や、十四以下の年少の人が、いたずらに僧籍を得ようとたくらんで、仏道を真心から慕ったことなどいちどもありません。これらは皆沙弥の行を練らず、ましてや懺悔などまるでしていない。そればかりか結番の際には上下を競って闘乱し、登壇の際には先後を争ってつかみ合いをし、あげくのはてには、官司をののしり、十師をふみにじる。甚だしい濫悪はかぞえあげればきりがありません。（中略）すべて旧例に拠るようにお願いします。（中略）謹んで（太政官の）処分を請います。」とのことであった。

（『類聚三代格』巻二、年分度者事、貞観七年（八六五）三月廿五日太政官符所引恵運牒）

貞観七年（八六五）三月の太政官符に引用する右の牒は、充分に沙弥の行を練らず、悔過作法をも習得しないような比丘にふさわしくないものが受戒（ここでは具足戒の受戒）に至っている実情を憂いて、より厳正な得度および受戒が行なわれるよう太政官の処分を請うたものである。恵運によれば、最近の受戒は「或いは受戒の日に臨みて纔《わず》かに官符を下し、新たに頭髪を剃りて初めて袈裟を着し、冠幘の痕、頭額なお存り、或いは十四已下の年少の人、空に名を貪る外謀有りて曾て道を慕う中誠無し。」というものであるという。

受戒の日になって出家を許す旨の官符が下り、そのときまでまったくの俗人であったものが、はじめて法体をとって受戒に臨むというこの事態は、得度前行のみならず沙弥行までもが実質を失おうとしていた九世紀中葉ごろの実情を示すものである。この牒において少僧都恵運が求めた年分度者二箇年、臨時度者三箇年の沙弥行は、この時の太政官処分によっていったんは認められている。にもかかわらず、実情においては、遵行されることはなく寛平二年（八九〇）には官度後の沙弥行そのものが廃止されるに至る。[39] とりわけ留意すべき点は、恵運牒に指弾されているところの、行を練らず直ちに比丘となる者が、太政官符によって官度することを認められた者であることである。彼らはその出身階層や推薦者の権力に依拠して、あらかじめ比丘となることを約束された者であったと考えられ、これはいわゆる貴種の入寺が一般化してくる兆しとみることができる。
沙弥行の段階を経ずに比丘となるこのようなケースが増大すると、童子・優婆塞→沙弥→比丘という階梯を前提とした寺内秩序に変化がおこる。本来は得度前行者であった寺内の下層修道者らの立場が、官度に結びつきにくいものに変質し、衆僧との階層の断絶へと向かっていったと考えられる。いずれにしても得度前行者の消失は、九世紀中葉以前におこる得度システムの変容過程総体のなかで把えるべきであり、平安時代以降の官僧身分の貴族化という傾向とも密接にリンクしているものと考えるべきであろう。

註

（1） 管見に触れたものを列挙すると堀一郎「上世仏教の呪術性と山林の優婆塞禅師について」（『東北大学文学部研究年報』三、一九五三年、『我が国民間信仰史の研究』第二部、創元社、一九五三年に再録）。堀池春峰「優婆塞貢進と出家人試所」（『日本歴史』一一四号、一九五七年、『南都仏教史の研究』上、法蔵館、一九八〇年に再録）。中村明蔵「優婆塞について」（『続日本紀研究』七―一一、一九六〇年）。堀池春峰「奈良時代仏教の密教的性格」（西田直二郎先生頌寿記念『日本古代史論叢』一九六〇年、吉川弘文館、『南都仏教史の研究』下、法蔵館、一九八二年に再録）。佐久間竜「優婆塞・優婆夷について」（『古代文化』九―一、一九六二年、『日本古代僧伝の研究』吉川弘文館、一九八三年に再録）。柴山正顕「奈良時代における優婆塞について」（遠藤元男博士還暦記念日本古代史論叢刊行会編『日本古代史論叢』一九七〇年）。鬼頭清明「天平期における優婆塞貢進の社会的背景」（坂本太郎古稀記念会編『続日本古代史論集』中、吉川弘文館、一九七二年、のち鬼頭『日本古代都市論序説』法政大学出版局、一九七七年に再録）。根本誠二「『優婆塞貢進解』について」（『史元』一七、明治大学日本古代史研究会、一九七三年）。吉田靖雄「奈良時代の密教の一考察」（『続日本紀研究』一七九、一九七五年、のち同『日本古代の菩薩と民衆』吉川弘文館、一九八八年に「密教信仰と現世利益」として再録）。吉田靖雄「奈良時代の優婆塞の教学について」（『和歌森太郎先生還暦記念 古代・中世の社会と民俗文化』弘文堂、一九七六年）。根本誠二「古代における優婆塞・優婆夷について――特に天平十七年期を中心として――」（下出積与編『日本史における民衆と宗教』山川出版社、一九七六年）。若井敏明「奈良時代の対仏教政策――得度の問題を中心に」（『ヒストリア』一〇九号、一九八五年）。根本誠二「天平期の知識と優婆塞・優婆夷」

（『地方史研究』二〇六、一九八七年、のち同「行基とその集団の形成」として『奈良仏教と行基伝承の展開』雄山閣出版、一九九一年に再録）。茂木秀淳「『霊異記』にみられる優婆塞」（『信州大学教育学部紀要』七一、一九九〇年）。熊倉千鶴子「『霊異記』における僧侶の呼称」（平野邦雄編『日本霊異記の原像』角川書店、一九九一年）。吉田清「智識優婆塞貢進について」（『花園史学』一三、一九九二年）。中林隆之「優婆塞（夷）貢進制度の展開」（『正倉院文書研究』一、吉川弘文館、一九九三年）および本書第一章など。

（2）佐久間竜前掲註（1）。根本誠二前掲註（1）。

（3）『類聚三代格』巻三、国分寺事、延暦二年（七八三）四月二十八日太政官符所引。

（4）『儀式』巻五、正月八日講最勝王経儀（部分）。

当日昧旦、（中略）治部玄蕃、及左右衆僧前〈六位前行五位次之〉、相分引衆僧〈両人分進東西廊、講読師亦同〉、威儀師各一人、当中列道在前、衆僧次之、出自東福西華両門、南行至龍尾道東西階頭、更折東西相対而進殿東西階、更折北行、不到殿階四許丈、前行六位共留、五位進一許丈亦留、威儀師引衆僧昇殿就座、訖前行者各帰去、如来儀、（以下略）。

（5）たとえば小松茂美編『日本の絵巻8年中行事絵巻』（中央公論社、一九八七年）の該当箇所の解説は彼らを堂童子としている。

（6）「僧尼令」（10）聴著木蘭条。

凡僧尼、聴著木蘭・青碧・皂・黄及壊色等衣。余色及綾羅・錦綺、並不得服用。違者各十日苦使。輙著俗衣者、百日苦使。

（7）ここにみる前行者の白衣は、中世において童形の成人がとるいわゆる白張装束と同じで、特に土谷恵が中世における寺院の童を検討するなかで指摘した大童子の姿とまったく同じであることには注意しなければならない（土谷恵「中世寺院の童と兒」（『史学雑誌』一〇一―一二、一九九二年、のち同『中世寺院の社会と芸能』吉川弘文館、二〇〇一年に再録））。土谷の論にあきらかなように、大童子は寺辺にありながら前行者としての性格をもたない存在であるので、本章でいう得度前行者と直接に結びつくものとはいえない。しかしまた一方で、寺内における俗体の大人の装束の淵源が、前行者たる寺内の優婆塞の姿にあり、時代を経て寺内の階層構成が変化していくなかで、大童子の装束に転じた可能性はあると考える。

（8）奈良時代の写経所に出仕する者らに貸与されていた「浄衣」と称される盤領筒袖の上衣が正倉院に伝存している（『平成十一年正倉院展目録』奈良国立博物館、一九九九年）。形状はこれに近いものかと想像する。但しこの上衣は、黄染の麻布を用いているため白衣そのものではない。

（9）中世においては上級僧侶の法衣に白衣が採用されていたことがたびたび指摘されている。井筒雅風は、天台においては平安時代中期以降素絹が用いられていたとする（『法衣史』雄山閣出版、一九七四年）。鎌倉期から南北朝期にかけて「白衣」は、禅律僧や念仏僧などを指す「黒衣」に対する階層を指す代名詞として通用するようになる（田中稔「西大寺における『律家』と『寺僧』—文和三年『西大寺白衣寺僧沙汰引付』をめぐって—」（『仏教芸術』六二、一九六六年）、林譲「黒衣の僧について—鎌倉・南北朝期における遁世の一面—」（小川信先生の古稀記念論集を刊行する会編『小川信先生古稀記念論集　日本中世政治社会の研究』続群書類従完成会、一九九一年））。なお中世官僧の白衣の歴史的性格については松尾剛次『鎌倉新仏教の成立』（一九八八年、吉川弘文館）が論じている。本章でみるような俗人を指す白衣が人称として、消失する時期はそれよりも遡及すると考えるべきである。

（10）茂木秀淳前掲註（1）。

（11）柳田国男「雷神信仰の変遷」（『妹の力』創元社、一九四〇年）。今野達「元興寺の大槻と道場法師」（『専修国文』二、一九六七年）。黒沢幸三「霊異記の道場法師系説話について」（『同志社国文学』七、一九七二年）。黒部通善①「打聞集所収「道場法師説話」考—付・名古屋における道場法師説話」（『同朋学報』二二、一九七〇年）。黒部通善②「道場法師伝」（『日本霊異記　古代の文学4』早稲田大学出版部、一九七七年）など。柳田論文は優婆塞の水引きの挿話が都良香「道場法師伝」に採用されていない理由を「たまたま筆者が農民の心理に疎かった」ためであるとするが、わたくしはこの説には従わない。説話の継承関係については黒部①が詳しく、黒部②は研究史を概括する。

（12）『本朝文粋』巻十二、伝所収。

（13）②としてあげた『霊異記』上巻—四縁については、管見の限りにおいて該当箇所を継承するものを見いだせない。③については、『霊異記』下巻—一縁に「優婆塞を二人副へ、共に遣りて見送らしむ」とあるところが『今昔物語集』巻一二—三一にいたって「俗二人ヲ副ヘテ共ニ遣テ令送ム」になり、また④については『霊異記』下巻—二四縁に「すなはち抄を読まむとして、設をする頃に堂童子と優婆塞と忩々しく走り来りて言はく」とあるところが『元亨釈書』巻九感進一「釈慧勝」（大安寺慧勝）において「忽ち童子走り来たりて曰く」となっている。

（14）本書第一章。

（15）鬼頭清明前掲註（1）。
（16）竹内理三「解説」造寺所公文（七）智識優婆塞貢進文（竹内理三編『寧楽遺文』下、東京堂出版、一九四四年）。なおこの解説は、一九六二年版、一九七六年版に踏襲されている。
（17）堀池春峰前掲註（1）。
（18）たとえば中村明蔵は「浄行の期間に何をしたのか疑問になるが、経典習読と共に山林修行による呪力習得に努め、さらには民間での宗教活動が考えられる。」とし（中村明蔵前掲註（1））、中井真孝は「かれらの何人かは民間で浮遊する伝道僧につき従い生業をなげうっての仏道修練の私度僧のたぐいか、あるいは地域に密着する寺院の住僧に教化された在俗信者ではなかったか」（中井真孝『日本古代の仏教と民衆』評論社、一九七三年）としている。
（19）『続日本紀』養老元年四月壬辰（三日）条。
（20）根本誠二前掲註（1）。
（21）『続日本紀』天平六年（七三四）十一月戊寅（二十一日）条。
（22）『日本霊異記』中巻―一一縁、下巻―九縁には八斎戒を持した俗人仏教者が登場している。五戒や十戒が継続的に保たれるものであるのに対し、八斎戒は一時的持戒が常とされるが、日本古代においては下巻―九縁のように持続的に持戒する場合もあったとみるべきである。
（23）天平十四年（七四二）十二月五日の物部人足を貢進した貢進文（『大日本古文書』八―一四九）には「持斎七歳」の記載があり、なおかつ「浄行〇年」という記載をともなわない。これは通常の五戒ではなく八斎戒を持したことを申告したものと解することができる。
（24）二次使用の内容による優婆塞貢進文の年代推定の基準については本書第一章。
（25）土谷恵は中世の寺童子を検討するなかで、児共―中童子―大童子という序列を指摘し、それは出自の違いに帰因する階層差であるとした。特に大童子に関しては出家の道を閉ざされた存在であったとする点は興味深い（土谷恵前掲註（7））。
（26）『唐律疏議』巻一二、戸婚（中華書局、一九八三年）。
（27）諸戸立雄「唐代における僧侶の税役負担について―僧侶の課役免除に関連して」（『仏教の歴史と文化』仏教史学会三十周年記念論集、同朋舎出版、一九八〇年、のち同『中国仏教制度史の研究』第三章第三節、平河出版社、一九九〇年に加筆再録）。
(28)『続日本紀』養老元年（七一七）四月壬辰（二十三日）条。
(29)『日本後紀』延暦十五年（七九六）七月辛亥（二十二日）条。
(30)『日本霊異記』下巻―一四縁。
(31)『続日本紀』養老五年（七二一）五月壬子（六日）条。
(32)『大正新脩大蔵経』第五四巻。
(33) 藤善真澄「唐五代の童行制度」（『東洋史研究』二一―一、一九六二年）。道端良秀『唐代仏教史の研究』（法蔵館、一九五七年）。塚本善隆「宋時代の童行試経得度の制度」（『支那仏教史学』五―一、一九四一年、のち同『中国近世仏教史の諸問題』塚本善隆著作集第五巻、大東出版社、一九七五年に再録）。諸戸立雄「唐・五代の童行と度牒制について」（『仏教史学研究』三一―二、一九八八年）。諸戸立雄「南北朝・隋・唐・五代の童行と度牒の制」（『中国仏教制度史の研究』平河出版社、一九九〇年）。
(34) 諸戸立雄前掲註(33)。
(35) たとえば藤善真澄前掲註(33)。
(36) 吉田靖雄前掲註(1)。
(37) この問題に関して唐の道僧格の模倣によって成立した僧尼令の実施事例を具体的に検討したうえで、古代における僧尼令的秩序の存在を否定した吉田一彦の論考は、研究史上注目されるべきものである（吉田一彦「僧尼令の運用と効力」（速水侑編『論集日本仏教史』二、奈良時代、雄山閣出版、一九八六年、のち改訂して『日本古代社会と仏教』吉川弘文館、一九九五年に再録））。
(38)『類聚三代格』巻二、年分度者事。
(39) 寛平七年（八九五）三月六日太政官符に引く少僧都益信の奏状は、恵運牒を受けて下された貞観七年（八六五）太政官符がそれ以後三十余年間遵行をみなかったことを指摘し、官度者の受戒は年分・臨時の別なく、沙弥行を課すことなく直ちに授戒を認めることを求めている（『類聚三代格』巻二、年分度者事）。

（補注1）漢語の「白衣」は、サンスクリット語のavadāta-vasana（白色の衣を意味する語）の意訳である。釈迦入滅時の遺教を集めたとされる『仏垂般涅槃略説教戒経』（鳩摩羅什訳）に、「白衣受欲非行道人……出家行道無欲之人……」とあるように、インドにおける白衣の意味合いにおいて、出家をめざす修道者層という位置づけはない。

（補注2）この問題については、佐藤文子「白衣について」（『京都市史編さん通信』二四二、一九九三年）で論じている。

（補注3）詔曰、置職任能、所以教導愚民。設法立制、由其禁断姦非。頃者、百姓乖違法律、恣任其情、剪髪髡鬢、輙著道服。貌似桑門、情挟姦盗。詐偽所以生、姦宄自斯起。一也。凡僧尼、寂居寺家、受教伝道。准令云、其有乞食者、三綱連署、午前捧鉢告乞。不得因此更乞余物。方今小僧行基、幷弟子等、零疊街衢、妄説罪福。合構朋党、焚剝指臂。歴門仮説、強乞余物。詐称聖道、妖惑百姓。道俗擾乱、四民棄業。進違釈教、退犯法令。二也。僧尼依仏道、持神呪以救溺徒、施湯薬而療痼病、於令聴之。方今僧尼輙向病人之家、詐禱幻怪之情。戻執巫術、逆占吉凶。恐脅耄稚、稍致有求、道俗無別。終生姦乱。三也。如有重病応救、請浄行者、経告僧綱、三綱連署、期日令赴。不得因茲逗留延日。実由主司不加厳断、致有此弊。自今以後、不得更然。布告村里、勤加禁止（『続日本紀』養老元年四月壬辰条、元正詔）。

（補注4）この問題については、唐律および日本律当該条のほとんど同句の箇所について、社会背景の違いから立法当初異なった解釈がなされていたと考えられる。この条の解釈については、本書第三章においてさらに詳述する。

（補注5）①義浄『南海寄帰内法伝』（巻第三、受戒軌則・部分）

凡諸白衣詣苾芻所、若専誦仏典情希落髪畢願緇衣、号為童子。或求外典無心出離。名曰学生。斯之二流並須自食。（『大正蔵』二一二五―二二〇b）

②僧伽跋陀羅・僧猗訳『善見律毘婆沙』（巻第十一・部分）

問曰、何謂畔頭波羅沙。善男子欲求出家未得衣鉢、欲依寺中住者。（『大正蔵』一四六二―七五三a）

『善見律毘婆沙』は上座部に伝わった律の注釈Samantapāsādikāの漢訳書である。右のくだりは、比丘・比丘尼の波羅夷を説明するなかで、一般者に薬を与えることは禁じられているとした上で、自らの父母など五種の例外を示し、その五とされた「畔頭波羅沙《バンドゥパラーサ》」に付された解説である。これを北宋の「行者」の説明としたのは『釈氏要覧』である。

（初出「日本古代における得度前行者の存在形態」『仏教史学研究』四四―一、二〇〇一年を修訂）

第三章　古代の得度に関する基本概念の再検討

——官度・私度・自度を中心に——

はじめに

古代仏教史を理解するにあたっては、これまで長い間いわゆる〈国家仏教〉論を枠組み（前提）として、個別の事象がそのなかに位置づけられ、学説が構築されてきた。一九九〇年代以降は、これに対し批判的な研究が試みられることもあったが、現実には〈国家仏教〉論は、いまなお無視できない影響力を保っているといえるであろう。ところが、おのおのの論者が〈国家仏教〉論の史学史上の成立事情を把えたうえで、議論してきたかといえば、それは否といわざるを得ない。これまで多くの研究が、この術語の成立事情を知らないままに、この枠組みに立脚した学説を構築してきたことじたいが適切ではない。〈国家仏教〉という術語が、明治の末から大正年間にかけて成立したものであり、その概念は近代ナショナリズムの動静のなかで、その要請に応えるために意図的に生み出されてきたものであったという事実を無視して議論を始めることは学究として有効とはいえない。[1]

〈国家仏教〉論は、その教科書的理解——ここでは、実際に歴史教科書の記述に採用され、現在に至っている理解という意味であるが——において、ふたつの眼目を有している。ひとつは、国家が仏教を興隆することによって政治的安定をはかろうとしたと説明されるもの、いまひとつは、国家が仏教を統制することによって民衆仏教の萌芽を抑圧しようとしたと説明されるものである。このうち後者は、近代仏教者の主張を継承しつつ、民衆と国家とを対極に把える戦後歴史学の情勢のなかでより強調され、律令制論や唯物史観と親和性をもって展開した。

戦後の研究史においては、この〈国家仏教〉論を前提として、僧尼の得度は古代国家によって厳しく管理統制されていたとされ[2]、私度僧は、その理論の延長として、そもそも弾圧されるべきものが権力の目をかいくぐって自由闊達なる活動を体現していたのだと理解されてきた。私度僧は、律令国家の個別人身支配に対する民衆側の闘争であるという文脈で把えられてきたのである。換言すれば、古代における僧尼の得度の問題こそが、戦後〈国家仏教〉論本体が拠りどころとしてきた核であったといえる。

ところが史上の「私度」に関して、史料に基づいた具体的な研究が重ねられてきたかというと、そうではない。むしろ〈国家仏教〉論が、古代仏教研究の外枠として力を持ちつづけてきたことによって、理念に先導された予定調和的議論がくり返され、歴史研究においてもっとも肝要であるはずの、史料に則した実態研究の進展は阻害されてきた。いったんこの枠組みをはずして、既成概念にもたれかかった解釈をやめ、徹底した実態論のレヴェルに立ち、この問題に取り組むことが、切実に必要とされている。

そこで本章においては、「官度」「私度」「自度」といった古代の得度システムに関わる基本概念について、中国の実態と日本の実態とに渉る比較の視点を持ちつつ、史料に基づいた分析を加え、古代史研究にあらたな地平を切り拓いていくための基礎作業としたいと考える。

一　「官度」の概念と得度システム

1　「官度」の概念をめぐって

「官度」は「私度」の対義語と目されてきたため、研究の上では頻繁に用いられてきた語彙ではあるが、じつは日本の史料における用例はさほど多くはない。「官度」は法律上の概念であって、「僧尼令」の条文およびその集解にみられるものがほぼすべての事例である。日本では「官僧（尼）」の語のほうが一般に定着し、長く用いられるようになる。「官度」の語が中国唐代に用例がある輸入語であるのに対し、(3)「官僧（尼）」については管見の限り、中国には用例が見受けられない。(補注1)

ここで注意しておかなければならないことは、「官度」が輸入された語であるということで、この場合の「官」にはもともと日本の太政官の意味は含まれていないということである。この場合の「官」は、「公」の同義で「私」の対義である。中国においては「公私」の同義として「官私」の語が用いられる事例も見受けられる。(4)

日本古代の僧尼の得度については、行政がそれを完全に掌握してきたとする理解が長く行なわれてきたが、(5)そこには「官度」における「官」をもって、漠然と太政官を意味すると把える誤解が含まれていたように思われる。その誤解に立脚して、〈律令太政官制〉が成立して以降、八世紀の段階から太政官管下の治部省および玄蕃寮が得度許可に直接に関与していたという誤解が発生したと考えられるが、近年の実証的な研究の進展によってこれは否定されている。(6)

2　「官度」による得度と治部省・玄蕃寮

僧綱とともに古代の仏教行政に関与した治部省と玄蕃寮とについては、すでに岡野浩二によって総合的研究がものされている。[7] 俗官たる治部省および玄蕃寮が、「官度」の採用・不採用に関与するようになったのはいつからなのかという点が、本章の論旨においてとりわけ重要な問題である。岡野浩二は、治部省・玄蕃寮の執務の実態を検討するなかで、両司の僧尼名籍の管理、度縁・戒牒への署判の問題に触れている。そこにおいて岡野は、「度縁への治部省・玄蕃寮・僧綱の署判は、奈良時代には不確定で、平安時代初期に確立した」ものとみている。

これより先に松尾剛次もこの問題に触れており、[8] 度縁への三司署判の開始時期について、上限を威儀師が成立した七六〇年代、下限を年分度者の得度について三司が「相対簡試」する規定が出された延暦十七年（七九八）四月とみている。[9] 延暦年間をひとつの契機と把えるところが、両者に共通する理解である。

延暦年分度者制[10]の問題については詳しくは第四章において述べるが、[11] 論述の都合上、簡略に説明しておく。延暦年間において度者に課された学業や課試法と、官僚の養成・登用の際に課された学業や課試法との間には密接な関わりが認められる。延暦年間に開始された新たな得度システムは、官僚の採用システムを下敷きに成立していることが明らかで、治部省・玄蕃寮の職掌の変化は、平安時代の初期、延暦年分度者制が施行されたことを契機に起こっている。というのも、治部省・玄蕃寮が、度者の採否に当たるというその職掌は、官僚の養成・登用に関わっていた式部省・大学寮の職掌ときわめて近似しているからである。

延暦年分度者制においては、「省寮僧綱」（いわゆる三司）が度者の選考を管掌することになっており、[12] この後「三司」立ち会いによる度者の採否決定が、現実に行なわれていた形跡が認められる。[13] しかしながら、これ以前の治部省・玄蕃寮の職掌に含まれていたところは、「職員令」の規定はもとより実態においても、僧尼名籍の管理や度縁の捺印など、あくまで僧尼身分についての行政上の管理にとどまる事項についてしか確認することができない。

延暦年分度者制施行の時点において、治部省・玄蕃寮の職掌は変容する。合格すれば「官度」となる度者の能力を問い、その採否を判定するという職掌が付加されて、名籍管理や度縁捺印という事務処理の範囲を越えて、専門的な内容に転換するのである。延暦年分度者制は、官人を養成し採用するシステムに倣って構築されたシステムであり、治部省・玄蕃寮が度人簡試（採否）へ関与するようになったのは、官人の養成や採用に当たっていた式部省・大学寮の官人の職掌を参考にして、それ以前なかった職掌をあらたに付与したためであると考えられる。

そこであらためて「職員令」をもとに規定上式部省・大学寮の職掌とされていたところを窺っておきたい。

○「職員令」式部省式部卿

卿一人。掌内外文官名帳。考課。選叙。礼儀。版位。位記。校定勲績。論功封賞。朝集。学校。策試貢人。禄賜。仮使。補任家令。功臣家伝田事。大輔一人。少輔一人。大丞二人。掌勘問考課。余同中務大丞。少丞二人。掌同大丞。大録一人。少録三人。史生二十人。省掌二人。使部八十人。直丁五人。

（「職員令」（13）式部省条）

○「職員令」大学寮大学頭

頭一人。掌簡試学生。及釈奠事。助一人。大允一人。少允一人。大属一人。少属一人。博士一人。掌教授経業。課試学生。助教二人。掌同博士。学生四百人。掌分受経業。音博士二人。掌教音。書博士二人。掌教書。算博士二人。掌教算術。算生三十人。掌習算術。使部二十人。直丁二人。

（「職員令」（14）大学寮条）

右によれば式部省の長官である式部卿の掌するところは、おもには文官の登用および褒賞に関することで、なかでも注目すべきは、そこに「学校」「策試貢人」などの職掌が含まれていることである。義解の釈では「学校」とは官人養成機関たる「大学」のことであり、「策試貢人」とは「秀才・明経の類を策試すること」の意であるとする。

また、大学寮の長官である大学頭の掌するところとして「簡試学生、及釈奠事」とある。ここでの「簡試」とは、学生のなかから官人とする者を選抜する試験のことで、玄蕃頭・玄蕃助は年終試を行ない[14]、出仕を求める者を「簡試」して太政官に挙送すると規定されている[15]。

このように式部省および大学寮の官人の職掌の規定には、儒教の経書をもとに学を修めている学生を指導育成し、試験を課し、官人を選抜するという、専門職としての性格がもともと含まれていた。翻って治部省や玄蕃寮の職掌に関してみてみると、「職員令」の規定においては、このような専門職としての性格はまったく含まれていない。それらは後次的に付加されたものなのである。

以上のようなことから、度者の採否に俗官を関与させる方式は、延暦年分度者制施行の時点において始まり、式部省・大学寮の職掌が参照され、治部省・玄蕃寮に引き写されたものと考える[16]。

二　「私度」と「自度」とを検証する

1　「私度」の解釈をめぐる思想と論理

もっともスタンダードな日本史辞典である『国史大辞典』（吉川弘文館）では「得度」の項目（二葉憲香執筆分）に次のような解説を載せている。

日本古代律令国家は、教団の自律性にもとづく承認ではなく、国家の許可を得なければならぬという官度制を確立し、僧尼に度牒を与えた。国家の許可を得ないで出家することを私度（自度）として禁止し、犯罪とした[17]。

また『日本国語大辞典』（小学館）は「私度」について「公（おおやけ）の許可を得ないで、ひそかに僧尼となること。自度。」と解説している。[18]

ここで解決しなければならない課題は、「私度」と「自度」との問題である。辞典類に解説される理解では、両者は同義であるとされてきたのだが、果たして本当にそうなのか。このことを基本的な作業としてまず確かめなければならない。

「私度」という語について、これらの解説にあるようなイメージの構築に影響を与えてきたものとして、もっとも著名なものは、益田勝実による『日本霊異記』についての論である。一九五三年『国民の文学　古典篇』において発表された「日本霊異記」という一文のなかで、益田は次のように述べている。[19]

> わが国最古の仏教説話集日本霊異記は、南都官大寺の住僧景戒の手によって編まれたものの、その内容から見れば、「私度僧」景戒の著述という方がふさわしい。景戒は最初に私に出家した沙弥であったが、後に正式な僧侶となり、薬師寺に住みついたのであった。…（中略）…民衆の世界から出て、民衆を背景として動いたのは、八世紀中葉に出た行基のような私度僧で、彼等こそ、教義史的にはともかくも、精神史上には見逃すことの出来ない人々である。景戒もそうした私度僧の系譜に属しており、霊異記を

図4　1953年刊『国民の文学　古典篇』

支えているのも、私度僧の精神である。

益田のこの見解は、いわゆる「私度僧の文学」論として広く影響を及ぼしてきた。たとえば中田祝夫はこれを受けて「『霊異記』には種々の性格があるが、おおまかにいえば、これは私度僧による、私度僧のための、私度僧の文学と規定できる面が強い。私度僧の作った、私度僧階級を中心とする人々に読まれるべき文学作品というわけである。」と述べている[20]。

私度僧を民衆と同体とし、官度僧を権力者と同体とするこのようなシェーマの掲出という学史を顧るに、これは益田個人の学説というより、皇国史観から解放された一九五〇年代という〈時代の思考〉によるものと評すべきであるとわたくしは理解している。益田の「私度僧の文学」論自体は、個別の次元で批判を受けるところがあったが[21]、そこに提示されているシェーマは、おもに唯物史観の立場に立つ歴史学者によって支持されるところに重なって展開し[22]、その後現在に至るまで本質的に検証されていないし、否定されてもいない[23]。

ところが『日本霊異記』じたいには「私度」という語がいちどもみえていない。『日本霊異記』は、明確に「私度」であることが判明する宗教者がいちども登場することのない文献である。したがって、これによって古代社会の「私度」を歴史学的立場から論ずることは、もとより不可能である。『日本霊異記』にみえているのは、「自度」であって「私度」ではない。益田を含めた多くの研究者は、『日本霊異記』における「自度」を彼ら自身の感情においてイメージする階級としての民衆を代表するに相応しい「私度」と同義と解釈してきたのである。この両者が同義であるという根拠は、学術的次元においていちども示されたことはない。完全な謬説というべきものである。

2　『日本霊異記』にみえる「自度」の存在形態

ここではまず基礎作業として、『日本霊異記』に登場する「自度」の事例に基づいてその存在形態を確認し、古代社会において「自度」と呼称された宗教者の共通項をさぐることにする。『日本霊異記』にみえる自度の事例は以下の七例がすべてである。

①上巻―一九縁「呰読法花経品之人而現口喎斜得悪報縁」

〔梗概〕碁をたしなむ山背国の「自度」の沙弥（姓名不詳）が、白衣と碁をしていたところにやってきた法華経を読む物乞を、あざけって口をゆがめて真似をした。持経者を軽んじた自度沙弥は、その口業により口がゆがんでどんなに治療をしてもなおらなかった。

②上巻―二七縁「邪見仮名沙弥斫塔木得悪報縁」

〔梗概〕「自度」のため名（法名）が無い石川沙弥は、俗姓も不詳で、妻が河内国石川郡の人であったので石川沙弥と号した。沙弥のすがたをしていたが、盗賊の心をもっていた。造塔の寄進と称して人の財物を乞い、妻との食費にしたり、摂津舂米寺に住み、寺塔の柱をたきつけに使い仏法をけがした。とうとう病となり「熱い熱い」と叫んで地獄の責め苦にあいながら死んだ。

③下巻―四縁「沙門誦持方広大乗沈海不溺縁」

〔梗概〕方広経を誦持する諾楽《なら》京のある大僧（名不詳）が俗の生活をして銭貸しをし妻子を養っていた。娘が結婚して夫家に住んでいた。その聟が奥国（陸奥カ）の国掾に任じられ、舅僧に銭二十貫を貸りて準備して任国に赴いた。聟はこの利息を払わず、取り立てに逆恨みして舅僧を殺そうとし、四肢を縛り海中に投じた。妻には船が沈んでたすけることができなかったと偽り、斎会をととのえ供養した。方広経の力によって死をまぬがれた舅僧は「自度例」にまぎれて面をかくしてその供養を受けた。聟は驚いて隠れたが法師はほほえんで怒ることはなかった。

④下巻―一〇縁「如法奉写法華経火不焼縁」

〔梗概〕牟婁沙弥は榎本氏で、「自度」であり無名であった。紀伊国牟婁郡の人であったので、牟婁沙弥と号した。安諦郡荒田村に住み、法体をとり俗の生活をして生業を営んでいた。心身を浄らかにして写経した法華経を皮筥に入れて大切にしていたところ、家が火事で全焼しても燃えなかった。

⑤下巻―一五縁「撃沙弥乞食以現得悪死報縁」

〔梗概〕諾楽《なら》京佐岐村に住む犬養宿禰真老は、生まれつき心が邪で乞者を憎んでいた。ある沙弥が乞食したところ、真老は施物をせず袈裟を奪い「汝曷僧也（おまえはいかなる僧か）」と責めたてた。「我是自度（わたしは自度である）」と乞者が答えるとさらに打って追い出した。明くる朝真老は鯉の煮こごりで酒を飲もうとした時、黒い血を吐いて死んだ。

⑥下巻―一七縁「未作畢捻摂像生呻音示奇表縁」

〔梗概〕沙弥信行は紀伊国那賀郡弥気里の人で俗姓を大伴連祖という。捨俗して「自度」し法体をとり、村人たちが造った弥気山室堂（法名を慈氏禅定堂）という道場に鐘打ちとして常住していた。鐘堂には作りかけのままの臂手が折れた弥勒の脇士像二体があり、檀越たちは「聖人があらわれて完成しますように」と願っていた。夜中に「いたいいたい」とかぼそいうめき声が連日きこえるようになり、弥気堂に常住していた元興寺沙門（僧）豊慶に知らせ協力して知識を率引し、像を完成させて供養した。

⑦下巻―三三縁「刑罰賤沙弥乞食以現得頓悪死報縁」

〔梗概〕紀伊国日高郡別里の家長であった紀直吉足は、生まれつき悪性で、仏教を信じなかった。伊勢沙弥と字《あざな》する自度が、薬師経十二薬叉の神名を誦持し、里を歴って乞食していたところ、吉足は施物せず、袈裟を剥ぎとり打ちのめしておびやかした。逃げまわる沙弥を捕え、大石を沙弥の頭にぶつけて、「十二薬叉の神名をとなえて呪縛してみろ」とせまった。沙弥はたえかねて一度だけとなえて逃げたところ、吉足は地にたおれて死んだ。自度の師であっても、隠身の聖人であるかもしれない。仏道をさまたげてはいけない。

以上の事例から『日本霊異記』が「自度」と呼称している宗教者の形態の特徴を抽出すると、以下のようなことが判明する。

まず彼ら「自度」はいずれも「沙弥」であって「僧」ではない。『日本霊異記』においては「沙弥」と「僧」とが明確に区別されており、混用されることはいちどもない。(補注2)「僧」およびそれと同義に用いられる「沙門」は、『日本霊異記』においてはすでに具足戒を受けた存在に対してのみ用いられる呼称であった。

下巻—三〇縁の「老僧観規」や下巻—三八縁の「僧景戒」は、それぞれ「著俗営農、蓄養妻子」していたり、「居于俗家、而蓄妻子」していたりするが、彼らは「沙弥」ではなく「僧」である。(補注3)『日本霊異記』の著者の生きた八世紀後半から九世紀初頭にかけての社会においては、基本的な事実として、俗の家に居住し、妻子や生業をもって生活する存在形態が、「沙弥」もしくは「自度沙弥」に限定してみられる特徴であったという事実はまったく認められない。(24) 根拠のない既成概念を捨てて述べるならば、『日本霊異記』の記述をみる限り、著者「僧景戒」が「自度沙弥」であった形跡はどこにもない。

さらに「自度」の特徴を追うと、彼らは基本的に法名をもたないで、出自の氏や地名を通り名（字）としている。このことから「自度」と呼ばれる宗教者たちは、『日本霊異記』の時代において法名を与えるはずの師主をもたずに法体をとるに至っていたと考えられる。たとえば④下巻—一〇縁に登場する「牟婁沙弥」が剃髪し法体をとったことについては、本文中「居住安諦郡之荒田村、剃除鬢髪、著袈裟、即俗収家、営造産業。」と書かれているが、ここには師主や寺院との関わりがまったくみえておらず、その得度は文字通り自ら剃髪するというかたちのもので、彼の立場は寺院秩序の内側で認定されたものではなかったと思われる。

また彼ら「自度」が外見において、俗人とは区別される法体の者たちを指していることは、疑う余地はない。①の事例においては、俗体の仏道者を指す「白衣」と囲碁の対局をしているし、④⑤⑥⑦においては、彼らが袈裟を身につけて活動する存在形態をとっていたことが明らかであるからである。

③に登場する銭貸しの「大僧」は、娘婿が主催する、殺されたはずの自分のための供養会において、立場を隠し身をやつして「自度例」（この場合の例は列の意味に近く、グループというぐらいの意味である。）に連なっている場面がでてくる。この「大僧」は「大僧」であるからいずれかの寺院に所属をもつ、すでに具足戒を受けた僧侶であったことは疑いを容れない。「自度」のすがたはこれらの僧侶等とは、法衣などが異なり、外見において区別がつく存在であったと考えるべきであろう。

以上の考察をもとに、判明する範囲内で「自度」の定義を試みるならば、「自度」とは、得度の師主をもたず、寺院秩序の外側で自ら剃髪をして法体をとった宗教者で、寺院に所属がなく、いまだ具足戒を受けておらず、また「自度」ではない「僧」や「沙弥」とは外見上の区別がつく形態のもの、とひとまず措定することができる。

三　古代社会のなかの「私度」の実像

1 いかなるものが「私度」と呼ばれたのか

上記のような「自度」の形態に対して、日本の古代社会のなかで「私度」と呼称された者は、どこがどう異なっていたのか。先にも述べたように『日本霊異記』にはいちども「私度」という存在が登場しない。語彙そのものがみえていないのである。かといってこのことをもって、著者景戒のみた社会において、「私度」が存在しなかったとはもちろん言い得ない。(25)

可能性として考えられることは、景戒の生きた時代において「私度」と呼称されるもののおおかたが、外見や生活形態のうえで、「官度」「官僧（尼）」と呼称されるものとそもそも区別がつきにくい存在だったのではないか、ということである。この問題を考えるにあたっては、すでに第一章で紹介した『続日本紀』に載せる宝亀十年（七七九）八月庚申（二十三日）条の治部省奏が示唆を与えてくれる。

この治部省奏によれば、大宝元年（七〇一）以降僧尼の本籍なるものが存在していたが、宝亀十年にはその本籍に各僧尼の「存亡」（存命しているか死没しているか）についての情報が反映されておらず、諸国の名帳と照らし合わせる「由」（証明となるもの）がない、としている。そこで治部省は、僧尼が住所にいるかどうか（つまり本人が存命かどうか）の状況を所由に申告させてほしいと奏上している。そうすればだれが「官僧」であるかが明確になって「私度」がおのずと止まるだろうというのである。

ここでは「私度」は存在しているのであるが、「官僧」の登録簿ともいえる僧尼本籍のずさんな管理によって、だれが「官僧」でだれが「私度」による僧であるかの区別がつかないのである。重要なことは、宝亀十年の段階では、「官僧」と「私度」とは境目があいまいで、外見や居住場所など生活形態では区別のつくようなものではなかったということである。俗家に住み妻帯していた者が「私度」で、寺に常住していた者が「官僧」であるという従来の理解はそもそも根拠がないというだけではなく、まったく成り立たない、ということである。
「私度」はもともとは日本には存在しなかった輸入概念である。これがどのような意味合いのものとして輸入されたかということをあきらかにするのは、いうまでもなく日本律令の条文じたいである。以下にあげる「僧尼令」(22)私度条は、「私度」や「冒名相代」であることが発覚して還俗という処分を受けた者が、法体を解かなかった場合の罰則である。

凡有私度、及冒名相代。幷已判還俗、仍被（披）法服者、依律科断。師主三綱及同房人知情者、各還俗。雖非同房、知情容止、経一宿以上。皆百日苦使。即僧尼知情居止浮逃人、経一宿以上者、亦百日苦使。本罪重者。依律論。

私度および冒名相代があった場合、どちらもすでに還俗という裁断がなされたのに、なお法服を着用していたら、律によって科断せよ。（私度および冒名相代によって僧尼となっている者の）師主・三綱および同房の人で事情を知っている者は、おのおの還俗とする。同房の人でなくても事情を知っていて止宿を許した場合は、一宿以上を経れば、皆百日の苦使とする。もし僧尼が事情を知っていて浮逃人の止宿を許し、一宿以上を経た場合もまた百日の苦使とする。この条による罰が重い場合は、律の罰を適用せよ。(26)

（「僧尼令」(22) 私度条）

ここで重要なことは、「私度」と「冒名相代」とが、寺院の内部において起こる同種の罪として法文が作文されていることである。同条の「私度」について「令釈」は、「私作方便、不由官司出家可（耳ヵ）。」（私的に手だてを講じて、官司の手続きを経ずに出家しただけのもの）と解説している。
「穴記」においては「今説、齎死僧公験、為己僧者、同私度句。」（近年の理解では、死僧の公験を手に入れて僧になりすました者も、同じく私度といっている。）と、「朱説」においては「謂、雖不闕課役、成僧形者、猶可科私度罪者、未知、尼何。同不。先云、僧尼无別。又律私度条、情亦然者、不待免調役也。私、依「令釈」情、若此、於可被疑官僧所云歟何。」（課役を欠かさないままで僧形を成す者も、やはり「私度罪」に科すべきであるというが、では尼についてはどうか。やはりゆるされない。先にいうように僧尼について別はない。また律の「私度条」の趣旨もそうであるので、調役を免じられるのを待たず（僧形を成す者）のことである。私に「令釈」の趣旨に依ると、このようなことは、「官僧」になりすましている場合においていうのではないだろうか。）と解説している。

つまるところ「穴記」や「朱説」の成立当時に共通する認識は、官司の手続きを経ずに法体になったというだけでは取り立てて非合法と扱われるわけではなく、「官僧」になりすましている場合について非合法と扱われるものであるということである。したがって少なくともこれらの注釈が成立する九世紀前半から中葉の時点では、「私度」の非合法性についてこのように理解するのが一般的であったと考えなければならない。

もうひとつこの「僧尼令」(22) 私度条の規定において注目すべきことは、「私度」には師主が存在することが前提となっているということである。この条における「私度」は、明確に寺院秩序の内側の存在であり、その得度や僧尼としての活動は、師主や三綱との関わりのなかに位置づけられる（但し、いうまでもなく寺に常住していたか否か、妻帯し生業を持っていたか否かについては、官僧の場合と同様に、さまざまな様態があり得る）。

「私度」が寺院内に位置づけられることは、さらに同条「令釈」所引の「戸婚律」逸文――すなわち大宝律における「戸婚律」私入道条――において「寺三綱」の科罰規定がともなっていることからも看て取れる[27]。

2　中国における「私度」の概念

ここまで検討してきた律令の法文上の「私度」が輸入語であることはいうをまたない。そこで以下中国社会において「私度」がどのように認識されるものであったかについて確認しておく必要がある。

すでによく知られているように、大宝「戸婚律」の条文は、唐律に母法たる該当条文があることを『唐律疏議』によって確認することができる。[28][補注4]

諸私入道及度之者、杖一百（若由家長、家長当罪。）。已除貫者、徒一年。本貫主司及観寺三綱知情者、与同罪。若犯法合出観寺、経断不還俗者、従私度法。即監臨之官、私輒度人者、一人杖一百、二人加一等罪止流三千里。

『疏』議曰、「私入道」、謂為道士女冠僧尼等、非是官度而私入道、「及度之者、各杖一百」。注云、「若由家長、家長当罪」。既罪家長、即私入道者不坐。「已除貫者、徒一年」。及度之者、亦徒一年。「本貫主司」、謂私入道人所属州県官司。及所住観寺三綱、知情者、各与入道人及家長同罪。若犯法還俗、合出観寺、官人断訖、牒観寺、知仍不還俗者、従私度法。断後陳訴、須着俗衣。仍披法服者、従私度法、科杖一百。即監臨之官、不依官法、私輒度人者、一人杖一百、二人加一等、罪止流三千里。若州県官司所度人免課役多者、当条雖有罪名、所為重者自従重論、并依上条妄増減出入課役科之。其官司私度人、被度者知私度情而受度者、為従坐。若不知私度情者而受度人無罪。

『疏』の理解では、「私入道」とは、道士女冠僧尼たちが、官度ではないままで私入道することである。「及度之者、各杖一百」には、「若由家長、家長当罪」と注されている。すでに家長を罰した場合は、私入道者が共に罰せられることはない。「已除貫者、徒一年」は、得度に及んだ場合もまた徒一年である。「本貫主司」とは、私入道の人が属する州県官司と住する観寺三綱のことを意味し、（これらの）事情を知る者おのおのと入道した人および家長とは同じ罰である。もし法を犯し還俗と処されれば観寺を出なければならない。官人が処断した後、観寺に牒す。知ってなお還俗しなければ私度法に従う。断じて後陳訴する際、必ず俗衣を着なければならない。なお法服を着用していたら、私度法に従い杖一百を科す。すなわち「監臨の官が官法に依拠せず、安易に人を私度することがあったら、一人度せば杖一百、二人度せば一等を加えて止流三千里に罰する。もし州県の官司が、人を度し多く課役を免ずれば、この条に罰を定めていても、重となるところはおのずから重としてあつかう。あわせて上条によってみだりに課役を増減出入りさせたときの罰を科すこととする。官司が人を私度して度を被った者が、（自分が）私度であるという事情を知って受度していたら、受度人も共に罰する。もし私度であるという事情を知らなければ受度人は無罪とする」と。

（『唐律疏議』巻第十二、戸婚）

ここにおいて「私度」という非合法行為を行なう主体者は、「官度」という行為を行なうのが「官（公）」であるのに対して、公的権力としての資格をもたない私的権力のことを指していることがあきらかである。すなわち、条文および疏議中の語でいうと、「家長」や「本貫主司及観寺三綱」「監臨之官」などがこれにあたる。得度を受けた側の者は疏議では「被度者」「受度者」であって、「官司」が人を「私度」した場合、その事情（正式の許可が下りていないという事情）を了解しながら得度を受けた者は有罪であるが、事情を了解せずに得度を受けた者は無罪なのである。ここにおいて禁止の対象となっている「私度」という行為は、人がかってに得度するということではなく、私的権力が人をして得度させてしまうということである。これらの疏議は法的効力のある注釈なので、これは「私度」についての当時の公式見解であるとみなければならない。

時代はさかのぼるが、次にあげる北魏の熙平二年（五一七）霊太后の令[29]も、「私度」の原概念を考える有効な材料となる。

（熙平）《（五一七）》二年春、霊太后令曰、「年常度僧依限。大州応百人者、州郡於前十日、解送三百人。其中州二百人、小州一百人。州統・維那与官、及精練簡取充数。（中略）自今奴婢悉不聴出家。諸王及親貴、亦不得輒啓請。有犯者、以違旨論。其僧尼輒度他人奴婢者、亦移五百里外、為僧。僧尼多養親識及他人奴婢子、年大私度為弟子、自今断之。有犯還俗、被養者帰本等。寺主聴容一人、出寺五百里。二人千里。私度之僧、皆由三長罪、不及已《（己）》、容多隠濫。自今有一人私度、皆以違旨論。隣長為首、里党各相降一等。県満十五人、郡満三十人、州鎮満三十人、免官。僚《（寮）》吏節級連坐。私度之身、配当州下役。」時法禁寛褫、不能改粛也。

熙平二年春、霊太后は以下のように命じた。「年常度僧は制限にしたがうように。大州は百人をあてることになっているが、州郡は十日前に三百人を選んで都へ送れ、中州は二百人、小州は一百人を送れ。州の沙門統・維那は官とともに、精練な者を簡取して充数せよ。（中略）今後奴婢はことごとく出家を聴さない。諸王や親貴の場合でも、たやすく啓請をしてはならない。犯す者があれば、違旨を以って論ず。僧尼がたやすく他人の奴婢を度した場合も、五百里外に移して僧とする。僧尼がよく親戚や知り合いや他人の奴婢の子を養い、成長すると私度して弟子としている。以後やめるように。犯す者は還俗とし、被養者はもとの身分に帰せ。寺主が一人を許容すれば、その寺から五百里、二人なら千里の擯出とする。私度の僧は、皆三長（隣・里・党の長）の罪に由る。三長を罰しないので、多くの隠濫を許容してしまうのである。今後一人の私度があれば、皆違旨を以て論ず。隣長は首犯とし、里党の長はそれぞれ一等を減ず。県に十五人、郡に三十人、州鎮に三十人に達すれば、長官は免職とし、寮吏は等級に応じて連坐とする。私度された者自身は、州に配当して労役に下す。」当時法規制が緩んでいて改粛させることができなかった。

（『魏書』巻一一四、志、釈老）

この令旨は、中国において具体的に「私度」を禁じたものとしては、はやい例である。当該の記事によれば、この当時法禁が緩んでいて粛清はできなかったとのことなので、編纂者の批評を信じるならば効力はなかったものとも考えられるが、それはさておき、語彙概念については重要なことが確認できる。この令旨で私度の罪に問われている対象者は、他人の奴婢を得度させた僧尼やそれを容認している寺主および地方官であって、「私度之身」すなわち私度を受けた当人は、州に配当して労役に従事させる、という内容になっている。ここで問題となっている「私度」という行為も、やはり私的権力が人を得度させるという意味なのである。

むすび

本章で取り上げたように「官度」「私度」「自度」は、古代仏教を研究する者ならだれもが知る語であって、先行研究のなかでもさかんに取り上げられてきた重要な研究テーマであった。にもかかわらず、これらの概念は正しく把握されてはこなかった。

とくに「私度」の概念については、民衆仏教論や唯物史観と結びつき、長年にわたって根拠のない俗説に基づいて議論が展開されてきた。すなわち、国家の許可を得ないでひそかに僧尼になるという意味に理解され、漠然とそれじたいが常に〈国家〉と対立関係にあり、非合法活動を展開する存在であるとされてきた。

ここまでの検討であきらかになったように、輸入語である「私度」の概念は、「官度」が公的権力が人を得度させることであるのに対して、私的権力が人を得度させるという行為を指している。これによって法体をとり僧尼となった身はもちろん合法の存在とはいえないであろうが、禁止されている事項は、公的権力ではない者が得度させる越権行為なのである。であるがゆえに、唐戸婚律の条文では、その罪を犯す者として、家長や州県の役人、加えて寺三綱などが想定されていたのである。

日本における「私度」の概念を考える場合、まず「官度（公度・正度）」を正規のものとする法制が、日本社会に輸入されたが、そのシステムが具体的に整備されるよりも前に、「私度」を禁止する法律の文言が輸入されたという事情は充分な注意をもって受けとめなければならない。社会の体験と法律とが、呼応していないのである。日本社会においては、現実には法体をとるのみでは積極的に禁断されるということはなかったが、この現象も、こういったもともとの事情を無視しては理解できない。九世紀前半から中葉ごろの法解釈では「私度」の非合法性についての認識が、「官僧」になりすました場合に限定されていたことは承前のとおりである。この現象は、得度システムを日本社会の実態に即して整備していくなかで起こったものと理解しなければならない。

また一九五〇年代以降現在に至る研究史において、何の実証手続きもなく「私度」と同義と断じられてきた「自度」は、「私度」とは違う概念である。「自度」は「私度」による得度を受けた者——つまり寺院秩序のなかで得度剃髪を認められ、師主や寺との関わりを保ちつつ僧尼として活動する者——とは形態が異なり、師主なく自ら得度剃髪して法体をとる者を指している。その身分は寺院秩序に依拠していないという特徴がある。中国においてこれらと類似した存在があるかどうかについての検討は今後の課題として残す。

これまでの研究においては、日本の得度システムは、唐の得度システムをまるうつしに模倣したもの、そしてそれを実現したものと把えられてきた。両者の具体的な比較対照はほとんど行なわれてこなかった。しかし実際には、日本の得度システムは、唐のシステムを輸入しながらも、まったく違った社会状況のなかに法律を輸入し、そのために、具体的には異なった過程をたどり、独自の展開を遂げている。（補注5）

それにともなって、寺院内の秩序や出家者の存在形態に関して日本的要素が表出してくることになる。それがどのような過程・展開であるのか、また何をもって日本的と評するのかという点について、ここでは以下に若干の展望として言及しておく。

日本の得度システムの推移のなかで、画期ととらえられるのは、延暦年間におけるあらたな年分度者制の施行である。(30)そのなかでも特に延暦二十五年（八〇六）の桓武天皇の勅をうけた太政官符は、いわゆる宗分度者の創設という意味合いを含んだもので、実質としては、得度させる権利を宗ごとに勅許したものとして運用されていくことになる。(31)これらは勅許されているのが権利であるという点では、寺分度者についても賜度者についても本質に変わりはない。いずれも、毎年宗ごとに寺ごとに、あるいは臨時に特定個人に対して、人数を限って得度させる権利を勅許するものなのである。

私見においては、この時点でのシステムの整備が、〈国家〉が僧尼の得度に関して統制強化をはかったものであるとは、評価しない。(32)むしろ宗分度者・寺分度者・賜度者は、得度させる権利を天皇勅によって許可するという点で、八世紀に盛行していた権力に対する「嘱請」得度を、システムの内側に取り入れて整備したとみるのが実態に近いからである。

「嘱請」得度については、すでに本書第一章において触れた部分があるが、(33)本章の論旨に関与する部分に絞って以下言及しておく。「嘱請」による出家得度に関係する記事は、すでに養老元年（七一七）五月の元正天皇詔においてみえており、(34)八世紀を通じて、「嘱請」の宛所を替えながら、断続的に行なわれていたものと考えられる。その実情をもっとも如実に示すのは、天平六年（七三四）十一月の太政官奏である。(35)

ここにおいて太政官は、度人の才行は所司が確実に選考するべきであるのに、最近の出家が学業の審査をせずに、多くが「嘱請」によって実現してしまっているということに触れ、「今より以後、道俗を論ぜず、挙するところの度人、唯だ法華経一部或いは最勝王経一部を闇誦し、兼ねて礼仏を解し、浄行三年以上の者のみを取りて、得度せしめよ。」ということを聖武天皇に求めている。そうすれば「学問弥よ長じ、嘱請自ら休まらむ。」というのである。この天平六年太政官奏のいう「嘱請」の宛所は、光明皇后の皇后宮職であり、ここで太政官が天皇に訴えているのは、有力な推薦者を縁故として出家得度を請願する優婆塞貢進のことである。

このような、有力な推薦者を縁故として出家得度を請願する行為は、九世紀以降政府の厳しい統制が実現して、消失するという道筋をとるわけではない。むしろ九世紀に至って、日本の得度システムは中国から直輸入された法制を、日本社会にあてがおうとする段階を脱し、日本社会の実情を内側に組み入れるかたちでの整備が進捗していったのである。

中国からの輸入語である「官度」「私度」の概念は、日本においては、本来の意味を失い、やがて消失していく途をたどっていく(36)。これらの概念の消失という現象は、日本における得度システムが、天皇や行政が得度させる権利を独占的に掌握するというかたちとしては定着しなかったことと連動している。すなわち、得度させる権利を、宗ごとに、寺ごとに、あるいは特定個人に割譲するという九世紀以降の得度システムのなかでは、公的権力が得度させる「官度」と、私的権力が得度させる「私度」とが対極の構造をとらないかたちで、それぞれ安定にむかっていったと考えるべきであろう。

註

（1）〈国家仏教〉という術語の創出は黒板勝美（『国史の研究』各説の部、文会堂書店、一九一八年版）においてである。この問題については本書結章に詳述する。

（2）僧尼を得度させる権利は国家によって完全に掌握されていたとし、その裏付けを「僧尼令」という法制の存在に直結させて理解する論者の代表は二葉憲香である（二葉憲香『古代仏教思想史研究—日本古代における律令仏教及び反律令仏教の研究—』永田文昌堂、一九六二年）。またこの論旨の構造は、井上光貞の〈律令的国家仏教〉論に強い影響を与えたものと私は考えている（井上光貞『日本古代の国家と仏教』岩波書店、一九七一年）。

（3）本章後掲の『唐律疏議』巻十二、戸婚上、私入道条にみえるほか、左に引用する宣宗大中六年（八五二）十二月の祠部奏をうけた制において、私度僧尼を厳禁し官度僧尼に欠員があれば人を択んで補塡することとした記事にみえている。『唐会要』巻四八、議釈教下、「其僧尼踰濫之源、皆縁私度。本教遮止、条律極厳。不得輒有起建。如可容姦、必在禁絶。犯者准元勅科断訖。仍具郷貫姓号申祠部上文牒。其官度僧尼、数内有闕、即仰本州、集律僧衆同議、揀択聡明有道性、已経修錬、可以伝習参学者、度之。」（部分）

（4）たとえば唐李肇『唐国史補』巻上「日向暮、官私客旅群隊、鈴鐸数千、羅擁在後、無可奈何。」（『叢書集成　初編』中華書局、一九九一年）。

（5）たとえば二葉憲香『古代仏教思想史研究』（永田文昌堂、一九六二年）、井上光貞『日本古代の国家と仏教』（岩波書店、一九七一年）など。

（6）岡野浩二「治部省・玄蕃寮の仏教行政」（『駒沢史学』六一、二〇〇三年）。

（7）岡野浩二前掲註(6)。

（8）松尾剛次「中世得度制について—官僧・遁世僧体制の成立—」（『三浦古文化』四一、一九八七年）。

（9）『類聚国史』巻一八七、度者、延暦十七年（七九八）四月乙丑（十五日）桓武天皇勅。

（10）平安時代にはいると急速に「官度」の尼の存在が希薄になるということについては、牛山佳幸の論に詳しいところである（同『古代中世寺院組織の研究』吉川弘文館、一九九〇年）。私見においては、延暦年分度者制のシステムが、官僚システムを模倣したものである事実から、平安時代以降の年分度者制は、「官度」の僧という存在を、朝廷に仕える仏教官僚として採用するという発想に基づいていたものと捉えている。このような移行にともなって、女性である尼は、このシステムから排除されたと考えるべきであり、この点について私見は牛山説を支持するものである。いっぽうで『延喜式』玄蕃寮（71）年分度者条には、「別勅度者」として尼に関する規定が含まれていることから、「官度」の尼はいわゆる臨時度者としては残存したと考える。

(11)　本書第四章。
(12)　『類聚三代格』巻二、年分度者事、延暦二十五年（八〇六）正月二十六日太政官符。
(13)　『顕戒論』巻下、「開示山中大乗出家為国常転大乗明拠四十四」所引僧統表には「太政官去延暦二十五年正月二十六日符称、……施行久矣。加以、年分度者、本為鎮国、故於宮中、歳初令度、三司共会、簡取才長。」とみえている。
(14)　「学令」（8）先読経文条。
(15)　「学令」（11）通二経条。
(16)　三司簡会による度者の選抜採用が確定する以前はどうであったのか、ということがここで問題となるが、ここでは詳述する用意がないので、最小限の言及にとどめたい。この問題を考えるにあたってひとつの材料となるのは、『日本高僧伝要文抄』所収「護命僧正伝」逸文である。この逸文においては「護命僧正伝云、……上京値元興寺満燿大法師依止焉。専精懃策、学業已優、遂入法師之薦挙対僧綱。而奉試第登甲科。……」とある。護命のように当初は俗人として（おそらくは寺童子として）、寺の法師に弟子入りして仏道に励み、依止師の推薦によって僧綱による試験を受けて出家得度するというシステムがあったことをひとつの事例として提示しておきたい。
(17)　国史大辞典編集委員会編『国史大辞典』（第十巻、と―にそ、吉川弘文館、一九八九年）。
(18)　北原保雄ほか編『日本国語大辞典』（第六巻、さこう―しゅんひ、第二版、小学館、二〇〇二年）。
(19)　益田勝実「日本霊異記」（永積安明・松本新八郎編『国民の文学』古典篇、御茶の水書房、一九五三年）。
(20)　中田祝夫「解説」（『日本古典文学全集　日本霊異記』小学館、一九七五年）。
(21)　たとえば仲井克己「日本霊異記の〈仏法〉と〈王法〉」（『仏教文学』七、一九八三年）。山口敦史「日本霊異記の自度について―〈私度僧の文学〉を考える―」（『日本文学論集』一六、一九九二年）。山口敦史は漢訳仏典に「自度」の用例を見出し、『日本霊異記』の「自度」との関連を指摘しているが、私見においてはむしろ「自剃頭」「自剃鬢髪」との関わりを積極的に検討していくべきと考えている。
(22)　たとえば石母田正「国家と行基と人民」（『日本古代国家論』第一部、岩波書店、一九七三年）。
(23)　吉田一彦『民衆の古代史―『日本霊異記』に見るもうひとつの古代―』（風媒社、二〇〇六年）は『日本霊異記』をもっぱら民衆側の史料としてとらえ、著者である景戒をもとは私度僧であったとする益田説を改変なくそのまま使用している。
(24)この点については寺川真知夫「老僧観規は私度僧か—奈良時代中期以後の官度僧の一面—」(『解釈』二一—九、一九七五年、のち同『日本国現報善悪霊異記の研究』和泉書院、一九九六年に再録)がすでに指摘する部分があるが、「自度」と「私度」との違いについては認識されていない。
(25)吉田一彦「古代の私度僧について」(『仏教史学研究』三〇—一、一九八七年、のち同『日本古代社会と仏教』吉川弘文館、一九九五年に再録)。
(26)この条が空文に近いものであったことについては、すでに一九七六年に中井真孝によって指摘がなされている(同「僧尼令における犯罪と刑罰」(大阪歴史学会編『古代国家の形成と展開』吉川弘文館、一九七六年、のち中井『日本古代仏教制度史の研究』法蔵館、一九九一年に再録))。また吉田一彦は、一九八七年発表の論考において、古代社会において実際に具体的な禁断を受けることなく私度が活躍していたと述べている(吉田一彦前掲註(25))。吉田の論は「私度」と呼称される存在を、概念として正確に把えたものとはいえないが、〈国家仏教〉論に支配された古代仏教史が主流を占めていた当時にあっては、あらたな視角を含むところがあった。
(27)私入道及度之者、杖一百、已除貫者徒一年。寺三綱知情者、与同罪。
(28)長孫無忌等撰『唐律疏議』三(中華書局、一九八五年)。
(29)この令の修辞や文言は、一見して日本の関連法令の起草に影響を及ぼしていると考えられるが、具体的にどの法令に影響を及ぼしたかということについての説明は、後考としたい。
(30)本書第四章。
(31)曾根正人は、延暦年分度者制の施行が、あらたな宗概念の定着と密接な関わりがあることを指摘している(同「平安初期南都仏教と護国体制」土田直鎮先生還暦記念会編『奈良平安時代史論集』下巻、吉川弘文館、一九八四年、のち曾根『古代仏教界と王朝社会』吉川弘文館、二〇〇〇年に加筆再録)。
(32)光仁・桓武天皇時代の施策についての通俗的理解として、いわゆる仏教政治を克服し、粛正にむかったとみる立場があるが、これは近世水戸学や頼山陽らの史論に見受けられる歴史観の残滓である。研究の現状においてはこの点が充分に相対化されておらず、平安時代初頭の政治基調の理解については、根本から再考されるべきである。

(33)　本書第一章。

(34)　『続日本紀』養老元年（七一七）五月丙辰（十七日）条「詔曰、率土百姓、浮浪四方、規避課役。遂仕王臣、或望資人、或求得度。王臣不経本属、私自駈使、嘱請国郡、遂成其志。因茲、流宕天下、不帰郷里。若有斯輩、輙私容止者、揆状科罪、並如律令。又依令、僧尼取年十六已下不輸庸調者聴為童子。而非経国郡、不得輙取、又少丁已上、不須聴之。」、またこのほかに、『日本後紀』延暦二十三年（八〇四）五月庚寅（十七日）条の「制、正月斎会、得度之輩。理須旧年試才、新歳得度。而所司常致慢闕、迄于会畢、其名不定。自今以後、旧年十二月中旬以前試定、申送其状。簡定之後、不聴改替。然則本願無虧、属託亦止。」も「嘱請」による出家得度の事例と認めることができる。

(35)　『続日本紀』天平六年（七三四）十一月戊寅（二十一日）条。

(36)　「私度」概念の消失について、平雅行はその時期を十世紀中葉ごろに把えているが（同「中世仏教と社会・国家」『日本史研究』二九五、一九八七年、のち同『日本中世の社会と仏教』塙書房、一九九二年に「中世移行期の国家と仏教」として加筆再録）、私見においては九世紀中葉ごろにはすでに消失に向かうと考える。

（補注1）　研究上の術語としての「官僧」の概念については、佐久間竜「官僧について」上・下（『続日本紀研究』三―三・四、一九五六年、のち同『日本古代僧伝の研究』、吉川弘文館、一九八三年に再録）と薗田香融「国家仏教と社会生活」（岩波講座『日本歴史　古代四』、岩波書店、一九七六年）が、それぞれの立場から異なった定義を試みており、史学史として重要かつ基本的な議論である。

（補注2）　八世紀段階の日本において「沙弥」と「僧」とは、社会的に区別されて把えられ、宗教者の階梯として混同されることがなく確定している。義浄の『南海寄帰内法伝』によれば、七世紀段階の中国社会では、得度剃髪前の修行期間や出家に際する行政許可が重視されるあまりに、沙弥の階梯における修行期間が、節略される方向にあった。義浄自身はこのような中国ナイズされた方式をとることを批判している。日本が受容した戒律理解として、遅くとも九世紀初頭には、南山律系の戒本が積極的に使用された痕跡があるが、日本のサンガ秩序には、それに先立って別系統のものを参照した段階があって、為に沙弥と僧（比丘）がたやすく同化せず、優婆塞↓沙弥↓比丘の階梯が温存されたと推測する。今後の検討課題として把えておきたい。いずれにしても日本と中国とを単純に比較するのみでは、この問題はあきらかにし得ない。

（補注3）
○『日本霊異記』下巻―三〇縁（部分）
老僧観規者、俗姓三間名千岐也。紀伊国名草郡人也。自性天年雕巧為宗。有智得業、並統衆才。著俗営農、蓄養妻子。先祖造寺、有名草郡能応村。名曰弥勒寺、字曰能応寺也。
○『日本霊異記』下巻―三八縁（部分）
僧景戒、発慚愧心、憂愁嗟言、嗚呼恥忝哉。生世命活、存身無便。等流果所引故、而結愛網業、煩悩之所纏、而継生死、馳平八方、以炬生身。居于俗家、而蓄妻子無養物、無菜食無塩。無衣無薪。

（補注4）『唐律疏議』が、どの段階の律についてのものであるかについては、永徽律とみるか開元律とみるかなどの複数の説があり、いまなお結着をみないようである。（八重津洋平「故唐律疏議」（滋賀秀三『中国法制史 基本資料の研究』東京大学出版会、一九九三年））。上記、池田昌広氏のご教示を得た。本書での検討をもとに、これについて発言するなら、当該条を母法とする法文が、すでに大宝律の段階で、日本に成立していることが確認できるので、疏議部分はひとまず閣くとしても、当該条そのものは、永徽律の段階で存在していたことは疑いを容れない。開元律の疏議であったとすれば、この条文の主旨は、先行する律から開元律に引き写されたと考えなければならない。

（補注5） この問題については別稿（佐藤文子「出家と得度のあいだのひとびと―日本と中国の度僧システムについての比較研究の試み―」佐藤文子・原田正俊・堀裕編『仏教がつなぐアジア―王権・信仰・美術』勉誠出版、二〇一四年）でより詳細に論じたのであわせて参照されたい。

（初出「古代の得度に関する基本概念の再検討―官度・私度・自度を中心に―」『日本仏教綜合研究』八号、二〇一〇年を修訂）

第四章　延暦年分度者制の再検討

はじめに

日本の古代社会においては、得度を許可する権利が国家によって掌握されていたとする説は、これまで多くの論者によって支持されてきたところである(1)。国家的得度制とも称されるこのような制度は、私度の禁止と密接に理解され、日本史全体の流れのなかで、古代を特徴づける歴史事象として存在していたと認識されることが常である(2)。しかしながらこの問題に関して実際に検討が加えられてきた部分は、私度禁止の問題に集中しており、通常の得度システムそのものがどのようなものであったかという基本的な問題については、実態の解明がなされていない。

日本の得度制が祖型としたものは、中国唐代にあると考えられるが、輸入されたシステムというものが、それを生み出した社会とは異なる社会情勢および歴史段階にあった日本の古代社会において、どのような実態をもって展開していったのであろうか。これをあきらかにすることが不可欠であると考え、前章まで論じてきた。さらに問題を考究していくにあたって、平安時代初頭に実施された延暦年分度者制の再検討は欠くことのできない課題である。というのも、この延暦年分度者制こそは、得度制の推移のなかで日本側の実情を色濃く反映して生みだされたものであると考えられるからである。

すでに薗田香融は、延暦年分度者制における度人の課試規準に着目し、「僧尼育成のプリンシプルはここにおいて暗誦より解義へ、儀式より学業へと鋭角的な転換を見た」と評した。(3) また曾根正人は、「宗派を固定して色分けした制度枠や各教学の基本テキストが定められた」ことで、「教学全体が宗派性を帯び、互いに他と区別した宗学が形成された」とした。(4) いずれもこれまでになされてきた延暦年分度者制の歴史的評価として重要なものといえるだろう。

しかしまた、両氏が指摘している現象の前提となる延暦年分度者制じたいの成立事情——つまり延暦年間という時期にあたって、なぜこのような画期的な法制が成立をみたのかという問題——については、その歴史的重要性に比して充分な検討が加えられてきたとはいいがたい。そこで本章においては、特にこの法制においてあらたに採用されている課試法の特徴に注目しつつ、法制成立の経過と背景について検討を進め、その歴史的性格を明らかにしていきたいと考える。

一　延暦年分度者制の基本理念

1　延暦十七年勅における得度政策の転換

延暦年分度者制は、延暦十七年（七九八）の桓武天皇勅以降いくつかの段階を経た後、延暦二十五年（八〇六）桓武天皇の勅を奉じた太政官符において完成をみるという経過をたどる。その意味では、厳密にいうと延暦年分度者制という名称の法制が存在するというわけではないが、本章では論述の便宜上これら一連の法制を指してこのように仮称することにする。

延暦年分度者制の基本理念を検討するにあたって、まず法制の施行経過を確認していきたい。いずれもよく知られている史料ばかりではあるが、ひとまずここでは順を追って内容を確認していくことにする。

延暦年間における年分度者制整備に向けての動きは、すでに延暦十二年（七九三）四月の段階でみえている。(5) ここでは制して漢音を習得しない者を年分度者として得度させることを禁じるとしており、これを端緒として、延暦十七年勅、(6) 二十年勅、(7) 二十二年勅、(8) 二十三年勅・制、(9) 二十五年太政官符（勅）(10) と改訂が重ねられていく。これらのなかでも次に挙げる延暦十七年勅は、きわめて斬新な内容を含む新制度であって、このことは、日本の得度制の歴史全体のなかで注目すべき展開をみせたものであるといえる。

勅、双林西変、三乗東流。明譬炬灯、慈同舟楫。是以弘道持戒、事資真僧。済世化人、貴在高徳。而年分度者、例取幼童、頗習二経之音、未閲三乗之趣。苟避課役、纔忝緇徒、還棄戒珠、頓廃学業爾。乃形似入道、行同在家。鄭璞成嫌、斉竿（竽）相濫。言念迷途、寔合改轍。自今以後、年分度者、宜択年卅五以上、操履已定、智行可崇、兼習正音、堪為僧者為之。毎年十二月以前、僧綱所司、請有業者、相対簡試。所習経論、惣試大義十条、取通五以上者、具状申官、至期令度。其受戒之日、更加審試、通八以上、令得受戒。（以下略）

（桓武天皇は）以下のように勅した。「仏教の教えは西から東へと流通してきた。その明はたいまつのようであり、慈は舟の楫のようなものである。ゆえに弘道持戒するには真僧に師事し、世を済い人を教導するには、高徳こそを貴ぶべきである。ところが年分度者は、幼童を取ることを常とし、二経（法華経・金光明最勝王経）の音を習うばかりで、三乗の趣意を知らない。かりにも課役を避け、緇徒の身となりながら、戒律をおろそかにし、学業を廃れさせるばかりである。すがたは入道のようであるが、ふるまいは在家と同じである。鄭のあらたまや斉の笛のように物事の整序を乱している。迷い道に入りこんでいる現状を考えると、まことに悪い慣例は改めるべきである。今後年分度者は、年三十五歳以上で品行がすでに整成しており、智行を尊敬すべき者で、なおかつ正音（漢音）を習得し、僧となるにふさわしい者を年分度者とせよ。毎年十二月以前に僧綱と所司が有業の者を呼び、立会いで選抜試験をせよ。習得した経・論から惣じて大義十条を試し、五条以上に通じた者を取り、具状を太政官に申し、期に至って度させよ。（具足戒の）受戒の日に、あらためて審試を加え、八条以上に通じた者について受戒を得させよ。（以下略）

（『類聚国史』一八七 仏道一四 度者所載『日本後紀』逸文、延暦十七年《七九八》四月乙丑〈十五日〉勅）

ここで桓武天皇勅は、これまでの年分度者が幼童を取ることを常とし、法華経と金光明最勝王経の音だけを習得しているに過ぎず、仏教の内容について習熟していないとして、度人となる者の資格、度人に対する課試、受戒前の課試などについて、まったく前例のない規定を提示している。

すなわち年分度者は、年齢が三十五歳以上で仏教者としての品行がすでに整成していて、智行について敬うべき者であり、なおかつ正音（漢音）を習得していて、僧となるに堪えるだけの実力のある者を選べとする。さらに年分度者選抜のための試験の方法を規定し、毎年十二月以前に僧綱と所司が有業の者を呼んで相互立ち会いのもとに選抜試験を実施し、習得している経・論のなかから大義十条を試し、五以上に通じた者を合格として太政官に申し送り、期（正月御斎会の結願日）に至って得度させよとする。また注目すべきことにここでは、受戒の日にあらためて審試を加えることとしており、八以上に通じた者について受戒することを許せとする。

この延暦十七年勅の重要な点は、得度候補者に対して日本社会には行なわれてこなかった学業（義を講ずるという内容理解についての能力）の統一試験を課そうとするものであり、従来十五歳前後の幼童を取っていたことに対して三十五歳以上という年長者を対象としていることであり、さらに、度人は道俗推薦によるものという従来の慣習を否定する方向をとっているところである。

表3　延暦年分度者制の施行過程

発令年月日	史料本文	典拠
延暦十二年四月二十八日制	制、自今以後、年分度者、非習漢音、勿令得度。	『類聚国史』巻一八七　仏道十四　度者
延暦十七年四月十五日勅	勅、双林西変、三乗東流。明譬炬灯、慈同舟楫。是以弘道持戒、事資真僧。済世化人、貴在高徳。而年分度者、例取幼童、頗習二経之音、未閲三乗之趣。苟避課役、纔忝緇徒、還棄戒珠、頓廃学業爾。乃形似入道、行同在家。鄭璞成嫌、斉竽相濫。言念迷途、寔合改轍。自今以後、年分度者、宜択年卅五以上、操履已定、智行可崇、兼習正音、堪為僧者為之。毎年十二月以前、僧綱所司、請有業者、相対簡試。所習経論、惣試大義十条、取通五以上者、具状申官、至期令度。其受戒之日更加審試、通八以上、令得受戒。又沙門之行、護持戒律。苟乖斯道、豈曰仏子。而今不崇勝業、或事生産、周旋閭里、無異編戸。衆庶以之軽慢、聖教由其陵替。非只黷乱真諦、固亦違犯国典。自今以後、如此之輩不得住寺并充供養。凡厥斎会勿関法筵。三綱知而不糺者与同罪。自余之禁宜依令条。若有改過修行者、特聴還住。使夫住法之侶、弥篤精進之行、厭道之徒、便起慚愧之意。	『類聚国史』巻一八七　仏道十四　度者
延暦二十年四月十五日勅	勅、前年有制、年分度者、例取幼童、頗習二経之音、未閲三乗之趣。苟避課役、纔忝緇徒、還棄戒珠、頓廃学行。自今以後。年分度者、宜択年卅五已上、操履已定、智行可崇、兼習漢音、堪為僧者為之。毎年十二月以前、僧綱所司、請有業者、相対簡試。所習経論、惣試大義十条、取通五以上者、至期令度。受戒之日、更加審試、通八以上、令得受戒者。而今性有敏鈍、成有早晩。局以性年、恐失英彦。復三論法相、義宗殊途。彼此指揮、理須粗弁。自今以後、聴取年廿已上者。其簡試之日、令弁二宗之別。受戒之時、勿労更加審試。自余条例、一依前制。	『類聚国史』巻一八七　仏道十四　度者
延暦二十二年正月二十六日勅	勅、緇徒不学三論、専崇法相。三論之学、殆以将絶。頃年有勅二宗並行、至得度者未有法制。自今以後、三論法相各度五人。立為恒例。	『類聚国史』巻一七九　仏道六　諸宗
延暦二十三年正月七日勅	勅、真如妙理、一味無二。然三論法相、両宗菩薩、目撃相諍。蓋欲令後代学者、以競此理、各深其業歟。如聞、諸寺学生、就三論者少、趣法相者多。遂使阿党凌奪、其道疏浅。宜年分度者、毎年宗別五人為定。若当年無堪業者、闕而莫填。不得以此宗人、補彼宗数。但令二宗学生。兼読諸経并疏。法華最勝、依旧為同業。華厳涅槃、各為一業。経論通熟、乃以為得。雖読諸論、若不読経者、亦不得度。其広渉経論、習義殊高者、勿限漢音。自今以後、永為恒例。	『日本後紀』延暦二十三年正月癸未（七日）条

延暦二十三年五月十七日制	制、正月斎会、得度之輩、理須旧年試才、新歳得度。而所司常致慢闕、迄于会畢、其名不定。自今以後、旧年十二月中旬以前試定、申送其状。簡定之後、不聴改替。然則本願無虧、属託亦止。	『日本後紀』延暦二十三年五月庚寅（十七日）条
延暦二十五年正月二十六日 太政官符（勅）	太政官符治部省 応分定年料度者数幷学業事 華厳業二人〈並令読五教指帰綱目〉 天台業二人〈一人令読大毘盧遮那経／一人令読摩訶止観〉 律業二人〈並令読梵網経若瑜伽声聞地〉 三論業三人〈二人令読三論／一人令読成実論〉 法相業三人〈二人令読唯識論／一人令読倶舎論〉 右被右大臣宣称、奉　勅、攘災殖福仏教尤勝。誘善利生無如斯道。但夫諸仏所以出現於世、欲令一切衆生悟一如之理。然衆生之機、或利或鈍。故如来之説、有頓有漸。件等経論、所趣不同。開門雖異、遂期菩提。譬猶大医随病与薬、設方万殊共在済命。今欲興隆仏法利楽群生。凡此諸業廃一不可。宜准十二律（呂）定度者之数、分業勧催共令競学。仍須各依本業疏、読法華金光明二部漢音及訓。経論之中問大義十条、通五以上者、乃聴得度。縦如一一業中無及第者、闕置其分当年勿度。省寮僧綱相対案記、待有其人後年重度。遂不得令彼此相奪廃絶其業。若有習義殊高、勿限漢音。受戒之後、皆令先必読誦二部戒本。諳案一巻羯磨四分律鈔。更試十二条。本業十条、戒律二条。通七以上者、依次差任立義複講及諸国講師。雖通本業不習戒律者、不聴任用。者省宜承知、依宣行之。自今以後。永為恒例。符到奉行。 参議正四位下行左大弁菅野朝臣真道　　　左少史賀茂県主立長 延暦廿五年正月廿六日	『天台法華宗年分縁起』更加法華宗年分二人定請宗度者数官符 『顕戒論縁起』定諸宗年分度者自宗業官符一首 『類聚三代格』巻二　年分度者事 『類聚国史』巻一七九　仏道六　諸宗

この延暦十七年勅以前の段階において得度者の簡定方法を示したものとしては、天平六年（七三四）太政官奏がある。[11]この奏は近年の出家が学業についての審査をせず、多くが「嘱請」によって実現してしまっていることを指摘し、度人は推薦者が僧尼である場合も俗人である場合も、法華経一部か最勝王経一部をそらんじ、かつ礼仏作法に通じていて、浄行三年以上の者だけを得度させたいという旨を、太政官から聖武天皇に上奏するというものである。

ここで時の太政官が問題視している「嘱請」による出家というのは、権力に対して個人的コネクションに依拠して出家を実現してしまうことである。このような出家は八世紀を通じて常態として存在しており、出家に際して行なわれる推薦行為そのものは、この太政官奏において否定はされない。むしろ当時の出家一般にみられる慣習であった。[12]天平六年太政官奏には「今より以後、道俗を論ぜず、挙するところの度人は」という文言がみえることから、この段階での度人はあきらかに道俗の推薦を受けることが前提となっている。このような慣習が続いてきたなかで延暦十七年勅において、度人推薦という要素が消えているという点は重要なのである。十七年勅が内包していた意図は、新規得度者について、「嘱請」や推薦という要素を排し、実力主義の選抜試験を課すというものであり、このことはこの法制の理念を考える上で看過しがたい。

また十七年勅は受戒前課試を規定している。これはこの後早々に撤廃され、実質的に実現はしなかったようではあるが、本来仏教者の主宰によって行なわれてきた受戒について、その前段階に行政が介入して試験という関門を新設し、その合格・不合格を決定しようとするものであった。ここに行政が出家者集団の秩序の内側に介入して、新秩序を構築しようとしていた十七年勅の政治意図を読み取ることができる。

2　延暦年分度者制の挫折と妥協

画期的な理念を含んだ延暦十七年勅において示された前例にない方式は、延暦二十年勅において大幅な改定という流れをたどることになる。二十年勅のおもな内容は、年分度者の年齢制限と課試内容の緩和、および受戒前課試の撤廃であり、十七年勅で提示された基本理念はここでことごとく後退せしめられている。

二十年勅の改定では、十七年勅において三十五歳以上とされていた年齢制限を大幅に引き下げて二十歳以上とするとともに、課試の内容を「二宗(13)（三論と法相）の別を弁ぜしむ」という明らかに平易な内容に変更している。ここで注意しなければならないのは、この課試内容では課試の対象となる度人が、実質的に三論と法相のいずれかの二宗に属して修道している者に限定されてしまうということである。(14)この点において二十年勅は課試内容にこのような限定を含まない延暦十七年勅とは性格が変わってしまっている。受戒前課試については「受戒の時、更《あらた》めて審試を加ふることなかれ」とし、完全撤廃に至っている。(補注)ここにおいてわずか三年にして延暦十七年勅がもっていた趣旨は換骨奪胎に至っている。

後退を余儀なくされた背景として、第一に延暦十七年勅がもっていた急激な改革路線に対して反発する層が存在したと考えなければならない。出家得度に際して新規に行政が介入するシステムが創設されることを嫌い、従来通りの運営を望む仏教者の主張があったはずである。第二に度人を推薦し、嘱請によって身内の出家を実現していた推薦者たちの主張があったと推察する。というのも度人を推薦し、実現するという慣例は本質的に利権を含むものであるからである。

延暦二十三年勅においてはさらに大きな動きが認められる。二十三年勅のポイントとなるのは、教学の規定、経の重視、内容理解の重視の三点である。この勅には「諸寺学生」および「二宗学生」の呼称がみえており、桓武天皇が「学生」と呼ぶ得度前行者に対して教学を規定していることは注意すべきである。本書第二章であきらかにしているように、このころの寺院では、得度剃髪前の有髪俗体の得度前行者（優婆塞・童子）が、修道生活をしつつ衆僧の従者として活動していた。ところがこの勅における「学生」という呼称については、仏道修行者を指すものとしてはこの時点以前に用いられた例がない。これについては、この時点の桓武天皇側の立場として、寺内の得度前行者を、大学で官人候補生として学業を修める「学生」になぞらえて呼称していると考えられる。この件については本章第三節でさらに詳述する。

二十三年勅においては、三論と法相の「二宗学生」に諸経と疏とを読習させ、法華経と最勝王経についてはこれまで通り必修とし、華厳経と涅槃経はいずれかを選択として、経・論に通熟した者についてのみ得度させよとする。またこの勅では、論より経を重視しており、論が読めても経が読めない者の得度は認めない。さらに音読よりも内容の理解を重視し、多くの経・論の「義」についてすぐれて習熟しているものは、漢音を習得していなくてもかまわないとしている。

この延暦二十三年勅では、年分度者は旧年のうちに才を試してその合格者を新年に得度させるべきであるのに、「所司」が常に怠慢し、得度が実施されるはずの御斎会の終了日まで度者が決定しないという実情を指摘した上で、旧年の十二月中旬以前に試定した結果を太政官に申送り、簡定の後は変更してはいけないとしている。この制では「然らば則ち本願虧くることなく属託も亦止まらむ」といっているので、延暦十七年勅以後においても、政策の意図する実力主義の試験選抜という理念は実現しておらず、試験簡定に拠らない度人が推薦され、「属託」すなわち従来通りの嘱請によって得度を果たしてしまう奈良時代以来の慣習は、依然として継続していた。

延暦十七年以降、桓武政権が実現しようとしていた得度システムは、得度の前の段階で政府主導による試験を課し、新規得度者の簡定を行なうという点で一貫した方針をもつものであったといえる。しかしながら、以上のような度重なる変更の過程をみる限り、システムの実現は実態においてはかなり難航していたものとみなければならない。

次にあげる延暦二十五年太政官符（奉勅）は、延暦年分度者制の完成形として長く効力を発揮することになるものである。延暦十七年以来の紆余曲折を経たうえで、譲歩と妥協の結果として成立したものであった。

大（太）政官符治部省

応分定年料度者数幷学業事

華厳業二人並令読五教指帰綱目

天台業二人一人令読大毘盧遮那経 一人令読摩訶止観

律業二人並令読梵網経若瑜伽声聞地

三論業三人二人令読三論 一人令読成実論

法相業三人二人令読唯識論 一人令読倶舎論

右被右大臣宣称、奉　勅、攘災殖福仏教尤勝。誘善利生無如斯道。但夫諸仏所以出現於世、欲令一切衆生悟一如之理。然衆生之機、或利或鈍。故如来之説、有頓有漸。件等経論、所趣不同。開門雖異、遂期菩提。譬猶大医随病与薬、設方万殊共在済命。令（令）欲興隆仏法、利楽群生。凡此諸業廃一不可。宜准十二律（呂脱）定度者之数、分業勧催共令競学。仍須各依本業疏、読法華金光明二部漢音及訓。経論之中問大義十条、通五以上者、乃聴得度。縦如一一業中無及第者、闕置其分当年勿度。省寮僧綱相対案記、待有其人後年重度。遂不得令彼此相奪廃絶其業。若有習義殊高、勿限漢音。受戒之後、皆令先必読誦二部戒本。諳案一巻羯磨四分律鈔。更試十二条。本業十条、戒律二条。通七以上者、依次差任立義複講及諸国講師。雖通本業不習戒律者、不聴任用。者省宜承知、依宣行之。自今以後永為恒例。符到奉行。

参議正四位下行左大弁菅野朝臣真道　　左少史賀茂県主立長
延暦廿五年正月廿六日(16)

（「更加法華宗年分二人定諸宗度者数官符」京都国立博物館ほか編『最澄と天台の国宝』二〇〇六年掲載最澄筆『天台法華宗年分縁起』写真図版
『類聚三代格』巻二年分度者事）

右について右大臣《神王》は次のように宣した。「次のような勅を奉わった。『災をしりぞけ福をふやす手立てとして仏教は勝れている。善を勧め衆生に利益をもたらす手立てとして仏教に勝るものはない。そもそも諸仏が世に出現した理由は、一切衆生にひとつの真理を悟らせたいと欲ったためである。しかし衆生の素質は、利なる場合も鈍なる場合もある。ゆえに如来の説は、急速に悟りに向かわせるものも緩やかに悟りに向かわせるものもある。（各業の）経・論は趣意は同じではない。入り口が違っていても仏の道へと向かっている。譬えるなら立派な医者が、病気に対して異なる処方をすることがあっても、命を済う意図に違いはないことと同様である。仏法を興隆し群生に利益したいとするなら、諸業のいずれをも廃絶させるべきではない。（そこで、次のように命じる。）十二の音律にあやかって度者の数を十二と定め、業を分けて勧催し、共に競学させよ。なお各々（の度者の）本業の疏に依って法華経と金光明経二部の漢音と訓を必ず読ませよ。経・論のなかから大義十条を問し、通五以上の者について得度を許可せよ。もし、それぞれの業のなかで及第者がなければ、その年は欠員として得度させず、治部省・玄蕃寮・僧綱が立会って記録し、該当者がでるのを待って、（その欠員分を）後年に重ねて得度させよ。いずれかの業が、他業の（枠を）奪ってついには廃絶してしまう業がないようにせよ。もし内容理解において、特に長けている場合、（読については）漢音でなくてもよい。受戒後、皆先ず必ず二部の戒本を読誦させ、一巻の羯磨四分律鈔をそらんじさせよ。更めて十二条、本業十条と戒律二条とを試せ。通七以上の者について順番に立義・

複講および諸国講師に差任せよ。本業に通じていても戒律を習得しない者は、任用を許してはならない。』」とのことであるので、治部省は（この旨を）承知し、宣に従って執行し、以後永く恒例とせよ。符が到れば奉行せよ。

この太政官符はすでによく知られているように、延暦二十五年正月三日の最澄の上表を受けて[17]その趣旨が僧綱に対して諮問され、僧綱の賛同を得るという手続きを経て[18]、桓武天皇の勅を奉じた官符として発令されたものである[19]。最澄が桓武天皇に上表した内容と最終的に太政官符として発令された内容とを比較すると、実際に最澄が上表したのは新年分度者制の構想全体には及んでいない。最澄は、従来十人であった年分度者の数を十二人に増員することと、年分度者を天台法華宗を含んだ七宗（実質は五宗）に割り振ることの二点を提案したにすぎない。延暦二十五年太政官符では、度者があらかじめ修学しておくべき経・論が、業ごとに指定され、度者おのおのが属する本業の疏によって法華経と金光明経の漢音と訓を読むことと、経・論のなかから大義十条を試問し五以上に通じるという二種の試験を課すこととし、特に習義にすぐれている場合は、漢音を習得していなくともよいとしている。また受戒後は戒律を必修させて、本業から十条・戒律から二条のあわせて十二条を試問し、七以上に通じれば、立義・複講・諸国講師に順次差任するとする。

この二十五年太政官符の内容は、一見したところでは、ひとたび断念されたはずの「大義十条」の課試などが復活しており、延暦十七年勅の内容に近似するようにみえるが、本質的なところで大きく相違している。すなわち、延暦十七年当初の段階では、不特定多数を対象に統一試験を課して得度認許のことを実施しようとしていたのに対して、ここではおのおの本業とする経・論のなかから課試されることになっており、実質としては、天皇の勅によって、業（宗）という単位ごとに度人推薦枠を保証するものとなっている。また二十三年勅にみられた論より経を重視するという思想はあとかたもなく消え去り、結果として論を教学の中心とする学派の既得権が温存されているのである。

また受戒後の試験を経て立義・複講・諸国講師差任に至るという流れは、九世紀中葉にかけて発達していく官僧の出身階梯の祖型の様相をすでに呈している。[20]

3　延暦年分度者制の模倣性と独自性

延暦二十五年太政官符（勅）は、この後基本法として効力を持つことになるので、これをもって延暦年分度者制は完成をみたということができる。この延暦年分度者制において採用された課試法の特徴は、度人に対して「大義十条」という経・論の内容を試問する形式をとっていることである。こういった度人課試法は、日本地域においてはみられなかったものであり、この時点できわめて唐突に法制のなかに出現する。そこでここでは、この課試法が採用される契機を考えるにあたって、日本古代の得度システムに影響を与えている可能性がある中国の試経得度について一瞥しておきたい。[21]

中国における試経得度の淵源については、唐の中宗の時にはじまるという説が伝統的に行なわれてきた。南宋の志磐『仏祖統紀』[22]、元の覚岸『釈氏稽古略』[23]がこの立場をとっている。『仏祖統紀』は、神龍元年（七〇五）詔によって行なわれた試経得度は、法華経の誦経によるものであったとしている。道端良秀は神龍よりはやく、唐の高宗の顕慶三年（六五八）、勅によって玄奘に命じて、童子一百五十人に詮試を行ない度僧したという『大唐大慈恩寺三蔵法師伝』の記事[24]をもって試経得度の例に認めている。[25]

神龍元年の法華経誦経による試経得度は、その時期からすればあるいは天平六年太政官奏において提案されている試経得度に影響を与えている可能性が考えられる。しかしまた唐代の試経においては、法華経誦経といったレベルにとどまらず、経典五百紙、七百紙といった超大な量の暗誦を課している事例もみられ、比較の対象にならない。[26]中国における試経得度は経典の暗記暗誦を主眼としており、その傾向は唐宋を通じて一般的である。[27]暗記暗誦のみではない試経得度の例としては、『宋高僧伝』神湊伝において、唐の代宗の大暦八年（七七三）に経律論の三科について策試が課されたことがみえ、[28]『仏祖統紀』には、唐の宣宗の大中十年（八五六）勅して、毎年の度僧に戒定慧の三学に道性があり法門に通じる者を得度させよとした記事を載せている。[29]

ここでの問題関心から述べるならば、唐代における経典の暗記暗誦ではない類の試経得度と、延暦年分度者制に見受けられる経・論の内容理解に踏み込んだ課試法との間に直接の関わりがあったかどうかがポイントとなるが、延暦年分度者制に影響を及ぼしうる時期の中国において、経・論の内容理解に対する課試法が、趨勢をなしていたとは見做し得ず、度人に「大義十条」を問う延暦年分度者制の課試法に直接に影響を与えている要素も見いだし得ない。

さらに度人の選考にあたる管掌官司（試験官）についても、日唐それぞれの状況を確認しておきたい。延暦年分度者制では、延暦十七年勅および延暦二十年勅の段階で、「僧綱・所司、有業の者を請ひ、相対簡試」することになっている。これに先行する天平六年太政官奏では「度人の才行、実に所司に簡ばる」とあるが、これら「所司」とは具体的に何を指すのかはここでは明らかではない。

延暦二十五年太政官符では「省寮僧綱」すなわち治部省・玄蕃寮・僧綱のいわゆる三司が度人の選考にあたることとなっている。これについては最澄の『顕戒論』所引僧統奏においても「僧統奏して曰く、又太政官、去る延暦二十五年正月二十六日の符に称はく、（中略）謹んで勅旨に依りて施行すること久し。しかのみならず、年分度者もとより鎮国が為にして、故に宮中において歳の初に度せしむ。三司共に会して才の長けたるを簡取す。乃ち受戒の日、省寮同じく集まりて、本籍を勘会す。」とあり、三司による度人の選考は、延暦二十五年太政官符の直後から実効力をもって実施されていたことが確認できる。[30]『延喜式』玄蕃寮式には、奥に三司が署名する書式の度縁式を載せているが、この書式も延暦二十五年太政官符を基準として成立しているとみるのが妥当である。

これに対して唐代の事例では、地方官たる都督がこれにあたっている場合や大徳僧が選ばれて担当する例がみられるものの、中央の俗官と僧官が共同であたる方式はみられず、治部省・玄蕃寮・僧綱による度人の選考方法は、唐の模倣ではなく、日本独自に考案された方式であるとみなければならない。

以上のように延暦年分度者制は、課試法においても管掌においても中国の事例のなかには近似したものが見受けられないこと、および最初の起草の段階では、仏教者の関与がないとみられることから、もっぱら日本国内の当時の社会情勢のなかで起草された法制であったと考えられる。日本における国家的得度制は、もともとは中国の法制の模倣によって導入されたものであったが、延暦年分度者制の段階において、それは日本の地域色を帯びて独自の展開を遂げたと理解するのが妥当であろう。

二　延暦年分度者制起草以前の得度制

延暦年分度者制が起草される以前、八世紀段階の日本において、中国で成立した国家的得度制が模倣されようとしたことは事実である。その姿勢は端的には私度を禁止する旨を定めた「戸婚律」私入道私度条を唐律に模倣していることによって知ることができる。前章に詳述したように、『唐律疏議』によれば唐律には、

諸私入道、及度之者、杖一百（若由家長。家長当罪）。已除貫者、徒一年。本貫主司及観寺三綱、知情者、与同罪。若犯法合出観寺、経断不還俗者、従私度法。即監臨之官、私輒度人者、一人杖一百。二人加一等、罪止流三千里。(31)

とする条があった。次にみる日本の大宝令「戸婚律」私入道私度条が、ほぼ引き写し的にこの条を模倣していること

については、文言の類似から疑いない。

凡私入道、及度之者、杖一百、已除貫者、徒一年。本国主司及僧綱。知情者。与同罪[32]。

ここにおいてあきらかにすべき課題は、この双子のような法制が、唐とはまったく経験の異なる八世紀の日本社会――官度・私度という概念そのものについてさえ未経験であった社会――に突然もたらされたときに、具体的にどのように展開したかということであり、輸入され、模倣された得度システムが、日本の実態レベルでどのような過程をたどったかということである。すでに吉田一彦が日本の古代社会全体に私度を容認する土壌があったことを指摘しており[33]、この点については私見においても賛同すべき点があると考えてきた。

しかしながら吉田が言うように、国家的得度制そのものが古代を通じてまったく実態がなかったか、といえばこれはあたらない。これを実現しようとしていた形跡は確認することができる。八世紀段階での国家的得度制は、沙弥・沙弥尼以上の者（法体をとる者すべて）を本来政府の許可によるべきものとし、それらを官僧・官尼と位置づけて、網羅的に把握しようとするものであった[34]。それはつまり理念的に中国の公度（官度）制度を模倣し、実現しようと試みたものであった。そのことはたとえば以下のような事件に顕著にあらわれている。

大宝令の施行より十八年が経った養老四年（七二〇）正月、僧尼全体に対する公験制が開始されるが[35]、実際の公験授与までには半年以上の期間を要し、八月に至って次のような詔が出される。

詔、治部省奏、授公験僧尼多有濫吹、唯成学業者一十五人、宜授公験、自余停之[36]。

（元正）天皇は次のように詔した。「治部省が『僧尼に公験を授与するにあたって、不相応に僧尼となっている者が多く混っている。学業が成就している者は十五人のみである』といってきている。（その者たちに）公験を授与せよ。それ以外は授与しないように。」

（『続日本紀』養老四年〈七二〇〉八月癸未〈三日〉条）

治部省としては正月の段階で、公験授与を実現すべく動いていたはずなのだが、いざ公験を発給しようとして各人を確かめてみると僧尼としてふさわしくない者が多くいたので、学業が成就している者は十五人にすぎないというのである。このときは詔によってその学業者十五人にのみ公験が授与され、「自余」には与えないということで落ち着いている。しかしこれではこのシステムは機能不全である。「自余」の多くの僧尼は、公験が授与されないというだけである。強制還俗させられるわけでもなく放置されているということである。ここでは、法体をとる者のなかで、公験を持っている者と持っていない者という区別があるだけで、この現状では本来果たされるべき公験制の機能――僧尼を官許によるものと位置づけて自余の存在を許さず、取りこぼさずに網羅的に把握するための身分証明書としての機能――は、まったく果たされていない。この時点では、官僧・官尼としての身分証明書を持たないままに法体をとっている者の存在を大勢許容してしまっているが、この事態は公験制の本来の趣旨ではなく、行政の能力不足によって結果としてこうなっていることはあきらかである。

これからさらに四年が経った神亀元年（七二四）十月の治部省奏[37]は、「格式」に準じて公験を与えなければならないが、京と諸国の僧尼の名籍を調査してみたところ、「入道の元由」が明らかでなかったり、寺三綱所管の「綱帳」には載っているのに、いっぽうで治部省玄蕃寮所管の「官籍」には載っていなかったりして、身分の疑わしい者が千百二十二人いるという実情を訴えている。この時は詔によって、疑わしい者も含めて現状にしたがってすべてに――つまりこの時点で僧尼のすがたをとっている者すべてに対して――公験を与える（官僧・官尼という身分を認める）という措置がとられている。

同じような事件は宝亀十年（七七九）にも再び起こっている。宝亀十年八月の治部省奏[38]によれば大宝年間以来僧尼

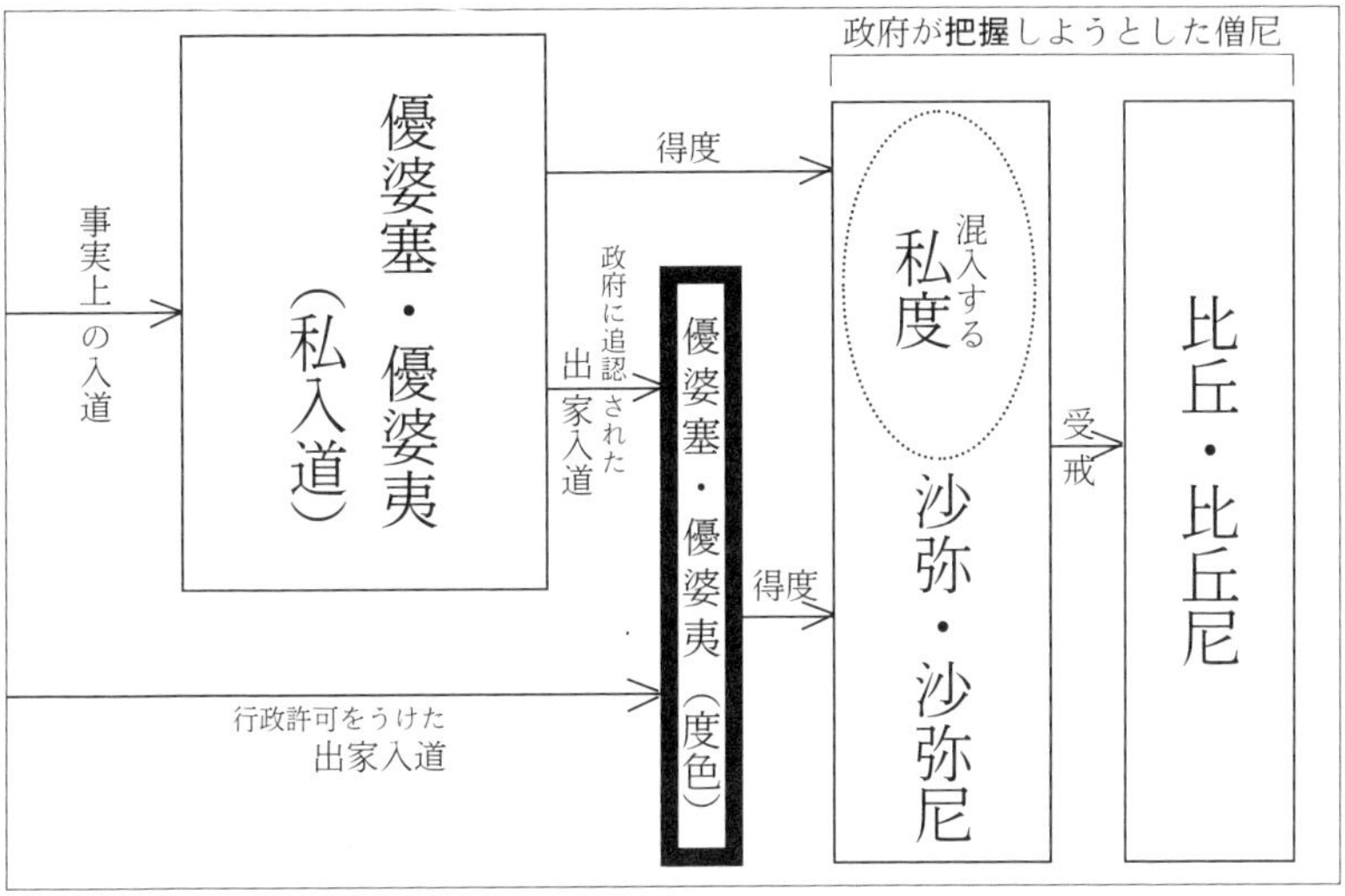

図5　延暦年分度者制施行以前の状況

の本籍というものがあるが、生存死没といった情報が増補されていないので、諸国にある僧尼の名帳と照らし合わせて確認することができない。そこで治部省の処分として諸国に命じて、実際にいるかいないかを報告させれば、誰が官僧身分の者であるのかが明確となり、おのずと私度が無くなるであろうというのである。そこで調査が実施されるのであるが、翌月になって勅が下り、[39]すでに死んだ僧尼の名をかたって官僧・官尼になりすましている者（いわゆる冒名相代）が多くいるが、そのなかにも智行すぐれた者もいるので、あまり急激な改革はよろしくないということで、やはりこの時点で僧尼の体をとっている者すべてに対して公験を与えるという措置がとられる。

　神亀元年のケース、宝亀十年のケースともに、なぜ法体をとる者すべてに官僧・官尼の身分を証明する公験を与えているのか。それは公験制実施の理念が、そもそも僧尼の形態をとる者を官許の身分として位置づけ、網羅的に把握し、統制下に置こうとするものであったためである。これは課役義務のある一般白丁から免課役身分である僧尼を区別して把握しようとする発想に基づくものにほかならない。ところがこの理念じたいが日本オリジナルではなく、中国から輸入されたものであったことには注意しておかなければならない。

およそ半世紀を隔てて二度にわたってこのような同様の措置がとられたことは、八世紀段階での日本の官度制が、中国から輸入された法制とそれに合致していない実態とを、無理矢理に合致させる努力を断続的にくりかえしていたことを示すものである。(40)

僧尼を官僧として網羅的に把握管理しようとする官度制は、理念上個別人身支配に連動している。しかしそれは、実態に即していうと、日本社会において成熟したシステムとして機能していたことがない。八世紀の官度制は、増加していく僧尼に対して、官僧・官尼への編入をくりかえすばかりであって、官度制を支える両輪である公験制と僧尼名籍とが、終始機能不全なままである。この段階では、俗人から僧尼への身分移動を統制する行政システムそのものが確立していないのであって、延暦年分度者制が起草されようとする時点においては、官度制のありかたについての根本的方向転換が、切実に求められていたということができる。

三　延暦年分度者制成立の基盤と背景

1　官人登用試および学制との近似

ここまでの考察では、延暦年分度者制にみる「大義十条」を試問する課試法の登場が、それまでの得度制の推移のなかできわめて特殊であったことを指摘した。延暦年分度者制は、中国の法制の模倣という要素に乏しく、日本社会独自の事情のなかでの官度制再編の契機があり、発案され、実施されたものであったことを述べた。またその内容はいわゆる得度前行者（寺に属しながら得度をめざして修道している段階にある俗体の修行者）を対象とした教学の規定に及んでいることを確認した。本節においては、「大義十条」の課試法が桓武天皇勅において採用されるにあたって、影響を与えていると考えられる官人登用試および官人養成の場たる大学で行なわれていた課試や教学のありかたについて検討していく。(41)

まず大学の学生の演習について規定した「学令」（8）先読経文条についてみていく。

凡学生、先読経文、通熟。然後講義。毎旬放一日休仮《（暇）》。仮《（暇）》前一日、博士考試。其試読者、毎千言内、試一帖三言。講者、毎二千言内、問大義一条。惣試三条。通二為第、通一、及全不通、斟量決罰。毎年終、大学頭・助、国司芸業優長者試之。試者、通計一年所受之業、問大義八条、得六以上為上。得四以上為中。得三以下為下。頻三下、及在学九年不堪貢挙者、並解退。

学生においては、先ず経の文を読し、通熟せよ。その後（経の）義を講ぜよ。毎旬一日を放ち休暇とする。休暇の前日、博士考試（を実施せよ）。「読」の試験は、千言ごとに、一帖三言を試す。「講」（の試験は）、二千言ごとに、大義一条を問す。全部で三条を試し、二条に通ずれば第（合格）とする。通一条の者および三条とも不通の者は、加減に応じて罰を加える。年終ごとに、大学頭・助と国司の芸業にすぐれた者で年終試を実施せよ。試験は、一年間のうちに受けた業を通計し、大義八条を問い、六以上を習得している者を上、四以上を中、三以下を下とす。三下が頻繁な者および九年在学しても貢挙に堪えない者は、どちらも（大学を）解退させよ。

（「学令」（8）先読経文条）

ここでまず学生に課されることになっているのは「読」の演習である。『令集解』当該条所引「古記」は「読」の意味を「経の音を読むを謂ふなり」とするので、「読」は音読を意味していたようである。学生は経の音読に通熟してから「講義」を課される。「講義」は解義のことで、学生が経の「義」（意味）を解釈するという演習である。

学生の演習の成果は、旬ごとに教官である博士によって試される。これが旬試といわれるものである。大学寮の管轄下において学生を対象に実施される試験には、旬試・年終試・挙送試の三種がある。(42)旬試では「読」（経文音読）の能力と「講」（内容解釈）の能力が試される。「読」を試す試験はいわゆる帖試で、経文千字につき三字を隠して言い当てさせるものであったので、「読」とは音読による暗誦を習得させるものであったことがわかる。「講」の試験は、延暦年分度者制において採用されている課試法と同じタイプの「大義」を問う試験で、経文二千字ごとに「大義一条」ずつ、全部で三条を問うことになっている。

年終試は大学頭・助および国司で芸業の優れている者を試験官として実施され、その内容は一年で受けた業を通計し、「大義八条」を問うということになっている。これについて『令集解』所引「古記」は、「『大義八条を問ふ』とは講といふことを謂ふなり。読といふことにあらず。」といっているので、「大義」を問うという試験のスタイルそのものが、「講」（内容解釈）の能力を試すためのものであったと考えてよいであろう。

挙送試は大学で修学する学生が、所定の経のなかから二経以上に通じ、官への出仕を希望する場合に実施されるものである。「学令」（11）通二経条によれば、「大義十条」を問い、八以上を得た者について太政官へ送られることになっている。

太政官に送られた学生に対しては、式部省によって官人登用試が課される。延暦年分度者制の課試に密接な関わりがあると考えられるのは、明経科の試験である。これについては次に挙げる「考課令」（71）明経条に規定がみえる。

凡明経、試周礼・左伝・礼記・毛詩各四条、余経各三条。孝経・論語、共三条。皆挙経文及注為問。其答者、皆須弁明義理、然後為通。通十為上々、通八以上為上中。通七為上下。通六為中上。通五及一経、若論語、孝経全不通者、皆為不第。通二経以外、別更通経者、毎経問大義七条、通五以上為通。

明経については、『周礼』『左伝』『礼記』『毛詩』からおのおの四条を、その他の経からおのおの三条を、『孝経』『論語』についてともに三条を試せ。皆、経の文および注を挙げて問とせよ。答者は、皆義理を弁明できてから通とせよ。十条に通ずれば「上々」、八条以上に通ずれば「上中」、七条に通ずれば「上下」、六条に通ずれば「中上」とせよ。五条しか通じない場合および一経のみにしか通じない場合、もしくは『論語』『孝経』にまったく通じない者は、皆不第（不合格）とせよ。二経以外に通ずる者、別の経に通ずる者は、経ごとに大義七条を問い、五条以上に通じたら「通」とせよ。

（「考課令」（71）明経条）

ここでは、所定の経の文と注のなかから全部で十条について問われ、「義理」を説明することができるかどうかが試される。及第には四第のランクがあり、「学令」（5）経周易尚書条で必修テキストに指定されている『孝経』『論語』についての問に全て不通の場合は不第となることになっている。

ここまでみたところによって明らかなように、延暦年分度者制において採用されている「大義十条」を問う形式の試験は、大学寮管轄下で学生を対象に行なわれていた試験や、式部省管轄下で実施される官人登用試の影響下に成立したものであることはまず間違いない。

官人養成の場においては、経の文の音読暗誦たる「読」はもっとも初歩的演習に位置づけられ、意味内容の解釈たる「講」はやや専門的な演習として位置づけられている。そして学生のさらなる学業研鑽としては、釈奠の際の論義があった(43)。経の内容について学説を立てて論じる論義は、『養老令』の段階では規定されていないが、神護景雲元年（七六七）二月には称徳天皇が大学に行幸し、論義をともなった釈奠の行事が行なわれたことが『続日本紀』の記事にみえている(44)。

つまり官人養成の場においては、修学するべき経がまず国定テキストとして定められており、その経について「読」「講」「論」というステップで演習が進められていくという形式がとられていたわけである。いみじくも延暦年分度者制について薗田香融が指摘した「僧尼育成のプリンシプルはここにおいて暗誦より解義へ、儀式より学業へと鋭角的な転換を見た」(45)ことの具体的理由は、官僧養成の方法があらたに構築されるにあたって、官人養成の方法こそが下敷きにされたという事情にあったのである。

寺や宗に属する得度前行者を敢えて「学生」という呼称で称し(46)、修学するべき経・論を国定テキストとして指定し、学制や官人登用試を応用した国家試験を課す、という延暦年分度者制が、実現しようとした得度システムは、一般白丁から免課役身分への移動を許可するためのシステムではなく、朝廷に仕えさせる僧侶を官人のように採用するためのシステムであったというべきである。

2　起草者の問題

ここまでの検討から延暦年分度者制は、当時の日本社会における官人養成および官人登用のシステムから翻案されたところが大きいことがあきらかとなった。そこで次にこのような性格をもつ新制がいかなる人々によって起草され、実現に至ったのかという問題について検討を加えていきたい。

成立の経過が比較的あきらかとなっている延暦二十五年太政官符についてまずみていくと、太政官符が奉じている桓武天皇勅の内容の一部に影響を与えているのは、次に挙げる最澄の上表である(47)。

請続将絶諸宗更加新法華宗表一首

沙門最澄言、最澄聞一目之羅不能得鳥。一両之宗何足普汲徒、有諸宗名忽絶伝業人。誠願准十二律呂定年分度者之数、法六波羅蜜分授業諸宗之員、則両曜之明宗別度二人。花厳宗二人、天台法華宗二人、律宗二人、三論宗三人加小乗成実宗、法相宗三人加小乗倶舎宗。然則陛下法施之徳独秀於古今、群生法財之用永足於塵劫、不任区区之至、謹奉表以聞軽犯威厳、伏深戦越謹言。

延暦廿五年正月三日　　沙門最澄上表

（『天台法華宗年分縁起』『顕戒論縁起』巻上）

廃絶しそうになっている諸宗を継続し、あらたに法華宗を加えることを請う上表一首

沙門最澄が申し上げます。最澄は「一目の網では鳥をつかまえることはできない」ときいております。一、二の宗ではあまねく人々をすくいとることはとてもできません。いたずらに諸宗の名ばかりがあっても、業を伝える人はたちまちに絶えてしまいます。（そこで）心よりお願いいたします。十二律呂にあやかって年分度者の数を（十二と）定め、六波羅蜜にあやかって授業諸宗の員を（六に）分かち、日月両曜の明にあやかって宗別に二人を得度させましょう。華厳宗二人、天台法華宗二人、律宗二人、三論宗三人〈小乗成実宗を含め〉、法相宗三人〈小乗倶舎宗を含め〉です。そうすれば陛下（桓武天皇）の法施の徳は古今にもっともすぐれたものとなり、将来にわたって永く群生の法財として役立ち、あまねく網羅することこの上ありません。謹んで表を差し上げ申しあげますこと、陛下の威厳に抵触する行為であり、恐れ入ります。謹んで申しあげます。

延暦二十五年（八〇六）正月三日　　沙門最澄が申しあげます。

この上表が出された段階では、新年分度者制はつぎつぎと改変が重ねられ、システムとして定着する様子もなく迷走していた。延暦十七年勅においてすでに打ち出されているはずの新制の趣旨——これは新規得度者について推薦という要素を排し、不特定多数に対して国家試験を課して選抜をするというものであったが——の実現は、事実上難航

していた。

最澄が提案したシステムは、宗ごとにべつべつのテキストを定め、度者の人数枠を宗ごとに割り振るものであった。このシステムは、それまで慣行として行なわれてきた度者を推挙する権利を、宗ごとに割り振ってしまって積極的に保証するものであって、のちにいう〈宗分度者〉の発想をはじめて導入したものであった。優婆塞貢進に見受けられるような八世紀段階での得度の実態を観察したところ、新規に度者を得度させるという行為は、その推薦者となっていた貴族層や南都僧侶らにとって既得権として認識されていたと思われる。(48)

注目すべき事実は、この最澄の提案についてただちに南都勢力の了解を求めるという措置がとられたことである。最澄の上表からわずか二日後の正月五日、時の僧綱の席を占めていた少僧都勝虞以下五名の南都僧からの上表がそれである。(49)最澄が「賀内裏所問定諸宗年分一十二人表一首」として自筆にて書き留めている。

伝灯大法師勝虞等言、今月四日中納言従三位藤原朝臣内麻呂奉　勅賜示、国昌寺僧最澄上表云、誠願准十二律呂定年分度者之数、法六波羅蜜分授業諸宗之員、則両曜之明宗別度二人者、仰惟无上世尊是大医王、随類設教、抜苦与楽、八万法蔵有権有実、始雖似殊終皆一揆、衆生之病既異所与之薬不同、欲済有情廃一不可、悉皆勧励、乃拯群迷今垂疇咨、欲鳴法鼓仏日将没揮　聖戈而更、中法網殆絶添　睿索以復続、加以始自当年尽未来際歳歳所度無量無表功徳聚、総集　聖躬釈門老少誰不抃躍、無任随喜歓荷之至、謹奉表、以聞、法師勝虞等誠惶誠懼謹言

延暦廿五年正月五日

少僧都伝灯大法師位勝虞

少僧都伝灯大法師位常騰

律師伝灯大法師位如宝

律師修行大法師位修悟
大唐留学伝灯大法師位永忠

（「天台法華宗年分縁起」『顕戒論縁起』）

伝灯大法師勝虞らが申します。今月四日中納言従三位藤原朝臣内麻呂がうけたまわった勅を賜示いただいたところ「国昌寺僧最澄が次のように上表した。『心より願います。十二律呂にのっとり年分度者の数を定め、六波羅蜜にのっとり授業諸宗の人数を分かち、日月両曜の明にのっとり宗ごとに二人を度しましょう。』」とのことであります。仰いで思いめぐらしますに、無上なる世尊は大医王であり、（衆生の）類に随って教を設け、苦より救い楽を与えました。たくさんの法蔵には権もあり実もあり、始めは異同ありますが終りは皆揆を一にしております。衆生の病が異なっていれば与える薬は同じではありません。衆生を済うためには一つも廃すべきではありません。すべて勧励することで群迷の求めに応じてください。欲わくば、法鼓を鳴らして仏法がいまにも没しようとするところに、聖戈をふるって刷新し、法網が絶えかけていることに対して睿索を添えて復続し、さらに今年から永遠に毎年度されれば、はかりしれない功徳が聚まって、聖躬に総集し、釈門老少の誰もが手をうって喜び、随喜歓荷の至に任えないことでしょう。謹しんで表をたてまつり、申し上げます。法師勝虞ら恐れながら謹んで申し上げます。

右にみるとおり、正月三日の最澄上表は、翌四日、桓武天皇の勅命によって中納言藤原内麻呂を通じて勝虞らに提示されている。それをうけて勝虞らは最澄上表の趣旨に賛同する旨を上表したのであった。

延暦年分度者制の完成形となった桓武天皇の勅を奉じた延暦二十五年正月二十六日の太政官符は、このような手順を踏んではじめて有効なものとなったわけで、さらにいえば、桓武天皇の勅によって発令されたとしても、あらたな得度システムが本当に効力をもって実現するには、南都勢力の了解をなくしてはあり得なかったというのが、この時点での実情であったことが判るのである。

最澄が上表して新システムについての具体的提案に至った背景としては、これに先立って何らかの諮問を受けていた可能性がある。『叡山大師伝』には、延暦二十一年和気広世を檀主として行なわれた高雄天台会に参加し、注目を受けていた最澄が、九月七日、桓武天皇から天台の興隆について諮問を受けていた広世に相談され、「終日与に弘法の道を議った」とする記述がみえている。(50)またこれに関してさらに注目するべきは、この時最澄が天台修学のための留学生と還学生の派遣を求めて提出したいわゆる「請入唐上表文」(51)（『叡山大師伝』所引）の内容である。

此国現伝三論与法相二家、以論為宗不為経宗也。三論家者、龍猛菩薩所造中観等論為宗。是以引一切経文、成於自宗論。屈於経之義、随於論之旨。又法相家者、世親菩薩所造唯識等論為宗。是以引一切経文、成於自宗義、折於経之文、随於論之旨也。天台独斥論宗、特立経宗。論者此経末、経者此論本。捨本随末、猶背上向下也。捨経随論、如捨根取葉。（部分）

（『伝教大師全集』巻五）

此の国はいま、三論と法相との二家が伝わっており、論を以って宗とし経を宗としていない。三論家は、龍猛菩薩が造った中観等の論を宗とし、ここを以って一切の経文を引き、自宗の論を成している。経の義（意味）をうかがうのに論に旨に随っているのである。また、法相家は、世親菩薩の造った唯識等の論を宗とし、ここを以って一切の経文を引き、自宗の義を成している。経の文を引用するのに論の旨に随っているのである。天台のみが論宗を斥け、特に経（に基づく）宗を立てている。論は経の末であり、経は論の本である。本を捨て末に随うことは、まるで背を上にして下に向くようなことである。経を捨て論に随うことは、根を捨て葉を取るようなことである。

この上表のなかで最澄は、天台の優位性を説くために、在来の宗である三論と法相は論に基づいた宗であり、経宗である天台に劣るとする。最澄は経＝本、論＝末という価値評価をしているが、この価値評価は仏教的常識に従う限り理解困難である。仏教においては、経と律と論とは対等であって、いずれかを優位に置き、いずれかを劣位に置いて評価するという発想はもとよりないからである。さらに漢訳される時点で、かならずしも原典の直訳という体裁をとらないケースもあり、(52)漢文仏典について経と論とを差別してとらえることはあまり意味があるとはいえない。(53)

しかしまた、仏教的常識からはずれるにもかかわらず、最澄がこれほどまでに大上段に、経宗である天台宗が他宗に抜きんでるという自説を展開したことに、何の根拠もなかったとは考えにくい。最澄のこの言説は、当時おりしも施行の途上にあった新年分度者制がもっていた理念と密接に関係する思想を含んでいる。すなわち、国定のテキストを根本に置き、それに基づいて「読」「講」「論」の演習をさせることで研鑽を積ませる官人養成システムをもとにした官僧養成システムの実現を念頭に置いた言説なのである。

官人養成の場においては経こそが国定のテキストであり、論はあくまでそこから派生する学説に位置するものであるから、その差は絶対である。だからこそ経＝本、論＝末という独特の価値評価が導き出されるというわけである。以上のようなことから、最澄は入唐以前、「請入唐上表文」を提出した延暦二十一年九月の時点で、すでにあらたなシステム構築のためのブレインの位置についていたと目される。

次に延暦年分度者制の本体部分に見受けられる官人養成システムからの引き写しが、どこから提案され、起草されたかという問題に目を向けたい。本章第一節で確認したように、延暦十七年勅以降の一連の法制はそのすべてが、桓武天皇の勅に拠っている。勅の内容は非常に具体的な法制の細則部分にまで及んでいる。このことは、法制の起草にあたったブレインが、太政官中枢を占めていた人間ではなく、むしろ天皇の個人的腹心に位置する中下級官人らであった可能性を示唆するものである。

延暦十七年勅の内容は、その後のものと比べてみても仏教界の具体的な事情をほとんど勘案せずに作文されているので、直接の起草には仏教者側の人間はまったく介入していなかったと考えざるを得ない。むしろ官人養成を担当していた大学寮周辺の官人が中心になって担当したと考えられる。そのなかでも式部少輔・大輔、大学頭などを歴任した和気広世が関与したであろうことはほぼ間違いないと考える。若くして大学に学んだ広世は、桓武朝における典型的な学士官人として行政に関わっていた。桓武天皇の腹心として活躍した人物には、広世のような大学から出身した学士官人が多く、天皇は政策決定の際に彼らに諮問をすることを政治スタイルのひとつにしていた(54)。

このような政治基調を形づくっている要因には、桓武天皇が中国風の政治スタイルを好んだという事情があるが、それを可能にしたのは天皇自身の諸王時代の経歴にあると考えられる。天平宝字八年（七六四）山部王として従五位下の初叙をうけた(55)桓武天皇は、天平神護二年（七六六）十一月に従五位上に昇叙される(56)。その前後から、宝亀元年（七七〇）八月に父光仁天皇が即位して侍従の任をうけるまで(57)の間、山部王自身が大学寮の長官たる大学頭の任にあったことがわかっている。

「職員令」（14）大学寮条が大学頭・助の職掌について定めるところでは、「掌ること、学生簡試、及び釈奠の事」とあり、字義通りにとれば桓武天皇は、本章において延暦年分度者制との密接な関わりが確認された大学寮管轄の年終試・挙送試を担当する側の立場にあったということになる。桓武天皇が大学頭の任にあったと推測される時期は、吉備真備が中心となって釈奠の儀礼整備が進められていた時期(58)に該当している。神護景雲元年（七六七）称徳天皇の行幸をうけて大学において釈奠が行なわれ、講論が実施された際も、担当者側としてこれらの行事に関与したものと考えられる。

以上にみたように、延暦年分度者制が起草されていく過程においては、桓武天皇の個人的腹心の立場にあった大学寮周辺の中下級官人の関与が想定されるのだが、桓武が特に彼らを政策ブレインとしていたことの背景には、彼自身が諸王の時代に大学頭の任にあって官人として執務していたという事情があった。延暦年分度者制は、延暦十七年勅の段階では和気広世のような学士官人および桓武天皇自身を中心に起草され、次第に仏教者側への諮問を反映して改定されていったと考えられる。延暦二十五年太政官符（奉勅）に影響を及ぼした最澄は、現実には入唐以前の延暦二十一年の段階では、すでに官人養成システムを応用した官僧養成システムの構築に関して何らかの諮問を受けており、仏教者側として政策に協力していた蓋然性が高い。

むすび

本章であきらかになったことをまとめると以下のごとくである。

日本の得度制における転換点におさえられる延暦年分度者制は、その課試法について当時の官人養成および登用の際に行なわれていた試験法と著しい類似点が認められる。さらに得度をめざして修学している得度前行者（学生）の修学に規定が及んでいるのも特徴で、テキストを勅定化し、それに基づいて「読」「講」「論」という研鑽を進めさせるという学制を下敷きに構築されていることは疑いを容れない。こういった研鑽のスタイルは、得度後の学僧養成の場にも少なからず影響を与えたことが推測され、各宗を独立した単位として発展させた。

また本書第三章で既述したとおり、僧綱に治部省・玄蕃寮を併せたいわゆる三司による得度課試の管掌については、官人登用試および挙送試などを管掌していた式部省と大学寮の職掌が、治部省と玄蕃寮の職掌に影響を与えた可能性が高い。その時期についても、官僧養成システムが官人養成システムの影響を強く受けた延暦年間にとらえるのが、

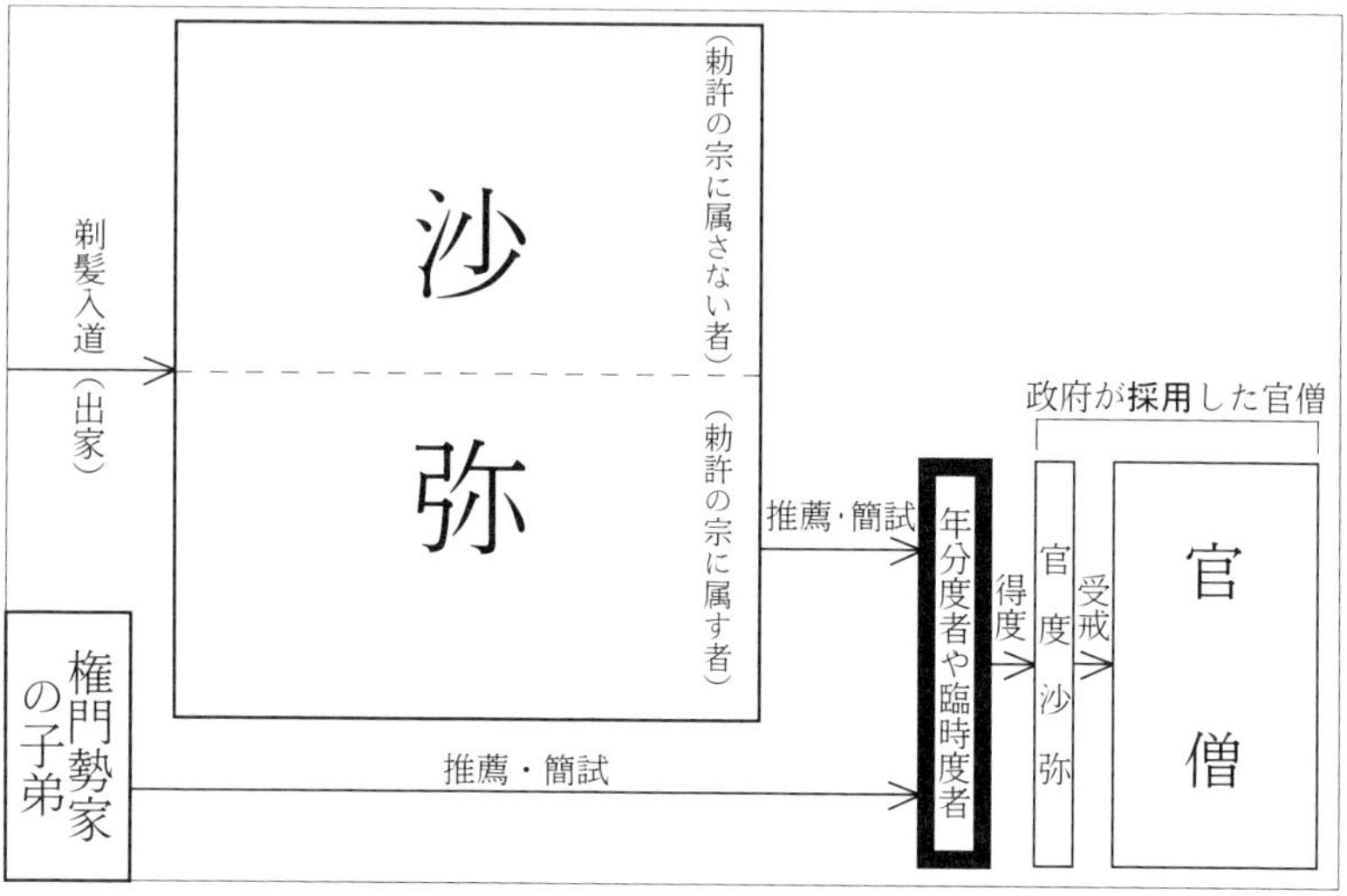

図６　延暦年分度者制施行以後の状況

妥当であると考える(59)。

つまるところ延暦年分度者制は、官僧をあたかも官人のように養成し採用する得度システムの導入を意図したもので、これ以前の得度システムが、一般白丁から免課役身分への移行を管理統制するためのものであったのに対して、官僧の概念そのものについて根本的な転換を図る性格のものであったといえる。

しかしまた一方で延暦年分度者制は、当初の政策の意図――テキストを一元的に国定化し、度人推挙という要素を排し、不特定多数に科挙のような選抜試験を課すという意図――とは違う形で帰結をみたことも事実である。

結果としては宗ごとに異なったテキストが指定され、宗ごとの単位で新規得度者の人数枠はむしろ保証されることになった。それが天皇の勅に依拠していたために、これ以降の宗は、それぞれが官僧の再生産機能を自前で持つ独立した単位として展開していくこととなった。

また得度に関する既得権が勅によって賜与されているということから、のちに〈勅許の宗〉という紐帯を発生せしめる淵源ともなったといえる。

多くの先学が指摘してきたのと同様に、私見もまた延暦年分度者制を看過しがたい転換点ととらえているが、その転換の内実は、中国から引き写し的にシステムを模倣する得度制から、日本社会の実情にそぐわせるべく構築されたあらたな得度制への転換であったと考える。〈僧尼令的秩序〉という概念で一括りにされてきた古代仏教は、その実態についてより具体的な検討が加えられるべきであり、得度システムの変容過程はその主たる検討課題の位置にあると考える。

註

（1）このような立場に立つ研究は枚挙にいとまがない。たとえば井上光貞は、「律令によれば、僧尼は第一に官許を必要とした。（中略）律令は中国をまねて国家法上、在家と出家とを峻別し、出家には必らず、官許、即ち得度の手続きをとることを必須としたのである。」としている（井上光貞『日本古代の国家と仏教』（岩波書店、一九七一年））。

（2）井上光貞前掲註（1）・平雅行『日本中世の社会と仏教』（塙書房、一九九二年）などに代表される見解で、現今に至る通説的理解である。

（3）薗田香融「平安仏教―奈良から平安へ―」（岩波講座『日本歴史』古代四、岩波書店、一九六二年）。

（4）曾根正人「平安初期南都仏教と護国体制」（土田直鎮先生還暦記念会編『奈良平安時代史論集』下巻、吉川弘文館、一九八四年、のち『古代仏教界と王朝社会』吉川弘文館、二〇〇〇年に加筆再録）。

（5）『類聚国史』一八七、度者、延暦十二年四月丙子（二十八日）条。

（6）『類聚国史』一八七、度者、延暦十七年四月乙丑（十五日）条。

（7）『類聚国史』一八七、度者、延暦二十年四月丙午（十五日）条。

（8）『類聚国史』一七九、諸宗、延暦二十二年正月戊寅（二十六日）条。

（9）『日本後紀』延暦二十三年正月癸未（七日）条、『同』延暦二十三年五月庚寅（十七日）条。

（10）『類聚三代格』巻二、年分度者事、延暦二十五年正月二十六日太政官符。

（11）『続日本紀』天平六年十一月戊寅（二十一日）条。

(12)　出家得度の多くが八世紀を通じて嘱請に依拠していたことは、このほかにも養老元年（七一七）五月詔に「率土百姓、浮浪四方、規避課役、遂仕王臣、或望資人、或求得度、王臣不経本属、私自駈使、嘱請国郡、遂成其志」（『続日本紀』養老元年五月丙辰（十七日）条）とあることや、延暦二十三年（八〇四）五月制に「正月斎会得度之輩、理須旧年試才、新歳得度、而所司常致慢闕、迄于会畢、其名不定、自今以後、旧年十二月中旬以前試定、申送其状、簡定之後、不聴改替、然則本願無虧、属託亦止」（『日本後紀』延暦二十三年五月庚寅（十七日）条）とあることにより明らかである。また天平年間に百余の事例が確認できる優婆塞貢進は、このような嘱請による出家得度の一形態であると言える（本書第一章）。

(13)　これより先延暦十七年九月詔（『類聚国史』一七九、諸宗、延暦十七年九月壬戌（十六日）条）において「比来所有仏子偏務法相、至三論、多廃其業」とした上で、「両家並習」が指示された。また延暦二十二年正月勅（『類聚国史』一七九、諸宗、延暦二十二年正月戊寅（二十日）条）においては、三論と法相の五人ずつを年分度者とすることを定めている。これは、当時の仏教界が法相による独占体制に終始しないために図られた策であったとみられる。

(14)　延暦二十二年勅に至っては、三論と法相について各五人を得度させることとし、この二十年勅の理念がより明確にされている。

(15)　本書第二章。

(16)　『類聚三代格』巻二、年分度者事（『天台法華宗年分縁起』所収の最澄写では、太政官より治部省に下されたという体裁になっているため、そちらを反映した。）。

(17)　「請続将絶諸宗更加法華宗表一首」（『天台法華宗年分縁起』所収、『平安遺文』四三二〇号）。

(18)　「賀内裏所問定諸宗年分一十二人表一首」（『天台法華宗年分縁起』所収、『平安遺文』四三二一号）。

(19)　この間の経緯については薗田香融「最澄とその思想」（日本思想大系『最澄』岩波書店、一九七四年、のち薗田『日本古代仏教の伝来と受容』塙書房、二〇一六年に再録）に詳しい。

(20)　斉衡二年（八五五）試業・複・維摩竪義・夏講・供講の五階を経たものが諸国講師に任じられるというコースが制度化された（『類聚三代格』巻三、諸国講読師、斉衡二年八月二十三日太政官符）。また同様の五階を経た者が三会講師を歴任し僧綱に補任されるというコースが貞観元年（八五九）制度化された（『日本三代実録』貞観元年正月八日条）。

(21)　中国の得度制については次に挙げる文献を参照した。高雄義堅『中国仏教史論』（平楽寺書店、一九五二年）。塚本善隆

「宋時代の童行試経得度の制度」(『支那仏教史学』第五巻第一号、一九四一年、のち『中国近世仏教史の諸問題』塚本善隆著作集第五巻、大東出版社、一九七五年に再録)。道端良秀『唐代仏教史の研究』(法蔵館、一九五七年)。藤善真澄「唐五代の童行制度」(『東洋史研究』第二一巻第一号、一九六二年)・藤善真澄「隋唐仏教時代区分試論―度僧制と貢挙制―」(『東洋学術研究』第一四巻第三号、一九七五年、のち二点とも同『中国仏教史研究　隋唐仏教への視角』法蔵館、二〇一三年に再録)。諸戸立雄『中国仏教制度史の研究』(平河出版社、一九九〇年)。

(22) (神龍元年) 詔天下試経度人。山陰霊隠僧童大義年十二。誦法華経。試中第一。(『大正新脩大蔵経』第四九巻、三七一頁b一〇)。

(23) (神龍二年) 試経度僧　八月詔天下試童行経義。挑通無滞者度之為僧。試経度僧従此而始。(『大正新脩大蔵経』第四九巻、八二二頁c二四)。

(24) (顕慶三年) 勅先委所司簡大徳五十人侍者各一人。後更令詮試業行童子一百五十人擬度。至其月十三日。於寺建斎度僧。命法師看度。(『大正新脩大蔵経』第五〇巻、二七五頁c五)。

(25) 道端良秀前掲註(21)。

(26) 『宋高僧伝』道標伝、真乗伝(『大正新脩大蔵経』第五〇巻、八〇三頁)。

(27) 高雄義堅前掲註(21)。

(28) 大暦八年制懸経論律三科。策試天下出家者。中等第方度。湊応是選。詔配九江興果精舎。(『大正新脩大蔵経』第五〇巻、八〇七頁a二七)。

(29) (大中) 十年。勅毎歳度僧依本教於戒定慧三学中。択有道性通法門者度之。此外雑芸一切禁止。(『大正新脩大蔵経』第四九巻、三八八頁b一三)。

(30) 『顕戒論』巻下、「開示山中大乗出家為国常転大乗明拠四十四」。

(31) 『唐律疏議』長孫無忌等撰、劉俊文点校、中華書局、一九八三年。

(32) 「戸婚律」私入道私度条は「僧尼令」(22) 私度条集解所引の逸文として残るのみであり、逸文としての残存部分が必ずしも該当条全文に渉っているとはいえない。

(33) 吉田一彦「古代の私度僧について」(『仏教史学研究』第三〇巻第一号、一九八七年、のち同『日本古代社会と仏教』吉川弘文館、一九九五年に再録)。

(34)　この点において佐久間竜が用いている「官僧」の概念は八世紀段階の官僧尼の理念を説明したものと限定したうえで妥当性のあるものと考える(佐久間竜「官僧について」『続日本紀研究』第三巻第三・四号、一九五六年、のち同『日本古代僧伝の研究』吉川弘文館、一九八三年に加筆再録)。

(35)『続日本紀』養老四年正月丁巳(四日)条。

(36)『続日本紀』養老四年八月癸未(三日)条。

(37)『続日本紀』神亀元年十月丁亥(朔日)条。

(38)『続日本紀』宝亀十年八月庚申(二十三日)条。

(39)『続日本紀』宝亀十年九月癸未(十七日)条。

(40)　この時点では私度は積極的に官僧化された。つまり私度のまま社会に放置せずに僧尼すべてを官僧化して把握しようとしていたのであって、これは単純に私度を無制限に容認していたとか、禁断せずにいたということとは異なる。八世紀段階では私度は行政上あくまで存在してはならないものととらえられていることに注意しなければならない。

(41)　古代の学制および官人登用に関しては以下の研究を参照した。桃裕行『上代学制の研究』(目黒書店、一九四七年、のち修訂して思文閣出版、一九九四年)、多賀秋五郎『唐代教育史の研究―日本学校教育の源流―』(不昧堂書店、一九五三年)、久木幸男『大学寮と古代儒教―日本古代教育史研究』(サイマル出版会、一九六八年)、久木幸男『日本古代学校の研究』(玉川大学出版部、一九九〇年)、高島正人「日唐両学制の一考察」(『社会文化史学』第七号、一九七一年)、林紀昭「古代学制の基礎的考察(1)」(『滋賀大学教育学部紀要』第二六号、一九七六年)、池田久「律令官人の出身制度について」(『皇學館論叢』第一八巻第三号、一九八五年)、岩澤豊「律令官人の出身と大学寮」(『国史談話会雑誌』第二六号、一九八五年)、野田有紀子「学令に見える大学の一側面」(『延喜式研究』第一六号、一九九九年)、尾崎陽美「律令国家と学制」(『日本歴史』第六五五号、二〇〇二年)。

(42)　久木幸男前掲註(41)。

(43)　久木幸男前掲註(41)。

(44)『続日本紀』神護景雲元年二月丁亥(七日)条「幸大学釈奠。座主直講従八位下麻田連真浄授従六位下。音博士従五位下袁晋卿従五位上。問者大学少允従六位上濃宜公水通外従五位下。賛引及博士弟子十七人賜爵人一級。」

（45）　薗田香融前掲註（3）。

（46）　唐の天授二年（六九一）義浄訳の『南海寄帰内法伝』巻三、受戒軌則には、「凡諸白衣、詣苾蒭所、若専誦仏典、情希落髪、畢願緇衣、号為童子、或求外典、無心出離、名曰学生」（『大正新脩大蔵経』第五四巻、二二〇頁b一一）とあり、「学生」という語は外典を学ぶ者にあてられた漢訳語であることがわかる。

（47）　『平安遺文』四三二〇号。本章では『天台法華宗年分縁起』最澄自筆本をもとに翻字し句読点を付した。

（48）　優婆塞貢進が新規度者の出家得度について私的に権力に嘱請する行為であったことはすでに指摘した通りである（本書第一章）。

（49）　「天台法華宗年分縁起」（京都国立博物館ほか編『最澄と天台の国宝』二〇〇五年、読売新聞社）。「顕戒論縁起」巻上にも同じ表を収めている。

（50）　又同年（延暦二十二）九月七日、主上見知天台教迹、特超諸宗。南岳後身、聖徳垂迹。即便思欲興隆霊山之高跡、建立天台之妙悟。詔問和気祭酒、祭酒告和上、和上与祭酒終日与議弘法之道。（『伝教大師全集』巻五）。

（51）　『伝教大師全集』巻五。

（52）　船山徹「「漢訳」と「中国撰述」の間―漢文仏典に特有な形態をめぐって―」（『仏教史学研究』第四五巻第一号、二〇〇二年、のち同『仏典はどう漢訳されたのか―スートラが経典になるとき―』岩波書店、二〇一三年に再録）。

（53）　この点については曾根正人も「旧来の仏教通念とあまりにかけ離れており、論理自体にも無理があった」ことを指摘する（曾根正人「最澄と国家仏教―『請入唐請益表』について―」（平岡定海編『論集日本仏教史』三、平安時代、雄山閣出版、一九八六年、のち曾根『古代仏教界と王朝社会』吉川弘文館、二〇〇〇年に加筆再録））。

（54）　藤原緒嗣と菅野真道に天下の徳政を討議させ、軍事と造作の停止という緒嗣の意見を採用したいわゆる徳政相論（『日本後紀』延暦二十四年十二月壬寅（七日）条）などはその一例である。

（55）　『続日本紀』天平宝字八年十月庚午（七日）条。

（56）　『続日本紀』天平神護二年十一月丁巳（五日）条。

（57）　『続日本紀』宝亀元年八月丁巳（二十八日）条に大学頭から侍従への転任の記事がみえる。

(58)　弥永貞三「古代の釈奠について」(坂本太郎古稀記念会編『続日本古代史論集　下』吉川弘文館、一九七二年、のち弥永『日本古代の政治と史料』高科書店、一九八八年に再録)。

(59)　松尾剛次は、度縁における三司署判の開始時期について、威儀師の成立した七六〇年代を上限に、延暦十七年を下限にとらえている(「中世得度制について」『三浦古文化』四一号、一九八七年)。また岡野浩二は、三司署判は奈良時代には不確定で、平安初期に確立したとみるべきであるとする(「治部省・玄蕃寮の仏教行政」『駒沢史学』第六一号、二〇〇三年)。

(補注)　年分度者は得度後二ヵ年の沙弥行を修めることになっていたので、延暦十七年四月十五日勅が適正に実施されるような努力がなされたとしても、翌十八年正月御斎会の結日に度された年分度者が、沙弥行を経てから具足戒受戒に際して行なわれるべき第一回目の受戒前試が実施されるのは延暦二十年以降となるため、これが勅が求めた通りに実施された可能性はきわめて低い。

(初出「延暦年分度者制の再検討」『仏教史学研究』四八―二、二〇〇六年)

第五章　臨時得度の政治思想

はじめに

これまで数多くの論者が日本古代の得度の問題を論じてきた。それらの多くが、いわゆる〈律令（体）制〉論に立脚して八世紀を古代国家の最盛期とあらかじめ想定し、整備・成熟・崩壊というさだめられた筋書き(1)のなかに、個別具体の事例を配列しようとしてきた。

そこで見過ごされがちであったのは臨時得度の問題である。臨時得度という事象は八世紀を頂点にすえることを前提とした古代国家論のなかに位置づけて説明することが困難で、古代国家成熟期を制度的にあきらかにしようという立場を取る限り、中心課題にはならないことから、二十世紀の国史学のなかでは積極的に検討されず、むしろ論じることをさけられてきた(2)。

しかしながら実態において、古代には史料上あきらかなものだけに限っても、じつに頻繁に臨時得度が実施されており、これらを例外的事象と評価し、切り捨てて歴史叙述をなすことは適切ではない。古代においては権力者の病や天災などに際して、たびたび臨時得度が実施され、その対象は一時に数百・数千という多人数に及ぶこともあった。さらにそれは、天然痘の大流行という社会的災異を経験した天平年間にはピークに達しているのである。

そこで本章では、この臨時得度という事象を古代社会を特徴づける事象としてとらえ直し、このような仏教活動を惹き起こした当時の政治思想について検討を加えていきたいと考えている。

一　臨時得度の様相

天平九年（七三七）「公卿以下天下百姓、相継ぎて没死すること、勝げて計ふべからず。近代以来未だこれ有らざるなり」と『続日本紀』に記録される(3)おりからの天然痘の大流行のなか、「天下太平国土安寧の為」に、宮中十五処において僧七百人を招請し、大般若経・金光明最勝王経が転読された。八月十五日のことである。(4)この時、臨時得度が実施され、宮中において四百人、四畿内七道諸国において五百七十八人もの人びとが度されている。

この二日前に出された聖武天皇詔をみると、当時の為政者の認識として天然痘の流行という災異がどのようにとらえられていたかを窺い知ることができる。

詔曰、朕君臨宇内稍歴多年。而風化尚擁、黎庶未安。通旦忘寐、憂労在茲。又自春已来災気遽発。天下百姓死亡実多。百官人等闕卒不少。良由朕之不徳致此災殃。仰天慚惶、不敢寧処。故可優復百姓使得存済。免天下今年租賦及百姓宿負公私稲。公稲限八年以前、私稲七年以前。其在諸国能起風雨為国家有験神未預幣帛者、悉入供幣之例。賜大宮主御巫、坐摩御巫、生嶋御巫及諸神祝部等爵。

（聖武天皇が）以下のように詔した。「朕が、世の中に君臨してもはや多年を経た。しかるに（社会の）教化はなお途上であり、人民はまだ安んじてはいない。旦《あさ》まで寝ることを忘れ、思いわずらっている理由はこのことである。また春から災気がにわかに発り、天下の百姓がまことに多く死亡した。官僚たちについても亡くなった者が少なくない。まことに朕の不徳によってこの災いをおこしているのである。天を仰いで深く恥入り、決して安んずることはない。そこで、なさけをかけて人民が生活を取り戻すことができるようにしたい。天下の今年の租賦および百姓が負債している公私稲を免じる。公稲は八年以前、私稲は七年以前を限れ。諸国において、風雨を起こすことができる国家のために効果を示すことができる神で、まだ幣帛にあずかっていない神は、みな供幣の例に入れよ。大宮主御巫・坐摩御巫・生嶋御巫および諸神の祝部たちに爵を賜え。」

（『続日本紀』天平九年（七三七）八月甲寅〈十三日〉条）

ここに述べるところによれば、春以来「災気」が起こり、たくさんの死者が出ているのは、「まことに朕の不徳に由り此の災殃を致」しているのであるとし、[5] 免租などの対処を試みている。つまるところ八月十五日に実施された転読や臨時得度も、「災気」の原因になっている天皇の「不徳」を補うために行なわれたいくつかの対処のうちであった。これに関連してほかにどのような事業が行なわれているのかを『続日本紀』の前後の記事によって俯瞰すると、造像・写経（天平九年三月丁丑〈三日〉条）・諸社祈禱・賑恤・給薬（同年四月癸亥〈十九日〉条）・宮中読経（同年五月甲戌〈朔日〉条）・大赦（同年五月壬辰〈十九日〉条）・殺生禁断（同年八月癸卯〈二日〉条）・免田祖（同年八月甲寅〈十三日〉条）・大極殿講経（同年十月丙寅〈二十六日〉条）などが実施されていることがわかる。

天然痘という形をとって現れた「災気」を除くために、天皇の「不徳」を克服することが必要であるという当時の思想は、ついには国号の用字を「大養徳国」に改めるにまで及んでいる（同年十二月丙寅〈二十七日〉条）。

同様の思想を反映した事例はこれ以前にもみられる。たとえば神亀二年（七二五）九月二十二日、聖武天皇詔によって三千人を出家させ、左右京および大倭国部内諸寺において一七日の転経をさせることが命じられている。

詔曰。朕聞、古先哲王、君臨寰宇、順両儀以亨毒、叶四序而斉成。陰陽和而風雨節。災害除以休徴臻。故能騰茂飛英。欝為称首。朕以寡薄。嗣膺景図。戦々兢々。夕惕若厲。懼一物之失所。睠懐生之便安。教命不明。至誠無感。天示星異。地顕動震。仰惟。災眚責深在予。昔殷宗循徳消雊雉之寃。宋景行仁。弭熒惑之異。遥瞻前軌。寧忘誠惶。宜令所司。三千人出家入道。幷左右京及大倭国部内諸寺。始今月廿三日一七転経。憑此冥福。冀除災異焉。

（聖武）天皇が以下のように詔した。「朕が聞くところ、古代のすぐれた王は、天下に君臨し、『易』の両儀に順がって万物を生成し、四季を調和させて世の中を斉えた。陰陽が調和して風雨は節制し、災害は除かれて、めでたい現象がおこった。故に勢いさかんとなり高く評価され、おのずから首と称えられるようになったのであるという。朕は寡薄の身で天下（の統治を）継承し、びくびくしながら、夕にはつつしんで危うきを省み、細心の注意をはらい、命あるものすべての安穏をおもってばかりいるが、天の命ずるところがわからず、（朕の）まごころを天に通じさせることができないまま、天は星異を示し、地は動震を顕す。災いや失敗の責は予にある。昔、殷の高宗の循徳は雊く雉の異を消し（災を福となし）宋の景行の仁徳は兵乱の予兆をおさめた。遠く先規をのぞみ、恐れつつしむ心を忘れてはならないのである。所司に命じて三千人を出家入道とさせ、それに幷せて、左右京および大倭国部内諸寺に、今月二十三日から一七日の転経を始めさせ、この冥福（見えない世界のもつ幸の力）によって災異を除きたいと冀う。」

（『続日本紀』神亀二年（七二五）九月壬寅〈二十二日〉条）

右の詔は、りっぱに天下を治めた「古先哲王」に対して、自身は「寡薄」の身で皇位についたことを述べた上で、天地に災異が起こっていることについて触れ、「仰ぎて惟るに、災眚の責深く予に在り。」としている。そこで中国の古哲が「徳」によって災異を除いたことに倣い、三千人出家入道および転経を命じているのである。

またこれより下る天平感宝元年（七四九）閏五月九日には、宮中において一千人が度されている。[6] この臨時大量得度も上記の事例と同様の思想にもとづいて実施されていることが、以下の翌閏五月十日の聖武天皇詔によってあきらかである。

詔、朕以寡薄恭承宝祚、恒恐累二儀之覆載、虧兆庶之具瞻。徒積憂労、政事如闕。神之貽咎、実由朕躬。比者、時属炎蒸、寝膳乖豫。百寮煌灼、左右勤劬。今欲克順天心消除災気。乃求改往之術、深謝在予之愆。則宜流渙汗之恩、施蕩滌之政、可大赦天下。自天平感宝元年閏五月十日昧爽已前大辟已下咸赦除之。但殺其父母、及毀仏尊像者、不在此例。

（聖武天皇は）次のように詔した。「朕は寡薄の身でつつしんで天皇位を承け、恒に天地の万物をわずらわせ、多くの民の尊敬をいたずらにすることを恐れている。思いわずらうばかりで、政事も不充分である。神が咎をおよぼすのは、まさに朕のふるまいによるのである。最近、おりしもひどく蒸し暑く、寝食もままならない。役人たちも焼け焦げそうになって、いろいろ辛い思いをしている。ついてはじゅうぶんに天心に順うことをして災気を消除したいと欲う。そこで、過去を改める手立てを求め、深く自分の過失をわびたい。ついては天子の恩恵をゆきわたらせ、みそぎの政をして、天下に大赦をおこなう。天平感宝元年閏五月十日の昧爽《よあけ》以前の大辟罪以下の罪はみな悉く赦せ。但し自らの父母を殺した者と仏の尊像を破壊した者はこの例ではない。」

（『続日本紀』天平感宝元年《七四九》閏五月癸卯〈十日〉条）

これらを総合して考えるに、疫病・自然災害などの形をとって現れる災気は、天皇の不徳（史料上は「不徳」「寡薄」「薄徳」といった語が用いられている）によって起こるものであるから、それに対して徳を補う目的で事業が実施されている。行動の仕組みとしてはこれは儒教的な論理のなかにあるが、そこに仏教的な功徳を修すという発想が融合し、権力者の行為として、出家・得度させるという事業がなされたのが、臨時得度であったということができる。

二　『出家功徳経』の受容とその効果

前節にみたような思想――すなわち権力者が人民に対して、出家・得度をゆるすという行為を行なって、ゆるした側の功徳とするという思想は、当然ながら日本のみの問題としてではなく、東アジア史的観点からとらえておく必要がある。

これについてはたとえば、崇仏皇帝として知られる梁の武帝が達摩と問答をしたという著名な寓話のなかで、武帝が達摩に「朕、造寺・度人・造像・写経す。何なる功徳有りや」と問いかける場面があり、材料を与えてくれている。この寓話の初見は、現在知られるところでは、敦煌写本の発見によってその存在が認識された『菩提達摩南宗定是非論』で、中国唐代の僧侶でのちに禅宗七祖とされる神会（六八四～七五八）が、北宗と対論した際の内容とされるものを弟子独孤沛が編纂したものである[7]。

この問答では、武帝の言い分は達摩によって一蹴されることになっているが、その前提として、人を得度させるという行為が、造寺・造像・写経と並べられており、為政者が当然のようにその功徳を期待する行為として認識されている点には注意しなければならない。梁の武帝の積極的な仏教活動は、崇仏を勧める仏教者を通じて、日本古代の為政者にも聞こえるところであったと考えられ、奈良時代の天皇がしきりに臨時得度を行なったのも、中国の為政者の活動に倣おうとする意図があったと推測される。

日本社会において臨時得度がさかんに実施され、特に八世紀中葉に至って高まりをみせる具体的な因子として、ここでは特に『出家功徳経』なる経典の受容について取りあげておきたい。『出家功徳経』は、人を出家させるという行為が、出家させた者にとっての功徳となることを直接説いている経典である。正倉院文書によれば、奈良時代には数ある経典類にならんで、この経が依用されていることが明らかである。

具体的にみていくと、天平九年（七三七）から十年の年紀を持つ「経師充経帳」においては、天平十年八月八日の充経記録に「出家功徳経一巻二枚」[8]、天平勝宝三年（七五一）の「写書布施勘定帳」では「出家功徳経一巻三」[9]というように、一巻二枚ないし三枚の質量のものであったようである。もっとも宝亀四年（七七三）三月二十一日の生江秋麻呂解では、「出家功徳経一巻二枚空一枚」とあるので[10]、三枚とあるものについても文字が書かれているのは二枚で、あとの一枚は空白というものであったと推測される。いずれにしてもこれらは、『大正新脩大蔵経』第十六巻に所収されている『仏説出家功徳経』とはまったく別系統のものと理解しなければならない。

従来あまりよく実態が知られていなかったこの『出家功徳経』について、近年基本的でなおかつ重要な研究が、三宅徹誠によってものされている[11]。三宅の研究にみちびかれつつ、奈良時代の日本社会に受容されていた『出家功徳経』がどのようなものであったのかを以下探っていくこととする。

則天武后の勅令によってつくられた『大周刊定衆経目録』（天冊万歳元年＝六九五）という経録（『武后録』と通称される）には『出家功徳経』と称する経が二本みえている[12]。

出家功徳経一巻六紙
　　右呉時支謙訳、出長房録
出家功徳経一巻二紙

（『大周刊定衆経目録』巻一、大乗単訳経目の内）

奈良時代に依用されていた『出家功徳経』は、経の紙数から後者のほうの系統に属すると考えられる。三宅徹誠によると、この一巻二紙の『出家功徳経』は、『賢愚経』の「出家功徳尸利苾提品」の一部を抄出し、改変を加えたものであるという。また『大周刊定衆経目録』よりはやく、『四分律刪繁補闕行事鈔』（道宣）、『諸経要集』（道世）、『法苑珠林』（道世）などがこの『出家功徳経』を引用しており、道宣および道世は、唐の貞観五年（六三一）の成立と推測される房山石経二六（七洞〇〇七四）の『出家功徳経』(13)の系統の本を引用しているということを三宅は指摘している。

この指摘は、奈良時代の日本における『出家功徳経』の受容を考えるうえで、きわめて重要である。というのも、道宣および道世が活動した西明寺に展開した仏教が、奈良仏教に大きな影響を与えたことはすでによく知られているとおりで(14)、西明寺のテキスト群は、道慈らの入唐者によって日本にもたらされ、蔵中しのぶのいうところの〈大安寺文化圏〉の形成と展開にダイレクトに寄与したからである(15)。

道宣・道世がともに『出家功徳経』を引用して書物を成しているということは、『出家功徳経』じたいが、西明寺テキスト群と共伴して（つまりは同時性をもって）日本にもたらされた蓋然性がきわめて高いことを示唆している(補注1)。

それではこの奈良時代の日本社会に受容された『出家功徳経』の説くところについて、比較的近いテキストと推測される房山石経本(16)によって具体的にみていきたい。

『出家功徳経』（七洞〇〇七四本）では、出家という行為の功徳について、「若しは男女を放ち、若しは人民・奴婢を放ち、若しは自己身ずから出家し入道せらば、功徳無量なること称げて計ふべからず。布施の報、十世に福を受け、六天之中(17)、往返十たび到るも、猶ほ故らに放人出家若しは自出家の「功徳の勝たる」(18)に如かず。」と説く。

またこの経では出家の功徳を造塔の功徳と比較して、「仮使ひ人有りて七宝塔を起て、高きこと三十三天に至れども、得らるる功徳も亦た出家に如かず。何を以ての故に。七宝塔なれば、或いは貪悪の愚人有りて、能く破壊するが故なり。出家の法［毀］壊有ること無し。善法を求めむと［欲］するに仏法を除きて更に此の出家の果報に勝れたる無し。」と説く。

さらにその功徳がどのように効果を及ぼすかということについては、「出家の法に由らば、魔の眷属を滅し仏種を増益す。穢悪を摧滅し善法を長養し、罪垢を洗除して福業を興成せむ。」と説くのである。

ここから窺えるように、この経は出家という行為を布施や造寺造仏などにも勝るような功徳となる活動であると説いており、出家を檀越活動（寄進）と位置づけていることが明らかである。つまりこの経は、権力や富を持つ篤信者を対象に、檀越活動としての出家を勧奨するものであったとみることができるのである。

この経にいう出家という行為は具体的には、①放人出家（隷属させている者を解き放ち、出家させること）、②自出家（みずからが出家すること）の二つであるが、主旨として①放人出家のほうに重きが置かれていることは明白である。

さきに述べたように『出家功徳経』は『賢愚経』「出家功徳尸利苾提品」の前段を抄出したうえ、一部を改変して成っている。(19) 改変によって、放人出家の功徳は強調され、権力者の仏教活動をより強く勧めるものとされた。その結果、出家しようとする者を妨げる行為は、たいへん罪の重いこととして、「一切の諸悪、皆其の身に集す。是の人現世に白癩の病を得、命終してまさに黒闇地獄に入りて、地獄を展転し出づる期有ること無かるべし。」という罪報を説くに至っている。

このように『出家功徳経』は、罪報を強調しつつ全面的に放人出家の功徳を説き、この罪報の表現が、篤信者が生きる現実世界（疫病流行など）と重なることでリアルな危機感となって、積極的仏教活動を惹き起こす仕組みになっていた。隋唐の社会で依用された『出家功徳経』は、長安西明寺経由で八世紀の日本に流入し、富貴なる篤信者の仏教活動に少なからず影響を与えたと考えられる。とくに天平年間にしきりに実施された臨時大量得度の直接の動機となったとみてよい。

ところで奈良時代には、『出家功徳経』のほかにも、多くの功徳経が受容されていた。正倉院文書によれば、『浴像功徳経』『造像功徳経』『造塔功徳経』『施灯功徳経』などをはじめ、じつにさまざまな功徳経が依用されていたことがわかる。これらは、仏教の教理を理念的に説いているわけではないために、これまであまり注目されることがなかった。それらは決して講説の対象にもならず、得度を目指す優婆塞・優婆夷らがつねづね読誦するようなものでもなかった。

しかしながらこれら功徳経には、富貴なる権力者の支持を求めようとする仏教者側の論理が鮮明にあらわれており、これらが八世紀の仏教活動の盛行に果たした工具的機能を無視することはできない。これらの功徳経は、仏事の功徳を説きつつ、そのなかにときに、病や堕地獄などの罪報の論理を織り交ぜることで、為政者を含む在俗篤信者の檀越活動を巧みに誘引し、大規模な仏教活動に向かわせる直接の動機となったとみるべきであろう。

三　「度」を賜うことの意味

日本史研究においては「度僧」ということばがあまり好まれない。史料に則して「度僧」「度人」と表現すべきところを、研究の上で「得度」と言い換えていることも多い。その背景には、近現代における仏教史研究の取り組みが、仏教者の自己確認として行なわれてきたという一側面があり、戦後においては、得度という行為が仏教者側の主体的行為としてあるべきと観念されたということがある。

しかしながら、古代社会における歴史的問題として得度を考究しようとする時、史料上の「度」が、「得度させる」

という意味の他動詞として定着していることには、充分な注意が払われなくてはならない。[20] 前節にみたように、頻繁なまた大規模な臨時得度は、実施された動機が、「得度させる」側にあったことは明らかである。

古代においては、皇親・貴族・僧尼に対して「度」を賜うこと（「賜度」）がしばしばあったが、この意味を解明しようとする時、「度」が「得度させる」の意味で用いられていることはきわめて重要である。そこで具体的事例として藤原不比等の危篤に際して実施された事例をみてみたい。

右大臣正二位藤原朝臣不比等病。賜度卅人。詔曰。右大臣正二位藤原朝臣疹疾漸留。寝膳不安。朕見疲労。惻隠於心。思其平復。計無所出。宜大赦天下。以救所患。養老四年八月一日午時以前大辟罪以下。罪無軽重。已発覚。未発覚。已結正。未結正。繫囚見徒。私鋳銭。及盗人。并八虐。常赦所不免。咸悉赦除。其廃疾之徒。不能自存者。量加賑恤。因令長官親自慰問。量給湯薬。勤従寛優。僧尼亦同之。

（『続日本紀』養老四年（七二〇）八月辛巳〈朔日〉条）

右大臣正二位藤原不比等が病になったので、度三十人を賜う。天皇（元正）は以下のように詔した。「右大臣正二位藤原朝臣の病気が重篤で、寝食もままならない。朕はその疲れはてた様子を見て、あわれみいたむ気持ちで平復してほしいと思うが、手の施しようがない。そこで天下に大赦し、心配な状態を救おうと考える。養老四年八月一日午時以前の大辟罪以下について、罪の軽重にかかわらず、すでに発覚した場合もそうでない場合も、すでに判決が定まった場合もそうでない場合も、拘禁者も懲役者も、私鋳銭・盗人にあわせ八虐など通常赦免されない者もみな悉く赦せ。障害のある者で自立して生活できない者には、程度に応じて賑恤せよ。その際長官にみずから見舞わせ状況に応じて湯薬を与え、つとめていたわりを示せ。僧尼もまた同じようにせよ。」

上記の事例では、藤原不比等に対して「度卅人」を賜っている。あわせて元正天皇詔によって、大赦・賑恤・給薬が実施され、翌二日には、「都下卌八寺」に一日一夜の読経をさせ、さらに官戸十一人を免じて良とさせ、奴婢一十人を除して官戸とさせた。その目的は「右大臣の病を救はんが為」であるという。[21]

ここにみる「度卅人を賜ふ」とは、得度させる権利三十人分を給付する、という意味である。得度させる行為によって修される功徳は、給付された藤原不比等が善報としてその身に被るもので、ここでは、病気平癒に効果をもたらすものとして期待されている。

「賜度」の意味するところについてはすでに牛山佳幸が、「度者の推挙権」の賜与であると指摘している。[22]牛山の指摘はおおむね正しく、とくにこれを権利の賜与だととらえた点は、まったく牛山の炯眼によるところである。

吉田一彦は牛山の説をふまえたうえで、「賜度」の意味を次の二つの性格をもって説明している。[23]まず吉田は「賜度」が仏像や経典を与えることと同質の営みとして認識されていたのではないかと考えた。「度」(得度させる権利)があたかも物品のように与えられている理由については、「代理」という発想で説明している。上記に挙げた養老四年八月の藤原不比等への「賜度」のケースでいうと、吉田は、「度者三〇名は、あたかも仏像や経典のように、聖なる存在として不比等に賜与された。」とし、彼ら度者は「不比等の代理として出家をとげた」、「不比等の代わりに仏菩薩に仕えたと解釈すべき」としている。つまり「度」(得度させる権利)を与えられた当事者が、みずから得度すべきところを「代理」でその近親者を得度させ、それによって「聖なる力」を引き寄せたと吉田は説明するのである。

しかしながら吉田が説く「代理」説は成り立たない。理由は以下の通りである。

「賜度」に際して、「度」を与えられている対象者は、皇親・貴族・僧尼である。彼らは得度させる行為の主体者となることによってその善報をその身に受ける。つまり利益を受ける。とくに僧尼に対して「度」が与えられている場合、これを「代理」の得度ととらえることは不可能である。たとえば次にあげる延暦二十一年(八〇二)の事例では、貴族と僧とがまったく並列におのおの「度一人」を賜っていて、ここにおいて「度」の意味に区別があるとは考えられない。

賜参議従三位藤原朝臣乙叡・近衛中将従三位坂上大宿禰田村麻呂・参議従四位上藤原朝臣縄主・律師伝灯大法師位勝虞・伝灯大法師位恵雲・伝灯大法師位如宝・伝灯大法師位安毓・修行法師位光暁等各度一人。

（『日本後紀』逸文〈『類聚国史』一八七度者〉、延暦二十一年〈八〇二〉正月丁丑〈二十日〉）

また次に挙げるように「度」を賜っている当事者が、死者であるケースもある。

賜故右兵衛督従四位上紀朝臣木津雄度二人。

（『日本後紀』逸文〈『類聚国史』一八七度者〉、延暦十五年〈七九六〉六月戊子〈二十九日〉）

賜故高橋王度二人。

（『日本後紀』逸文〈『類聚国史』一八七度者〉、延暦二十年〈八〇一〉七月戊寅〈十八日〉）

賜故大僧都伝灯大法師位等定度三人。

（『日本後紀』逸文〈『類聚国史』一八七度者〉、延暦二十年〈八〇一〉七月戊子〈二十八日〉）

すでに死没している人物に対して「度」を与えるということの意味を理解するには、本章前節にて考察した『出家功徳経』に説く、放人出家の思想をふまえておくことが必要である。つまりこれは、隷属させている存在を解き放ち、仏門に入道させることを免すことで、その行為が、それを免した者の功徳となってその身に善報を被るという論理によって説明されるべきなのである。

右記の例において「度」を与えられている死者は、その身の冥福のために善報となる功徳を贈られているのであって、遺された者が死者に替わって写経や造塔・造仏などを行なって功徳を修し、追善することと本質的に同じである。

このことに関連するものとして、神に与えられた「度」についても若干触れておきたい。

奉八幡神宮秘錦冠一頭。金字最勝王経。法華経各一部。度者十人。封戸馬五疋。又令造三重塔一区。賽宿禱也。(補注2)

宇佐八幡宮に秘錦冠一頭と金字最勝王経・法華経おのおの一部、度者十人、封戸、馬五疋をさしあげた。また三重塔一区を造らせた。祈願が叶ったことのお礼のためである。

（『続日本紀』天平十三年(七四一)閏三月甲戌〈二十四日〉条）

右にあげた記事は、この前年藤原広嗣の乱を鎮定するにあたって、大将軍大野東人に詔して八幡神に祈請させたことを受けて、その報賽として実施された奉加である。

ここで八幡神に奉られた「度者十人」について吉田一彦は、神にささげられたハラヘツモノであると理解しているが、この事例は八幡神に写経・度人・造塔の仏教的功徳を修さしめて、その善報を神の身に受けさせようとしたものであると考えるのが妥当である。これらの行為の功徳とそれによる善報の仕組みをふまえることによって、「度者十人」は冠や封戸・馬などの財物と同列の贈り物たり得たということが、はじめて理解できるであろう。(24)

また吉田が同じくハラヘツモノとしての度者であるとしている次の事例についても、検討を加えておきたい。

遣従五位下三方王・外従五位下土師宿禰和麻呂、及六位已下三人、改葬廃帝於淡路。乃屈当界衆僧六十口、設斎行道。又度当処年少稍有浄行者二人、常廬墓側、令脩功徳。

従五位下三方王・外従五位下土師宿禰和麻呂および六位以下の三人を遣して、廃帝(淳仁)を淡路に改葬した。そして名だたる衆僧六十口を屈請して設斎行道した。又その土地の年少で多少浄行（持戒のキャリア）のある者二人を得度させ、墓のそばに常住させ、功徳を修させた。

（『続日本紀』宝亀三年(七七二)八月丙寅〈十八日〉条）

墓の被葬者である廃帝淳仁は、藤原仲麻呂の後見のもとに天平宝字二年（七五八）八月に禅を受けたが[25]、単独で天皇権力を発動するだけの基盤を確立できないまま廃され[26]、淡路国に配せられて、幽閉生活からの逃亡を試みたところを国司らの兵に捕らえられて亡くなった横死者である[27]。

吉田一彦はこれについても、罪を祓うために仏菩薩にささげられたハラヘツモノであるとしているが、この解釈もやはり成り立たないように思う。そもそも廃帝の魂魄を仏菩薩になずらえることじたいが、あやまりである。光仁天皇の宝亀年間に至って廃帝淳仁の改葬が行なわれ、衆僧六十口を招いて仏事が実施されたのは、横ざまの死を遂げ零落した魂魄を救済するためであり、さらにその魂魄にとって功徳となる行為として浄行者二人が度されているとみるのが妥当であると考える。

死者や神に対して「度」が与えられている場合は、当事者（死者や神）が得度させるという行為を実際にするわけではない。これは、この世の者が死者や神のための仏教行為を行ない、そこで生じる功徳を死者や神に贈るという仕組みで理解される。

次に「賜度」の際に与えられる人数の意味について考えたい。一概に「賜度」といっても、与えられる人数についてはまるで品物の数のように差が設けられている。たとえば、

賜大法師永忠度二人。僧最澄三人。治部卿四品葛原親王二人。

（『日本後紀』大同元年〈八〇六〉正月庚午〈五日〉条）

というようにである。

このような「度」の人数の差は、功徳の量としてカウントされる性質のものであったのではないだろうか。つまり得度させる人数が多いほど、その当事者は多くの功徳を修したことになり、大きな善報が期待されると観念されてい

たのではないだろうか。

「賜度」は、天平年間に展開した優婆塞貢進などの推薦活動の盛行を経て、皇親・貴族・僧尼の既得権として定着し、宗分や寺分の年分度者が恒例の給分であるのに対して、臨時の給分と認識されるようになっていったと考える。

四　いわゆる「例得度」をめぐって

奈良時代の文献にみえる「例得度」は年分度者か臨時度者か、という議論がされる場合がある。これまで何人かの論者がこの問題に触れてきたが、いまだ決着をみているとはいえず、議論の余地があるように思う。とはいっても取り立てて新しい材料が提出できるわけでもないので、本章の能力の範囲内で「例得度」の理解について若干の私案を述べておきたいと思う。

薗田香融は、昭和三十七年（一九六二）発表の講座論文で、「例得度」を年分度者に当たると考え、本章が取り上げているような大量得度であっても「例得度」の語のみえているものはすべて年分度者であるとした(28)。薗田は、年分度者は最初は十人程度の少数の選良を度するに限ったが、天平期の盛んな造寺造仏に伴う僧尼の大量需要によって放漫に堕した、という見解をとったのである。

薗田が昭和三十七年時点において、このような見解をとったということじたいが、既成概念を打ち破って実態にせまっていく薗田史学を象徴しており、これを史学史上軽視することは決してできない(29)。しかし個別の問題としてみた場合、年分度者は奈良時代を通じて十人であり、延暦年分度者制の実施の際に十二人に加増されたことが明白であるので(30)、「例得度」を年分度者のことであるとみた薗田の説は誤りである。

薗田が「例得度」としてあげている事例はいずれも不定期の大量得度で、本章が主題とする臨時得度に該当する。

①「某度縁案」（『正倉院文書』続々修三十五帙六裏書）『大日本古文書』九―三二七[31]

難波宮中臣陸仟伍佰陸拾参人例得度

……………………………

師主元興寺

天平十九年正月十四日

②「沙弥実進度縁案」（『正倉院文書』続々修六帙一裏書）『大日本古文書』十―二六六

沙弥実進年拾捌 美濃国山県郡御田郷戸主他田水主戸口他田豊人 黒子額中上一鼻折上一

右、奉天平廿年四月廿八日　勅、於奈良宮中中嶋院、伍佰拾人例得度、沙弥五百、沙弥尼十、

師主元興寺僧□興

③「行表譜書」（「内証仏法相承血脈譜」）『伝教大師全集』一[32]

謹案行表和上度縁云、釈行表者、大養（徳脱）国、今名大和国也、葛上郡高宮郷戸主大初位上檜前調使案麻呂之男百戸、

右奉為　天皇奉天平十三年十二月十四日勅、於国（恭仁）宮中、七百七十三人例得度、師主大安寺唐法師道璿（下略）

「例得度」については、薗田香融以後、二葉憲香と中井真孝が学説を提出している。二葉が「例得度」と年分度者とを別物と考えたのに対して、[33]中井は、年分度者の度縁にも「例得度」の文言があることを指摘している。たとえば大同五年（八一〇）の宮中金光明会（御斎会）の最終日に年分度者として得度した光定の場合、その度縁には「大同五年正月十四日宮中金光明会年分二十一（二十二）人例得度、今省寮僧綱共授度縁如件」という文言があった。[34]また『延喜式』玄蕃寮に載せる度縁式では度縁に「太政官某年月日符称、右大臣宣奉　勅云云若干人例得度」と記載する規定になって

いる。このことから「例得度」は年分度・臨時度の両方に用いられる文言と考えるべきであり、年分度とは別に例得度という形式の得度がことさらにあったわけではないことが明らかである。

これについて中井は「幾人ノ例ニ得度ス」と訓じる案を提出している。私見はおおむね中井の説に賛同するものであるが、「例得度」をどう訓じるかについて以下のとおりの私案を持っている。

史料上に見受けられる「〇〇人例得度」という文言は、もともとは得度の実施を命じる天皇勅のなかもしくは太政官符のなかのものであったのではないかと考える。だとするとここでは「例」を動詞と考え、命令の文言としてとらえるのが妥当であるように思う。つまり、「得度に例せ（例へよ）」と訓み、度者たちを得度身分に列することを命じる文言と理解してはどうかと思うのである。[35]「例得度」の解釈についての一案として提出しておきたい。

むすび

以上本章における臨時得度についての考察によって、日本の古代社会において、「度」（人を得度させる）という行為がどのような思想に基づいて行なわれていたか、ということについてあきらかにできたと考える。

ここで論じ残した点として、度人推薦による臨時得度の一形態である優婆塞貢進について若干触れておきたい。優婆塞貢進は、僧尼に師事し得度を目指して持戒修道している優婆塞を得度させるべく権力に働きかけた度人推薦で、[36]天平年間をピークに盛んに行なわれた。推薦者（貢進者）は位階のある有力豪族や有力な僧尼であることが多く、推薦されている優婆塞らは推薦者の近親者であるケースが目立つ。[37]

この優婆塞貢進という事象を、本章で明らかにした当時の思想に基づいて説明すると、近親者を推薦している推薦者自身が功徳を修すための仏教活動であったとみることができる。つまりこれらは、出家・得度させるという行為によって功徳を修し、善報を受けたい、そして病や堕地獄などの罪報は受けたくない、という意図にもとづく行動であって、その主体者は推薦されている者たちではなく、推薦している者たちであったのである。

私はかつて古代の得度の問題を「古代社会においてはなぜ多くのひとが得度することを望んだのだろう」という問題設定で思考していたことがあったが、いまここに至っては、この問題設定そのものが間違っていたと考える。古代社会においては天皇や皇親や貴族や僧尼たちが、こぞって「人を得度させたい」という欲求を持っていたのであり、天然痘が大流行した天平年間においてそれはピークに達し、さかんな度人推薦が展開され、頻繁で大量の臨時得度という事象を誘引したのである。

隋唐の社会においては、富貴なる在俗篤信者が、隷属者を出家・得度させるという行為が、儒教的土壌のなかに組み入れられて行なわれており、それが日本社会に受容されたことで、日本でも社会を構成していたさまざまなる権力主体がこの活動へと突き動かされた。

この問題は、従来〈国家仏教〉論のなかで説明されてきた、古代社会におけるとくに天平期をピークとする仏教活動の高揚の事情について、具体的には為政者を含む富貴なる篤信者が関わった、度人・写経・造塔・造仏などの活動について、古代社会の権力構造との関わりのなかで、どのように理解・評価していくべきか、という主題に連なっている。

〈国家仏教〉論は、国家による仏教興隆と国家による仏教統制の二点から説明されるのが常套であり、右に挙げた仏教活動は前者の点から説明されてきた。しかしながらこれらの事象を、一元的な権力主体の統一された政治意思によるものととらえるのはとりあえず間違いである。

〈国家仏教〉論の最初の論者となった黒板勝美は、この概念を使用して、古代国家の最盛期に天平期を据えるという文脈を国史概説に導入し[38]、その後井上光貞は黒板の〈国家仏教〉論を受け継いで、国家による仏教興隆をその特徴とし、そこにあらたに国家による仏教統制という要素を付け足して説明した[39]。天平期の仏教遺産は、日本を中央集権的な国家の復古であるとするための布石とされたのであり、黒板勝美の〈国家仏教〉論は、それを支えるために説き起こされたものであるから、これを現在の学術的史論に依用することはそもそも適切ではない。

本章で明らかにしたように、人を得度させる行為は、得度させた側の功徳となり、善報として効果があると考えられていた。また隷属させている者を解き放つという儒教的発想のもとに仏教的功徳が修されていたことがあきらかで、その行為はそれぞれのレヴェルで権力行動としての意味を持ったと考える。つまり、本主が奴婢に対して、戸主が戸口に対して、豪族が子弟に対して、あるいはまた僧尼が弟子に対してという具合にである。

古代社会において天皇は、自身の功徳のために度僧することはあったが、その権限すべてを一元的に掌握してはいない。むしろ天皇は得度させる権利を発給する権利を掌握する位置にあったとするべきである。そのもとで臨時度者においては皇親や貴族や僧尼が、年分度者においては宗や寺院などが実質的度僧権を保持し、それぞれが権力主体としてそれを発動していたのである。

本章で明らかにした実態を鑑み、日本の古代社会が、アジアの一郭にあって、近隣の文化や思想の影響を受けつつ展開していたということを視野にいれて、社会構造そのものを見直していく必要があるということを、この場を借りて発言しておきたいと思う。

註

（1）このような筋書きを依用した歴史概説は枚挙にいとまがない。一九五二年刊の坂本太郎・家永三郎編『高等日本史』（好学社）では、六世紀末から十二世紀初めを第二章「律令により国家が運営される」とし、以下のように節を組んでいる。

第1節　律令体制の整備　第2節　律令国家の繁栄　第3節　律令政治の衰兆　第4節　政治権力の移動

このような筋書きの基礎はすでに、二十世紀初頭以前に成立していたもので（たとえば農商務省『日本帝国美術略史稿』一九〇〇年など）、この章立ては戦後の転換ではなく、すでに成立していた概説の踏襲であったことに注意しておきたい。

（2）臨時得度の専論は管見の限りではみあたらない。実態に則して比較的詳しく検討を加えている論考として、中井真孝「奈良時代の得度制度」（速水侑編『論集日本仏教史』二、奈良時代、雄山閣出版、一九八六年、のち中井『日本古代仏教制度史の研究』法蔵館、一九九一年に加筆再録）、牛山佳幸「律令制展開期における尼と尼寺」（『民衆史研究』二三、一九八二年、のち同『古代中世寺院組織の研究』吉川弘文館、一九九〇年に再録）、吉田一彦「僧尼と古代人」（『寺院史研究』二、一九九一年、のち同『日本古代社会と仏教』一九九五年に再録）をあげておきたい。

（3）『続日本紀』天平九年是年条。

（4）『続日本紀』天平九年八月丙辰（十五日）条。

（5）五月十九日の聖武天皇詔においても、四月以来の疫病や日照りについて、「朕の不徳を以てまことに茲の災を致す」と述べている（『続日本紀』天平九年五月壬辰（十九日）条）。

（6）『続日本紀』天平感宝元年閏五月壬寅（九日）条。

（7）この文献の写本発見の経緯や神会と北宗の対論については、小川隆『神会―敦煌文献と初期の禅宗史』（臨川書店、二〇〇七年）に詳しい。ここでの引用は、『中央研究院歴史語言研究所集刊』（第二十九本、一九五八年）をもとに読み下した。武帝と達摩の問答説話は、『景徳伝灯録』『碧巌録』『従容録』などにみられる。

（8）『正倉院文書』続々修二十七帙四、『大日本古文書』七―一一一。

（9）『正倉院文書』続々修十三帙一、『大日本古文書』十二―一四五。

（10）『正倉院文書』続々修二十一帙四、『大日本古文書』二十―四二三。

（11）三宅徹誠「『賢愚経』「出家功徳尸利苾提品」と『出家功徳経』」（『印度学仏教学研究』五九―二、二〇一一年）。

(12)『大正新脩大蔵経』五五巻―三七四a。
(13) 中国仏教協会ほか編『房山石経』隋唐刻経一、二二九頁（華夏出版社、二〇〇〇年）。
(14) 小野勝年「長安の西明寺と入唐求法僧」（『仏教史学研究』一七―二、一九七五年）、藤善真澄「薬師寺東塔の擦銘と西明寺鐘銘」（『道宣伝の研究』京都大学学術出版会、二〇〇二年）。
(15) 蔵中しのぶ「長安西明寺と大安寺文化圏―奈良朝漢詩文述作の場―」（『奈良朝漢詩文の比較文学的研究』翰林書房、二〇〇三年）。
(16) 房山石経においては『出家功徳経』が二本確認されている。貞観五年（六三一）成立と推測される七洞〇〇七四本と長寿三年（六九四）の奥書がある八洞一三六本とである。それぞれ拓本の影印が、中国仏教協会ほか編『隋唐刻経』一、二二九頁、二、四〇八頁（華夏出版社、二〇〇〇年）に掲載されている。なお、補注3に七洞〇〇七四本を底本として一部翻刻しておく。
(17) 八洞一三六本では「六天人中」とある。
(18) 以下摩滅・破損による難読箇所を八洞一三六本によって補す。
(19) 三宅徹誠前掲註(11)。もととなっている『賢愚経』「出家功徳尸利苾提品」は、前段が出家による功徳を理念的に説明しているのに対して、後段は、老耄の長者が釈迦を頼んで出家を遂げ、成道して諸人を導いたという説話となっている。後段の説話が長者みずからの出家（すなわち「自出家」）を説くばかりであるのに対して、前段が「放人出家」による功徳を強調しているという点に注目すると、前段は中国において儒教的思想背景のもとで整えられたと考えるべきで、前段の成立は後段の説話より後次であると推測できる。
(20) 公的権力が人を得度させることを意味する「官度」「公度」に対して、私的権力が人を得度させることを意味する「私度」について、長年誤った理解がなされてきたのもそのようなところに一因があるように思う。これについて詳しくは本書第三章。
(21)『続日本紀』養老四年八月壬午（二日）条。
(22) 牛山佳幸前掲註(2)。
(23) 吉田一彦前掲註(2)。
(24)『続日本紀』天平十二年（七四〇）十月壬戌（九日）条。
(25)『続日本紀』天平宝字二年（七五八）八月庚子朔条。

(26) この問題については本書第六章。
(27)『続日本紀』天平神護元年十月庚辰(廿二日)条。
(28) 薗田香融・田村円澄「平安仏教」(『岩波講座日本歴史』古代四、一九六二年、岩波書店)。
(29) この時点で先行していた学説として、岡倉覚三(天心)や黒板勝美によって天平期(聖武天皇時代)を日本古代の頂点と位置づける美術史および国史の概説が、構築されていたという事情がある(岡倉天心「日本美術史」『岡倉天心全集』第四巻、平凡社、一九八〇年・黒板勝美『国史の研究』文会堂書店、一九〇八年)。薗田の見解には、このような戦前までの史学の基調を克服しようという意図が含まれていたと考える。
(30)『顕戒論』において最澄が「古来度者、毎年十人、先帝(桓武天皇)新加年年両口也」と述べていることから明らかである。
(31) 中井真孝は、この文書は別個の二通の度縁案であると指摘し、「例得度」の語を含む前半の難波宮中での得度は、天平十六・七年ごろ実施されたものとしている(中井真孝前掲註(2))。
(32) 伝存の「内証仏法相承血脈譜」の譜書の内容すべてについて最澄の段階で成立し得たとは私は考えないが、最澄の直接の師である行表の伝は最澄存命中にはすでに存在している必要があったとするべきであろう。ここでは行表譜書を九世紀第Ⅰ四半期ごろまでに行表度縁などを参照して成立していた伝記史料をもとに作文されたものととらえておく。
(33) 二葉憲香「年分度者の原義とその変化」(木村武夫先生還暦記念論集『日本史の研究』ミネルヴァ書房、一九七〇年、のち二葉『日本古代仏教史の研究』永田文昌堂、一九八四年に再録)。
(34)『伝述一心戒文』巻上所引(『伝教大師全集』一、世界聖典刊行協会、一九七五年)。
(35)「例」についての関連の用例として『日本霊異記』下巻―四縁「沙門誦持方広大乗沈海不溺縁」を挙げておきたい。そこでは、殺されかけた「大僧」が、方広経の功徳によって生きながらえ、立場を隠して「自度例」に連なって供養会に参加する場面がある。ここでは「例」は自度のグループを指している。
(36) 得度前行を勤める優婆塞らの実態については、本書第二章において論じている。
(37) この問題についての具体的な考察は、本書第一章。
(38) 文会堂書店刊、大正七年版の『国史の研究　各説の部』において黒板勝美は、「奈良朝に於ける最も重要なる出来事は仏教の隆盛」であるとして当該期の仏教活動に触れている。そこでは大仏は「天皇の御本尊で皇室の御持仏であった」とし、正倉院宝物をそれを証するものとする手法をとっている。

(39)　井上光貞『日本古代の国家と仏教』（岩波書店、一九七一年）。なお国家による仏教統制という要素は、井上光貞が、二葉憲香の〈律令仏教〉論を吸収し、それを古代から中世へという時系列のなかで、とくに古代に内包されるものとして位置づけなおしたものである。この事情については、井上光貞「古代史の探究第十回朝鮮古代史家の挑戦（研究自叙伝）」（『諸君！』一三—六、一九八一年）を参照。

（補注1）『開元釈教録』（開元十八年〈七三〇〉成立）においては、この『出家功徳経』は採録されておらず、正経としてあつかわれた時期は限定される。

（補注2）『東大寺要録』本願章第一には以下のようにみえている。

閏三月甲戌、奉八幡神宮秘錦冠一頭、金字最勝王経・法花経各一部、度者十人、封戸馬五疋。又令造三重塔一区、賽宿禱也。

（補注3）　房山石経七洞〇〇七四

仏説出家功徳経一巻

□□□□仏在王舎城迦蘭陁竹林園中天龍八部大衆圍遶尓時仏為出家功徳其福甚多若放男女若放人民奴婢若自己身出家入道功徳无量不可称計布施之報十世受福六天之中往返十到猶故不如放人出家若□□□□□□□□□□□報福□□出家之福无量无辺又持戒果報五道神仙受大福報極至梵天於仏法中出家果報不可思議乃至涅槃福不可窮尽仮使有人起七宝塔高至三十三天所得功徳亦不如出家何以故七宝塔者或有貪悪愚人能破壊故出家之法□□壊□求善法除仏□□□无勝此出家果報如千盲人有一良医能治其目一時明見又有千人罪応挑眼一人有力能救其罪令不□眼此二人福雖无量猶亦不如放人出家若自出家其福最大何以故雖能勉於二種人□□人各獲一世之□又肉□性有敗壊□放人出家若自出□□□□導一切衆生永劫无窮慧眼之性歴劫无壊是故福報人天之中恣意受楽无窮无尽極畢成道所以者何由出家法滅魔眷属増益仏種摧滅穢悪長養善法洗除罪垢興成福業是故仏説出家功徳高於須弥深於巨海広於虚空无□无辺若使有人於出家者為作留難而相抑制故違其心不聴出家入於仏道是人則断世間仏□其罪甚重不可称計譬如大海江河万流□入其中此人罪報亦復如是一切諸悪皆集其身是人現世得白癩病命終当入黒闇地獄展転地獄无有出期如須弥山劫火所焼无有遺余此□□□如是尓時仏説□入地獄□焼其身无有休息譬如迦樓□薬極至苦毒若等斤両比於石密此善悪報亦復如

是放人出家若自出家功徳最大以出家人修多羅為水洗潔煩悩垢消滅生死之苦穢以為涅槃之因以毘尼為足以践浄戒之地阿毘曇為目視□□□恣意遊歩八正之路至涅槃之妙域以是義故放人出家若自出家若幼其福最勝一切大衆聞仏所説皆発道意歓喜奉行作礼而去

已上出家功徳経

図7　房山石経『出家功徳経』七洞〇〇七四本（『隋唐刻経』一、華夏出版社、二〇〇〇年）

（初出「臨時得度の政治思想」『仏教史研究』五〇、二〇一二年を修訂）

第六章　淳仁朝の造宮計画

――宮の新営と天皇権獲得の原理――

はじめに

藤原仲麻呂の後盾によって、立太子・践祚に至った淳仁天皇の時代、その在位期間である天平宝字年間において、平城京以外の宮への移御が二度みえている。一つは天平宝字五年（七六一）における近江国保良宮への移御であり、いま一つはその前年における小治田宮への移御である。『続日本紀』の記事は、淳仁天皇のその行動を、保良宮については「行幸」、小治田宮については「幸」という動詞によって表現しているが、別の場面においては、それぞれについて「遷都」「新京」などの語がみえ、両宮についての歴史的評価を複雑なものとしている。

①行幸保良宮。（『続日本紀』天平宝字五年〈七六一〉十月甲子〈十三日〉条）

②幸小治田宮。天下諸国当年調庸、便即収納。（『続日本紀』天平宝字四年〈七六〇〉八月乙亥〈十八日〉条）

③内舎人正八位上御方広名等三人賜姓御方宿禰。又賜大師稲一百万束。（中略）以遷都保良也。（『続日本紀』天平宝字五年〈七六一〉十月壬戌〈十一日〉条）

④賜新京諸大小寺及僧綱・大尼・諸神主・百官主典已上新銭。各有差。（『続日本紀』天平宝字四年〈七六〇〉八月己卯〈二十二日〉条）

これらについての従来の理解は、両宮は当代における正式の宮都とは異なり、複都制に基づく陪都（副都）あるいは離宮であると考えるものである。唐制の模倣によって日本においても複都制なるものが採用されたとするこの説は、瀧川政次郎によって提示されたもので[1]、天武朝難波宮造営事業の途上で発せられた、「凡そ都城宮室一処にあらず、必ず両参を造る。故に先ず難波に都せんと欲す。」という詔[2]をもって複都制の制度化とみる立場は、大方によって支持されてきた。以来ながらくこの問題は国史学の文脈において取るに足らない小事であるように認識され、平板な制度史のなかに埋没した。

　そのようななかにあって、仁藤敦史は、「難波を陪都とする複都制は、都城成立過程に生起する未熟な形態」であるとする見解を提示している[3]。一九九二年に発表された仁藤の見解は、特に難波宮の歴史的位置づけの中で提示されたものであるが、国家的強制によって、制度としての複都制が施行されたとみる従来の考え方に再考を迫るものとして注目すべきものであったといえる。

　また、奈良時代史の一般的方法として、国家的都城の完成した姿を平城京の段階に認めることが議論の前提となっているために、併存する諸宮に対し、現代の歴史評価として離宮か陪都以上の性格を認めない。つまり、政権の所在は、実態はどうあれ一元たるべきとする、近代国史学のならいを踏襲してきたのである。

　しかしまた、発掘調査によってあきらかになりつつある平城宮内殿舎の頻繁なまでの建て替え、別けても政権発動空間たるべき大極殿・朝堂院が二度、三度にわたって変移したことは、都城の安定にとって不可欠要素であるはずの殿舎の恒久性が、必ずしも成熟した段階に至っていなかったという事実を示唆している。

　都城制採用以前の段階において、天皇の代替りを契機とする新宮営造が行われていたことは、周知の通りであるが、その慣行は藤原京以後においても、形をかえつつも残存していたことがすでにあきらかにされている[4]。そして、新宮営造の慣行が奈良時代においても、政治原理として機能を果たしつづけていたことも否定できない。
　このような観点から、本章においては、淳仁朝における造宮の問題を、当時の天皇権発動との関わりにおいて既成概念にひきずられることなく実態に即して把えなおし、新宮営造の政治的メカニズムを解明していきたいと考える。

一　淳仁朝の造宮計画

　淳仁朝における保良宮への移御および滞在は、天平宝字五年（七六一）から翌六年にかけての出来事である。十月甲子（十三日）における「行幸」ののち、同月己卯（二十八日）には次のように詔が発せられている。

詔曰、為改作平城宮、暫移而御近江国保良宮。是以国司史生已上供事者、幷造宮使藤原朝臣田麻呂等、加賜位階。郡司者賜物。免当国百姓及左右京・大和・々泉・山背等国今年田租。又自天平宝字五年十月十六日昧爽已前近江国雑犯死罪已下、咸悉赦除。

　以下のように詔した。「平城宮を改作するため、暫移して近江国保良宮に御す。そこで国司の史生以上の供事者と造宮使藤原朝臣田麻呂等に位階を加賜せよ。郡司には賜物せよ。当国の百姓および左右京・大和・和泉・山背国の今年の田租を免じよ。また天平宝字五年十月十六日のよあけ以前の雑犯者で死罪以下の者について、悉く赦除せよ。」

（『続日本紀』天平宝字五年十月己卯〈二十八日〉条）

『続日本紀』同日条は、この詔に続けて次のような勅をおさめている。

是日、勅曰、朕有所思、議造北京。縁時事由、蹔移遊覧、此土百姓頗労差科。仁恕之襟、何無矜愍。宜割近都両郡、永為畿県、停庸輸調。其数准京。

この日以下のように勅した。「朕は思うところがあって、議して北京を造る。時の事由によって暫移して遊覧することにした。この国の人民にたびたび負担を強いているのでぜひとも仁恕の襟を矜愍すべきである。近都の両郡を割いて永く畿県とし、数を京に准じて庸を停め調を輸すこととせよ。」

同日のうちに、右のような詔・勅が別々に発せられていることについては、いかなる事情によるものであったのか明らかではない。(5) 詔が「平城宮を改作せんが為に、暫移して近江国保良宮に御す。」と、保良宮移御の理由を明確に述べているのに対し、勅は「朕所思有りて、北京を造らむことを議る。」という異なった動機を述べている。

勅にみえる「北京」について瀧川政次郎は、唐の長安・洛陽に次いで置かれた北都太原に倣うものであると指摘した。(6) 瀧川は「我が国においては、平城が首都であって、難波・保良・由義が陪都であったことはいふまでもない。」とし、首都と複都制に基づく陪都とを予め峻別して考える応用史学的立場から、保良宮への移御は遷都とは異なるものとする。(補注)

この点について問題を複雑にしているのは、保良宮に関して史料上「遷都」の用字がみえることである。

内舎人正八位上御方広名等三人、賜姓御方宿禰。又賜大師稲一百万束、三品船親王・池田親王各十万束、正三位石川朝臣年足・文室真人浄三各四万束、二品井上内親王十万束、四品飛鳥田内親王・正三位県犬養夫人・粟田王。陽侯王各四万束。以遷都保良也。

（『続日本紀』天平宝字五年十月壬戌〈十一日〉条）

瀧川はこの記事について「正確にいへば誤りである。」とする立場をとる。ところが実態においては、これより先、正月の段階にはすでに、「保良京」において諸司史生以上に宅地を班給したことがみえ、(7) 右の記事における近臣や皇親への賜稲も、保良宮周辺に居を構えるための費用をあてがうものであったと考えられる。

保良宮への移御は、結果としては五ヵ月間の一時的な滞在におわったが、前後の政治経過を視野に入れるとそれはあくまであとからみた結果であり、その起点から一貫して陪都の造営を目的としていたと断定してしまうことはできない。現実に「遷都」の用字がみえ、また宅地班給までされている以上、まず保良宮「遷都」があった可能性を先に検討してみるべきであろう。

保良宮に先立って移御があった小治田宮についても、これに近似した事情が認められる。小治田宮への移御は天平宝字四年（七六〇）八月のことで、この行動の立場を説明した詔はそれより五ヵ月を経た、天平宝字五年正月になって初めて発せられる。

詔曰。依有大史局奏事、暫移而御小治田岡本宮。是以、大和国司史生已上、恪勤供奉者、賜爵一階。郡司者賜物、百姓者免今年之調。

（『続日本紀』天平宝字五年正月癸巳〈七日〉条）

詔は「小治田岡本宮」への移御の動機を「大史局」（陰陽寮）の奏事に依るとしているが、具体的な事情は何ら明らかにしていない。重要なことはこの詔が小治田宮への移御は「暫移」、つまり一時的滞在であることの意志表示となっていることである。この詔の四日後にはもう小治田宮を後にするわけであるから、現実に小治田宮移御は一時的な滞在にすぎないのであるが、これが「暫移」であることが示されるまで、移御の立場が明確にされないまま、そこで五ヵ月を過ごし、小治田宮において新年を迎えているのである。

小治田宮の場合には「遷都」の用字はみえないが、小治田宮への移御後まもない天平宝字四年八月には、「新京」の僧尼・神主・百官の主典以上に新銭を賜うこと、「新京」の高年の僧尼らに絁・綿を施すことなどがあり[8]、小治田宮が「新京」と称される対象となっている事実は看過しがたい。小治田宮移御についても、事業の経緯を示す史料が乏しく、はっきりしたことはよくわからない。あとから見た結果において遷都が成らなくても、その事業自体は陪都や離宮の立場を超えるものであった可能性はある。

保良宮の造営は、この小治田宮移御の前後にもまたがって進行していたようである。造営事業の起点をたどると、それは淳仁天皇受禅の翌天平宝字三年（七五九）十一月にまでさかのぼる。

遣造宮輔従五位下中臣丸連張弓、越前員外介従五位下長野連君足、造保良宮。六位已下官五人。

（『続日本紀』天平宝字三年十一月戊寅〈十六日〉条）

この段階で保良宮造営に遣された者のうち、造宮輔の中臣丸連張弓については、天平宝字五年の保良宮移御の後、造宮の功績に対する叙位者の中にその名がみえている。またこの折の叙位者の中には、天平宝字五年正月における宅地班給の際の使であった藤原朝臣田麻呂の名もみえている(9)。これらのことから、保良宮への移御は、決して突然に出来したわけではなく、造宮官人の派遣から宅地班給を経て実際の移御に至るまで、ある程度の計画性に基づいて、同一勢力によって継続・進行していたらしいことが判る。

保良宮の造営事業に関していまひとつ注目すべき点は、その造宮官司が、「使」であったことである。奈良時代における造宮官司のうち、最も中心的な存在が造宮省であることはいうまでもないが(10)、奈良時代に造営の手が入った難波宮・紫香楽宮・由義宮の造宮官司がいずれも「司」であって、平城宮内において殿舎の造営にあたっていた「造東内司」(11)などと同等の立場であるなかで、保良宮の「使」は突出した存在であるといわなければならない。

造宮官司として「使」がおかれた例として、桓武朝の造長岡宮使と平安宮造宮使があるが、保良宮の「使」がこれらと同質のものとすると、保良宮造営事業は、複都制に基づく陪都の立場を超える事業として始動した可能性を想定しなければならない。

桓武天皇時代の山背遷都事業と、淳仁帝時代の保良宮造営事業とのこのような類似は、平城宮において傍系の皇嗣として立った桓武天皇と淳仁天皇の境遇の類似に重なる。本来あくまで臨時的なものであったはずの造宮官司が、藤原宮造営の段階で「職」に准ぜられ、平城宮造営の段階で「省」に格上げされたことは、体制内における造宮事業の安定を物語るものにほかならない。

造宮事業の位置づけが臨時的なものから安定的なものへと推移したのは、この間の天皇位が同一皇統を守っていたからである。軽皇子の立太子以降、立太子というシステムが草壁系皇統継承にとってきわめて有効に機能し、中継女帝の確実な後見によって、それ以前は継承されにくかった王権の支持基盤が、この間比較的スムーズに承け継がれるようになる。皇位候補者をめぐる後見勢力相互の大規模な対立が起こりにくい状況が維持されていたのである。結果、造宮事業は体制内にくみこまれ、それまでにない安定をみるに至った。ところが淳仁や桓武のような傍系皇嗣が立った場合には、必然的に新たに勢力基盤を構築する段階が必要となり、同質の安定が得られなかったことが、臨時的造宮官司を構成させたと考えられる。

奈良時代の段階は、新宮営造が天皇の代替りごとに行われた段階から、内裏と政庁および居住区たる京域を備えた都城が恒久性を確立する、いわゆる定都の段階への移行過程に当たっている。この間に出来する新宮営造の問題は、皇位継承の問題や天皇権発動の問題と有機的に関わって発現している。

二　「臨軒」について

前節で述べたように、天平宝字年間に出来した小治田・保良両宮への移御とそれに関わる造宮事業は、一概に陪都や離宮に対するものとはいえない複雑な事情を含んでいる。この問題を、女性ながら嫡系皇嗣であることを自認する孝謙上皇（高野天皇）と、藤原仲麻呂の後見を受けて立った淳仁天皇（帝）とが拮抗していた、当時の政局の中で考えるために、いささか迂遠な方法ながら、両宮移御前後の天皇権発動の場面についての検討を試みたいと思う。

小治田・保良両宮への移御が実行に移される以前、平城宮を舞台とした淳仁天皇の天皇権発動の場面にはある特徴が認められる。それは「臨軒」のことである。奈良時代における天皇の「臨軒」は、元正朝、聖武朝、称徳朝、光仁朝にもみえているが、ここより以下述べるように淳仁天皇の場合、大極殿出御に相当する重大な政務を「臨軒」によって行うことがあった。この事実は、当時の政権の特質として看過しがたいもので、淳仁朝の新宮営造計画と関連している可能性が高い。

この「臨軒」に類似する語句には「臨朝」があり、聖武天皇の執政の場面において史料上七回確認できる(12)。この「臨軒」「臨朝」が意味するところについては、具体的には大極殿に出御することではなかったかとする橋本義則の見解があるが(13)、これがいかなる根拠によるものであるかは明らかではない。ただ、「臨朝」「臨軒」によって行われている政務に大極殿出御(14)によって行われてしかるべき事柄が含まれているのは事実である。

橋本は聖武天皇の「臨朝」に特に言及し、その具体的出御場所として、平城宮東区下層遺構である可能性を示唆している。これは、平城宮中央区に存在したいわゆる第一次大極殿院・朝堂院と、平城宮東区の大極殿院・朝堂院について、機能分担によって並列して利用されていたとする今泉隆雄の説(15)を前提としたものである。今泉の説は、中央区に儀式・饗宴の場としての、東区に政務の場としての性格を認めるものであり、これを受けて橋本は天平五年（七三三）八月の「天皇臨朝し、始めて庶政を聴す(16)」という記事をあげて、「臨朝」が平城宮東区下層の掘立柱建物への天皇出御を示すものであると推測した。

表4　『続日本紀』における「臨軒」「臨朝」の例

記事	典拠
天皇臨軒。詔曰、朕以今年九月、到美濃国不破行宮、留連数日。因覧当耆郡多度山美泉、自盥手面、皮膚如滑。亦洗痛処、無不除愈。在朕之躬、甚有其験。又就而飲浴之者、或白髪反黒、或頽髪更生、或闇目如明。自余痼疾、咸皆平愈。昔聞、後漢光武時、醴泉出、飲之者、痼疾皆愈。符瑞書曰、醴泉者美泉、可以養老、蓋水之精也。寔惟、美泉即合大瑞。朕雖庸虚、何違天貺。可大赦天下、改霊亀三年、為養老元年。天下老人年八十已上、授位一階。若至五位、不在授限。（以下賑恤など）	養老元年（七一七）十一月癸丑（十七日）条
天皇臨軒。（以下叙位）	神亀元年（七二四）二月壬子（二十二日）条
天皇臨朝。詔叙征夷将軍已下一千六百九十六人勲位。各有差。（以下叙勲・賜田）	神亀二年（七二五）閏正月丁未（二十二日）条
天皇臨軒。（以下叙位）	神亀三年（七二六）正月庚子（二十一日）条
天皇臨軒。新羅使貢調物。	神亀三年（七二六）六月辛亥（五日）条
天皇臨軒。詔曰、今秋大稔、民産豊実。思与天下共茲歓慶。宜免今年田租。	神亀三年（七二六）九月丁亥（十二日）条
天皇臨朝。始聴庶政。	天平五年（七三三）八月辛亥（十七日）条
天皇臨朝。召諸国朝集使等、中納言多治比真人県守宣勅曰、朕選卿等任為国司、奉遵条章僅有一両人。而或人以虚事求声誉、或人背公家向私業。因此、比年国内弊損、百姓困乏。理不合然。自今以後、勤恪奉法者褒賞之、懈怠無状者貶黜之。宜知斯意各自努力。	天平七年（七三五）閏十一月壬寅（二十一日）条
天皇臨朝。（以下叙位）	天平八年（七三六）正月辛丑（二十一日）条
天皇臨朝。詔授入唐副使従五位上中臣朝臣名代従四位下。故判官正六位上田口朝臣養年富、紀朝臣馬主並贈従五位下。准判官従七位下大伴宿禰首名、唐人皇甫東朝、波斯人李密翳等授位有差。	天平八年（七三六）十一月戊寅（三日）条
天皇臨朝。（以下叙位）	天平九年（七三七）二月戊午（十四日）条
天皇臨朝。（以下叙位）	天平十三年（七四一）閏三月乙卯（五日）条
帝臨軒。高麗使揚承慶等貢方物。奏曰、高麗国王大欽茂言、承聞、在於日本照臨八方聖明皇帝、登遐天宮。攀号感慕、不能黙止。是以、差輔国将軍楊承慶・帰徳将軍楊泰師等、令齎表文并常貢物入朝。詔曰、高麗国王遥聞先朝登遐天宮。不能黙止。使揚承慶等来慰。聞之感痛、永慕益深。但歳月既改、海内従吉。故不以其礼相待也。又不忘旧心、遣使来貢。勤誠之至、深有嘉尚。	天平宝字三年（七五九）正月庚午（三日）条

帝臨軒。授高麗大使楊承慶正三位、副使楊泰師従三位、判官馮方礼従五位下。録事已下十九人各有差。賜国王及大使已下禄有差。饗五位已上、及蕃客、并主典已上於朝堂。作女楽於舞台、奏内教坊踏歌於庭。客主典已上次之。事畢賜綿各有差。	天平宝字三年（七五九）正月乙酉（十八日）条
帝臨軒。渤海国使高南申等貢方物。奏曰、国王大欽茂言、為献日本朝遣唐大使特進兼秘書監藤原朝臣河清上表並恒貢物。差輔国大将軍高南申等、充使入朝。詔曰、遣唐大使藤原河清久不来帰。所鬱念也。而高麗王差南申令齎河清表文入朝。王之款誠、実有嘉焉。	天平宝字四年（七六〇）正月丁卯（五日）条
帝臨軒。文武百官主典已上依儀陪位。（以下叙位）	天平宝字五年（七六一）正月戊子（二日）条
帝臨軒。（以下叙位・任官）	天平宝字六年（七六二）正月癸未（四日）条
天皇臨軒。（隼人叙位・賜物）	神護景雲三年（七六九）十一月庚寅（二十六日）条
天皇臨軒。渤海国使青綬大夫壱万福等貢方物。復无位粟田朝臣深見本位従四位下。（以下叙位）	宝亀三年（七七二）正月甲申（三日）条

平城宮における天皇の「臨朝」は、天平九年（七三七）二月における聖武天皇による叙位の記事が最後のものである。聖武朝においてはこのほかに、恭仁宮における天皇の「臨朝」がある。[17]恭仁宮の大極殿はすでに天平十三年（七四一）正月の段階での出御が最も早いものとしてみえているが、[18]翌十四年の元旦朝賀儀において、「大極殿成らざるが為、権に四阿殿を造りて此に於いて朝を受く。」とみえているので、天平十三年にみえる「大極殿」は記述の際に他施設を誤ったものと考えられる。[19]つまり、天平十三年閏三月の「臨朝」の時点では、大極殿は未完成であった可能性が高く、この点に注目すると、「臨朝」は、執り行われる政務は大極殿出御において行われてしかるべき事柄でありながら、大極殿出御そのものではないと考えなければならない。

次に「臨軒」についてだが、これもまた大極殿出御そのものではないようである。『康熙字典』が「軒」に註するところによれば、「天子不御正座而御平台、曰臨軒。[20]」とのことで、「臨軒」とは天子の非公式の出御形態をいうものであったらしい。ところが、奈良時代にみえる「臨軒」を天子の正座以外への出御の意味に解しようとすると、大極殿出御に相当する場面に際してそれと同様に用いられているという点が不可解である。これはいかなる事情によるものかということについて、淳仁朝の政治情勢をみながら具体的に考えてみることにしたい。

淳仁朝の「臨軒」記事は、淳仁天皇が天平宝字二年（七五八）八月甲子（一日）に受禅即位してより、仲麻呂の乱後、孝謙上皇によって廃されるまでの間、都合五回みえている。[21]その間それらは例外なく「帝臨軒」の形でみえている。『続日本紀』の廃帝（淳仁）紀においては、孝謙上皇を「高野天皇」、淳仁天皇を「帝」と称しているので、「帝臨軒」は淳仁天皇単独の政治行動であったことが明らかである。いっぽうで大極殿出御については、淳仁朝において四回が史料上にみえている。天平宝字二年八月の大極殿出御は、孝謙天皇から淳仁天皇への受禅の際のもので、両者同伴出御であるが、それ以外の三回の大極殿出御は、元旦朝賀儀の記事としてみえている。

天皇の大極殿出御は『続日本紀』の記述の上では「天皇御大極殿」と記す場合と「御大極殿」とのみ記す場合とがあるが、淳仁朝の記事ではすべてが「御大極殿」となっている。ここにおける大極殿出御の主体者が誰であるかについては即断を許さない問題で、この当時の孝謙上皇の政権行使の動向を視野に入れると、淳仁天皇ではなく孝謙上皇である可能性もしくは同伴出御である可能性を否定できない。

淳仁天皇と孝謙上皇との不和が表面化したのは、天平宝字六年（七六二）の保良宮滞在中のことで、五月辛丑（二十三日）に平城宮に還宮、六月庚戌（三日）孝謙上皇は詔を下して淳仁天皇の天皇権制限を宣言するに至る。ところが、ここに至る以前においても、孝謙上皇が主体となって勅を下したことや、孝謙・淳仁同伴での叙位があり、孝謙上皇は積極的に天皇権を発動していたという事実が認められる。

それに対し、淳仁天皇単独によることが明らかな政治行為は、先の「帝臨軒」によるもの以外には、「帝御内安殿」して亡父舎人親王に皇帝を追尊するなどの旨を詔したこと、[22]「帝御閤門」して五位以上及び蕃客、文武百官の主典以上を宴したことがみえるのみであるので、「帝」の行動である明証のない廃帝（淳仁）紀の「御大極殿」は、淳仁単独の出御ではないと考えられる。[23]

「帝臨軒」のうち最も注目すべきものは次にあげる天平宝字五年（七六一）正月戊子（二日）条である。

帝臨軒、文武百官主典已上、依儀陪位。

（『続日本紀』天平宝字五年正月戊子〈二日〉条）

この記事は、小治田宮において新年を迎えた時のものである。この前日である天平宝字五年元日には、恒例の元旦朝賀儀が行われるべきところを「新宮未だ就らざるを以て」廃されており、淳仁天皇が出御するべき正座が、この小治田宮においてはまだ成立していなかったことが明らかである。ところが、二日には右にあげたように文武百官主典以上が「儀によりて位に陪」ったのであり、淳仁天皇が正座に即いていないにもかかわらず、正座に出御した場合になぞらえた政務が執られている。正月二日に天皇の大極殿出御によって行われる行事は、何らかの事由によって延引された元旦朝賀儀の例をみるのみであるので、この場合もやはり元旦朝賀儀であったと考えられ、正式の殿舎が未完成のまま、朝賀儀を執るに足る場を仮設して二日に延引して挙行したものとみられる。

この例と同様、平城宮以外での「帝臨軒」がもう一例存在している。天平宝字六年の保良宮における臨軒である。[24]この年の元旦朝賀儀もまた、「宮室未だ成らざるを以て」廃されており、この場合もまた淳仁天皇の出御するべき正座は存在していなかったことが明らかである。

今みたような平城宮以外における二例の「臨軒」記事から考えて、「臨軒」の意味するところは大極殿出御そのものではありえない。が、なおかつ大極殿出御になぞらえる場面において用いられる形態であるということもまた確かなことである。

殿舎の整わない小治田宮・保良宮滞在中に「臨軒」するのはやむを得ないこととしても、平城宮における淳仁天皇単独の天皇権行使が「臨軒」によるのはなぜだろうか。ここで、淳仁朝と同様に「臨軒」の例がしばしばみえる聖武朝の場合と比較して検討してみたい。

聖武朝の「臨軒」は天皇在位期間のうち、前半の一時期に集中しているのが特徴で、この点、その在位期間中のほぼすべてにわたって「臨軒」がみえる淳仁朝の場合とは異なっている。聖武朝の「臨軒」は、神亀元年（七二四）の受禅後すぐから神亀三年（七二六）九月までの間に都合五回が史料上確認できる。(25)

神亀元年の受禅即位においては、元正天皇とともに大極殿に出御しているわけであるから、すでに平城宮内に大極殿が存在しているということは間違いないのであるが、重要なことは「臨軒」記事のみえる神亀元年二月から神亀三年九月までの間、大極殿出御による天皇権の行使がなされた形跡がない、ということである。

このことが史料残存上の偶然ではないとすると、聖武朝においては受禅即位に際する先の天皇との大極殿同伴出御ののち、三年程の間、すでに大極殿と呼称される殿舎が存在しているにもかかわらず、大極殿への出御はせず、それをあえて「臨軒」にかえていたことになる。このことは「帝臨軒」と「御大極殿」が交錯してみえる淳仁朝の場合と異なる第二の特徴ということができる。このような聖武朝の「臨軒」は神亀四年（七二七）の元旦朝賀儀における大極殿出御を機に完全に終了し、再びみえることはない。神亀四年の元旦朝賀儀は聖武天皇単独によるはじめての天皇正座への出御で、独立した天皇権を行使するにあたってこれが一つの画期となっていると考えられる。そしてこれによって終了する聖武天皇の「臨軒」期間は、天皇正座における独立した天皇権発動が認められる以前の準備期間と位置づけることができる。

比較の条件が整ったところで話を淳仁天皇の「臨軒」にもどしたい。聖武天皇の「臨軒」期間が、天皇正座への単独出御による天皇権行使に先立つ準備に費されていたと考えられるのに対して、その在位中「臨軒」状態が継続する淳仁天皇は、ついに天皇権単独行使のための要件をクリアできず、正座への出御が果たせなかったものとみるべきであろう。その天皇権行使のための要件とは、次節で詳述する正宮の新営であったと私は考える。淳仁天皇が平城宮において、天皇権の主体者となれなかったという状況が、新宮営造計画を出来せしめ、その計画が頓挫したため、遂に天皇権を確立できないまま「廃帝」に至ったという流れをとっているのである。

三　宮の新営と廃棄をめぐる問題

天皇の代替りごとに新宮を営むという習慣を一般に歴代遷宮と称している。歴代遷宮については数多くの研究があり、今ここでそれらをまとめることはしないが、都城制の採用によってその習慣は捨て去られたものとみるのが大方の見解であるといえる。そのなかにあって少数ながら、本格的都城成立以後においても、その慣行は簡単には失われることはなかったとみる立場がある。(26)なかでも瀧浪貞子は宮内遷宮や同一空間内での御在所の建替え（いわゆる「動かざる遷都」）などに形を変えつつも歴代遷宮の慣行が残存していた様相を具体的に明らかにした。

このうち、平城宮については、発掘調査の進展によって、第二次大極殿院・朝堂院の営まれた平城宮東区にはそのさらに下層に掘立柱建物による大極殿院・朝堂院相当の施設があったことなどが明らかになったこともあり、東区北のいわゆる内裏地区が天皇の内裏として固定していたという説も提案されている。(27)平城宮の段階で宮内遷宮を恒例としていたとみるのはもはやむずかしいとしても、平城宮はその宮城内殿舎の恒久性という点については、平安宮においてそれらが確立する以前の過渡的段階にあったと考えるべきで、そのなかでも最も保守的な性格をもつはずの天皇の内裏のみが、遷宮の習慣を脱却して、完全に空間を固定し得ていたとは考えがたい。

孝謙朝の東常宮、光仁朝の楊梅宮、桓武朝の勅旨宮などは、事実上天皇の正宮として機能していたことがあるのであるから、内裏空間の実質継承期間はさらに限定されるのであり、その恒久性を過大に評価することには慎重になるべきである。そして何よりも、山背遷都という宮外遷宮によって平城宮が棄て去られたという歴史的事実に注視すると、平城宮の段階は宮は代替りごとに新営すべきものとする旧来の考え方と、継承すべきものとする新たな考え方とが拮抗する思想史上の転換期にあったと位置づけられる。

大変な経費捻出を強いる歴代遷宮の慣行は、現代の価値観において理解し難いものであるために、それらを無意味な因習であると考えがちであるが、それらは何らかの理念によって引き起こされ、また現実に当時の政治行動に影響を与えていた。それがどのような理念であったかということこそをあきらかにすべきなのである。前節で考察した「臨軒」の問題は、天皇権を完全に獲得するに先立って[28]、現代人とは異なる古代人のコモンセンスに基づいた行動原理が働いていたことを示している。

内裏の新営と天皇権の獲得とが有機的な関わりをもっていたことを考究するにあたって、天皇の御在所を対象として行われた大殿祭の祭儀は有益な手がかりである。大殿祭の儀は、大嘗祭、神今食、新嘗祭、皇居の遷移、行幸のほか、斎宮卜定や立后の際にも執り行われることが知られている。その具体的祭儀は、『貞観儀式』巻一の記載によれば、玉を殿の四角に懸け、米・酒・切木綿を殿内の四角に散らし、中臣が殿南に侍し、忌部が巽の方角に向かって微声にて祝詞を申すというものであった[29]。

『延喜式』にみえる大殿祭詞には、皇御孫命を高御座に坐せて神璽の鏡剱を奉ることや、忌部が木を切り出し忌鉏にて忌柱を立て皇御孫命の御殿を建てるといった内容が含まれている。このことから岡田荘司は「この祝詞は新帝即位における宮殿新造の寿詞として成立したものが原型であろう。[30]」と指摘している。

天皇の内裏新造に際して、新たな天皇権成立を祝う祭儀が行われていたことは、天皇代替りごとの新宮営造が、天皇権獲得の要件として機能していたことを明らかに示している。新天皇が天皇として認められるために、新宮営造が必要であったのであり、新宮完成の後、大殿祭のような神祭をして天皇権を獲得し、正座について統治権を知らしめるというプロセスをとっていたのである。したがって新宮完成以前というのは、天皇権の所在が確定しない不安定な政治段階にあって、支持勢力のバックアップを受けつつ造営事業が展開していたと考えなければならない。

大殿祭が具体的にどの殿舎を対象として行われるものであったかという問題は、天皇代替りを契機とする新宮造営の慣行のなかで、どのような殿舎の新営が天皇権獲得の指標となっていたかという問題に通じている。大殿祭に関する史料を通覧すると、祭の対象となる殿舎は概ね天皇の日常の御在所（正殿）とその付帯施設であるということができる。『延喜式』の段階では、天皇の御在所について殿舎を特定せず、「御殿」とし、付帯施設に相当するものとして、「湯殿」「厠殿」「御厨子所」「紫宸殿」「御炊殿」がみえている。『延喜式』が天皇正殿を特定しないのは、天皇代替りによって正殿が変動していくのを、経験していたためと考えられる。『貞観儀式』の段階では「仁寿殿」がこれに相当し、『江家次第』の段階では「清涼殿」に変化している。

問題は、これに先立つ奈良時代の段階では、具体的にどのような殿舎を対象として祭儀が執り行われていたかということである。平城宮内において、大殿祭が行われたことがあったことについては、大殿祭料の酒五升のことを記した木簡の存在によって知ることができる。[31]この木簡は、平城宮内造酒司推定地付近で出土したもので、対象とする殿舎についての情報は残念ながら全く含まれていない。この他には今のところ史料がないので、具体的な結論は留保せざるを得ない。

ただ、天皇の内裏の建物がかたくななまでに掘立柱形式を踏襲しつづけるという事実から、天皇権を象徴する何らかの思想的要素は掘立柱建物に含まれていたという可能性が高い。大殿祭祝詞（卜部兼永自筆本）中にも「掘堅留多柱」のことがみえている。以下にみるごとく「宮柱」なる建材こそ、天皇の宮そのものを象徴するものであったらしい。

宮柱のことは、古代の祝詞や宣命のうちに「宮柱太敷きませば」の常套句で頻繁にあらわれる。「敷」は『万葉集』の用例では、「京」「国」「大殿」などを受ける、設営するという意味の動詞であると同時に、天皇（皇子）自身を主語として「統治する」「君臨する」といった意味で用いられている。

日並皇子尊殯宮之時、柿本朝臣人麻呂作歌一首并短歌

天地の初めの時のひさかたの天の河原に八百万千万神の神集ひ集ひいまして神はかりはかりし時に天照らす日女の命天をば知らしめすと葦原の瑞穂の国を天地の寄り合ひの極み知らしめす神の尊と天雲の八重かき分けて神下しいませまつりし高照らす日の皇子は飛ぶ鳥の清御原の宮に神ながら太敷きまして天皇の敷きます国と天の原石門を開き神上り上りいましぬ我が大君皇子の尊の天の下知らしめしせば春花の貴からむと望月のたたはしけむと天の下四方の人の大船の思ひ頼みて天つ水仰ぎて待つにいかさまに思ほしめせかつれもなき真弓の岡に宮柱太敷きいましみあらかを高知りまして朝言に御言問はさず日月のまねくなりぬれそこ故に皇子の宮人行くへ知らずも

（『万葉集』巻第二、一六七）

右の用例において明らかなように、「宮柱」じたいが「太敷き（い）ます」に対応する位置にあり、天皇（皇子）に互換する概念と認識されている。宮の殿舎を設けることが、統治するということを示し、りっぱな宮柱を建てることが、それをもっとも象徴する行為とされていたということが看て取れる。

内裏について掘立柱形式が踏襲されつづけたことの思想的な背景には、大陸風の礎石建形式を外来文化もしくは仏

教文化として忌避するということがあったと思われるが、そのことにも増して、礎石建物の耐久性じたいが、本質的に新宮によって新天皇の誕生を示すという天皇の宮になじまないものであったということができる。

天皇正座が設けられる大極殿は、奈良時代の段階では、天皇権の発動のために欠くことができないものであるが、この大極殿を天皇正殿の構成要素とみるか否かはさらに一考を要する。藤原宮の段階で、大極殿をはじめとする宮城内殿舎に礎石建瓦葺の形式が採用されたことは、画期的な出来事であった。ところが大極殿は内裏前殿から発達したものであるために、[32]耐久性が高く経費もかかる礎石建瓦葺の採用は思わぬ事態をまねくことになった。大極殿を正殿の要素と見做せば、天皇代替りに際して大がかりな造営を強いられることになるのである。このことは否応なしに内庭空間と外庭空間の分断を方向づけることとなった。

桓武朝以降、内裏以外の宮城内殿舎の恒久性が確立に向かったことは、内庭空間と外庭空間の完全分離に成功したことによっている。中国的都城理念の採用という外発的動機によって宮城空間は大規模化したが、それは新宮の対象となる正殿を内裏空間内にとどめたことで実現し得たということができるのである。

本章で主題としている淳仁朝の造宮計画の動機は、まさに今述べたような思想に基づくものであった。すなわち、淳仁は受禅即位によって「帝」となったが、傍系皇嗣であったために、独立した天皇権を発動するためには、孝謙（高野天皇）の天皇権発動のための施設を廃し、自らの新宮を営造することが不可欠の課題となったのである。

一連の新宮営造計画――それは遷都計画そのものであったのだが――に失敗したことで、淳仁天皇とその後見勢力による天皇権獲得の目論見は瓦解する。孝謙上皇は、平城宮還宮後、五位以上の官人を朝堂に喚集し、淳仁天皇を非難する旨の詔を下し、淳仁天皇の天皇権を否定するに及んだ。[33]

天平宝字八年（七六四）、恵美押勝こと藤原仲麻呂が官軍に敗れると、平城宮中宮院にあった淳仁は、帝位を退けられ、親王として淡路に流され、「廃帝」となった。[34]退位後の淳仁には太上天皇に認められるような政治権は一切なく、一院に幽閉されたその立場は、まさに「廃帝」としか称しようのないものであった。

日本史上「廃帝」と呼ばれる人物が、淳仁ののちにあと一人だけ存在している。承久の乱後七十七日にして鎌倉幕府によって廃された、仲恭天皇である。淳仁の先例を受けて「後廃帝」などと称された。仲恭天皇は、承久三年（一二二一）四月、父順徳天皇の退位にともなって受禅し、[35]承久の乱において討幕軍が敗れるに及んで、九条道家邸にのがれるをもって帝位を退いた。[36]すでに受禅による即位のシステム化が進み、神器渡御による践祚を行うことで、移譲が示され、しかるのちに即位儀を行うという二段階式が通例となっていたため、仲恭天皇の承久三年四月時点での受禅は、具体的には践祚のことである。

先の「廃帝」淳仁の段階における受禅はこれとは異なり、孝謙天皇と同伴して大極殿に出御した上、即位宣命を発行する受禅即位である。この点は大きな違いであるといえるが、その後の単独出御の実現が、天皇権が完成する第二段階に相当すると考えられるので、淳仁の場合は、新宮営造後の単独出御が成し遂げられなかったということが、践祚のみで即位儀に至らなかった仲恭の場合と同値であったということができる。

古代から近現代に至る天皇権獲得の条件が、具体的にどのような変遷をたどっていったのかについて、今ここで詳論する用意はないが、いわゆる歴代遷宮の慣行が行われていた当時には、即位前にクリアされなければならなかった天皇権獲得のためのプロセスが、受禅即位の恒常化によって、践祚後の段階にずれこんだと考えられる。

新宮営造と天皇権獲得との関連があきらかとなったところで、宮の廃棄の問題について是非とも触れておかなければならない。宮城殿舎の寺院への施入がしばしば行われていることはよく知られるところである。例えば、平城宮大極殿の移建になる恭仁宮大極殿は、事実上の平城還都の翌年、天平十八年（七四六）九月に山背国分寺として施入された。[37]この後、聖武天皇は、正座に出御して天皇権を発動するということをせず、孝謙天皇受禅即位までの間に四年連続で元旦朝賀儀が廃されている。新宮の造営が新天皇の誕生を認知せしむるということの裏返しとして、宮の殿舎の解体、特に寺院への施入が、政権発動のための舞台装置の効力を失わせるという効果をもっていたと考えられる事例がある。

奈良唐招提寺に現存する講堂は、平城宮東区上層の東朝集殿を前身建物とすることが、すでに確認されている。[38]その施入の時期は、天平宝字元年（七五七）における新田部親王旧宅の施入以降、[39]天平宝字七年（七六三）の鑑真入寂以前と考えられ、[40]淳仁朝において、造宮事業が展開していた時期にほぼ重なると考えてよい。平城宮において、天皇権発動のための正座が確保されなかったという事情から、淳仁天皇の新宮営造が企図されたわけであるから、平城宮東区上層東朝集殿の寺院への施入は、淳仁天皇に対抗する孝謙上皇の天皇権発動を不全たらしめるための殿舎の廃棄にほかならない。天平宝字五年（七六一）十月十六日の詔にみえる「平城宮改作」は、その実態においては、平城宮における新宮営造ではなく、宮城殿舎の解体であったと考えざるを得ない。

以上、宮城殿舎の廃棄ということもまた、宮の新営と同様に、新たな天皇権の獲得や、既成皇統の否定と密接な関連をもって行われていたという事実が確認され、宮を新営し保持していくことが、権力の獲得とその効力の継続を衆目に認知せしむる要件であったことが解明された。

四　宮の新営による天皇権獲得の原理—むすびにかえて—

藤原宮から平城宮の段階において、造宮事業そのものが臨時的なものから恒常的なものへと変化していったことについては、先にも触れた通りである。新宮営造によって天皇権が獲得されるという原理は、古代に生きた人びとのコモンセンスを背景として成り立っている。したがって藤原京において都城制が採用された段階で直ちに消え去ったわけではない。淳仁天皇や桓武天皇のような、草壁系皇統からみて傍系とみなされる天皇の出現によって、再び強く切実に認識されることになる。平城宮じたいが草壁系皇統を正統とする皇位継承理念を前提として存立していたということと、宮城空間の継承が、草壁系皇統に依拠しつつ天皇（上皇）による次期天皇（新天皇）の後見体制が確保されていたことに拠っていたことから、その基盤を持たない者が天皇として立とうとする時、彼らは切実に造宮事業へと突き動かされるのである。

ここであらためて淳仁朝の造宮計画をまとめると、それは以下のとおりである。

淳仁天皇は孝謙天皇から禅を受けた後も、天皇権の自立あるいは独占には至らず、天皇の正座である大極殿に出御すべき場面においては、これを「臨軒」にかえて政を行っていた。草壁系皇統嫡系を自認する孝謙上皇にくらべて、舎人親王の子であった淳仁天皇側の劣性はその政治舞台を平城宮とする限り克服しがたいものであった。淳仁朝における小治田宮、保良宮の一連の事業は、このような事情から出来した遷都計画にほかならない。その時期を考えると、天平宝字四年（七六〇）六月に光明皇太后が亡くなったことを直接の起動因としていると考えられる。この計画は、孝謙上皇と淳仁天皇の権力が拮抗する情勢のなかにあり、大后権を以て両者をつなぐ光明子の死によって猶予のならないこととして具体化に至ったと考えられる。また時期を同じくして行われた平城宮東区上層東朝集殿の唐招提寺への施入については、宮城殿舎の寺院への施入が、しばしば政治的効力の喪失を認知させるという意味合いを含むことから、平城宮における孝謙上皇の政治舞台にダメージを与えるという目的に立つものであったとみるべきであろう。

さて、本章における最後の問題点として、保良宮「遷都」に先立って行われた小治田宮滞在の動機について、新たに得た知見をもとに考えたい。小治田宮滞在は、天平宝字四年八月の行幸以降、翌五年正月に至る五ヵ月間のことである。その間、小治田宮への「暫移」の事情を説明する正式の詔が下されたのは、車駕が平城に還宮するわずかに四日前のことで、それに至るまでの間、公式には何も位置づけが与えられない。

その間には、小治田宮において天平宝字五年の新年を迎えている。元旦朝賀儀は即位式と同質のきわめて重要な君臣関係の確認儀礼であり、事由によって廃朝する場合においても、新年は正宮で迎えるべきものである。紫香楽宮の例でいうと、新年をそこで迎え、緊急のことながらもそこに大楯・大槍を樹てて、少なくともその時点、その地に都したことを示している(41)。

小治田宮への行幸もその起点においては「暫移」以上の意図を含んでいた。論じ残したことは、小治田宮についても保良宮の場合と同様に、淳仁天皇の正宮を営もうとして失敗におわったのか、あるいは保良宮進出に先立つ一つの足がかりとしてのものであるのか、という点である。

平城宮にとどまることは草壁嫡系を自認する孝謙上皇を優位づけ、淳仁天皇の立場を劣位に置くものであったのだから、淳仁天皇の側に立てば、草壁系皇統を形づくってきた藤原京と平城京とが否定の対象となっていたということがいえる。小治田宮という選択には、新たな天皇権確立の前提として、政治舞台を草壁系皇統形成以前の段階にさしもどすという意図があったのではないかと推測する。

ここで新皇統創生をめざした当時の淳仁天皇の立場に共通する事例として、天智天皇の即位前の例をあげて考えてみたい。即位前の天智天皇、すなわち中大兄皇子はすでに大化元年（六四五）の時点で皇位継承候補者と目されながら、その後じつに二十二年もの間その地位にとどまっている。河内祥輔が指摘しているように、この期間は新たな直系皇統を創造するための合意形成のために費されていたものと考えられる(42)。中大兄皇子は、近江大津宮遷都後、天智七年（六六八）の正月に至ってようやく即位するが、(43)それ以前の称制期間において五年もの間、飛鳥岡本宮にあって政務を執っていたらしい。(44)すなわち、中大兄皇子はその権力基盤を固める過程において、父である舒明天皇と母である斉明天皇の正宮が営まれた空間を踏襲するという段階を踏むのである。

この中大兄の例を参考にして考えると、淳仁朝の小治田宮についてもまた、傍系である立場を克服するために、政治舞台を草壁系皇統形成以前の段階にさしもどしたと理解しうるであろう。

次に皇統創生のために新宮営造事業を引き起こした同様の例として、桓武天皇の新都造営のことに触れておかねばならない。桓武天皇の父である光仁天皇の皇位継承には、聖武天皇皇女である井上内親王を妻としていたということが作用しており、即位当初においては草壁系皇統に連なるものと認識されていたが、井上内親王所生の他戸親王の廃太子によって、高野新笠所生の山部親王（桓武）がはからずも立太子に及んだ。天応元年（七八一）四月受禅即位に至った桓武天皇の立場は、(45)平城宮において正統とされている草壁系皇統のなかにあっては劣位といわざるを得ないものであって、政治基盤の構築にあたっては淳仁天皇と同様の問題を抱えていたと考えられる。

桓武天皇の遷都事業は、結果として見事な成功をおさめ、長岡京を経て平安京において、それまでの宮都に例のない恒久性を確立することになる。しかしながら、桓武天皇の遷都事業もその起点においては淳仁朝と同質の政局の不安定さのなかにあり、両者の相違は、結果として（後代から見て）その計画が成功したか否か、という点のみに集約されるのである。長岡京遷都においては、事業の立場を説明する正式の詔が下されたのは延暦三年（七八四）の桓武天皇移幸の三年後のことであった。(46)遷都事業についての正式の詔を事業の起動時において下さず、その成否をみとどけてから意向を表明するといったやり方は、天皇権が確立していない不安定な政権の常套的な手段であったとみるべきであろう。

『続日本紀』など国史上の記述は、本質的に編纂時の政権が、過去を自分たちの掌中に収まるように評価するものである。さほど複雑なバイアスがかかっているとは思わないが、新天皇の権力獲得を賭けた遷都事業の起動時期の情勢は、とりわけ読み取りにくい。また現代人の目からみると、正都についての事業と陪都についての事業は、一元的な権力体の意思決定に基づいて、明確な区別のもとに、計画され実行されるものと思いがちであるが、本章でみたごとく、これは当時の実態とは異なる。国史の記述するところに従って正都か陪都かをあらかじめ峻別してから検討を加えていく作業は、あまり意味のあることではない。

新宮の営造が天皇権の正当性じたいに関わっていた以上、造宮事業は政権構築事業そのものであって、天皇権が確立していることを前提とした事業ではない可能性を少なからず含んでいた。ともあれ、宮都の新営によって天皇権が獲得されるという原理は、少なくとも桓武朝に至るまでは確実に生きつづけており、その時代に生きた人びとの政治行動の選択に重大な影響を及ぼしていたことを否定することはできない。

註

(1) 瀧川政次郎『京制並に都城制の研究』(法制史論叢第二冊、角川書店、一九六七年)。
(2) 『日本書紀』天武十二年十二月庚午(十七日)条。
(3) 仁藤敦史「複都制と難波京」(『歴博』五三、一九九二年、のち同『古代王権と都城』吉川弘文館、一九九八年に大幅な加筆改稿のうえ再録)。
(4) 瀧浪貞子「歴代遷宮論―藤原京以後における―」(『史窓』三六、一九七九年、同『日本古代宮廷社会の研究』思文閣出版、一九九一年に再録)。
(5) 河合ミツは、本条の詔と勅との並立について、二つの機能を明確に区別する藤原仲麻呂の方針によるものとしているが、従いがたい(河合ミツ「天平宝字五年十月己卯条の詔と勅」『続日本紀研究』一九三、一九七七年)。
(6) 瀧川政次郎「保良京考」(『史学雑誌』六四―四、一九五五年、前掲註(1)に再録)。以下、保良宮に関する瀧川の見解はこの論文に拠る。
（7）『続日本紀』天平宝字五年正月丁未（二十一日）条。
（8）『続日本紀』天平宝字四年八月己卯（二十二日）条。癸未（二十六日）条。
（9）『続日本紀』天平宝字五年十月己卯（二十八日）条。
（10）造宮官司については、井上薫「造宮省と造宮司」（大阪大学南北校『研究集録』四、一九五六年、のち同『日本古代の政治と宗教』吉川弘文館、一九六一年に再録）。岩本次郎「平城京の造営経過について―特に官司機構を中心として―」（『大和文化研究』八―一、一九六三年）。亀田隆之「造宮省」（『日本古代制度史論』吉川弘文館、一九八〇年）。加藤（瀧浪）貞子「造宮職と造宮役夫」（『歴史公論』二―一〇、一九七六年、のち同『日本古代宮廷社会の研究』に再録）。今泉隆雄「八世紀造宮官司考」（奈良国立文化財研究所創立三十周年記念論文集刊行会編『文化財論叢』同朋舎出版、一九八三年、のち同『古代宮都の研究』吉川弘文館、一九九三年に再録）などがある。
（11）奈良国立文化財研究所『平城宮木簡』三（奈良国立文化財研究所史料一七、一九八一年）、三〇〇六号。
（12）『続日本紀』神亀二年正月丁未（二十二日）条（詔・叙勲）。同天平五年八月辛亥（十七日）条（庶政を聴す）。同天平七年閏十一月壬寅（二十一日）条（諸国朝集使に勅宣）。同天平八年正月辛丑（二十一日）条（叙位）。同天平八年十一月戊寅（三日）条（詔・叙位）。同天平十三年閏三月乙卯（五日）条（叙位）。
（13）橋本義則「奈良時代における歴代天皇の御在所の歴史的変遷」（奈良国立文化財研究所『平城宮発掘調査報告XIII　内裏の調査II』一九九一年、のち同『古代宮都の内裏構造』吉川弘文館、二〇一一年に再録）。
（14）平城宮における大極殿出御による政務の内容については、今泉隆雄が整理を行なっている（今泉「平城宮大極殿朝堂考」関晃教授還暦記念会編『関晃先生還暦記念　日本古代史研究』吉川弘文館、一九八〇年・今泉隆雄前掲註(10)、のち同『古代宮都の研究』に再録）。
（15）今泉隆雄前掲註(14)論文。同「再び平城宮の大極殿・朝堂について」（関晃先生古稀記念会編『律令国家の構造』吉川弘文館、一九八九年）、今泉隆雄前掲註(10)。
（16）『続日本紀』天平五年八月辛亥（十七日）条。
（17）『続日本紀』天平十三年閏三月乙卯（五日）条。

(18)『続日本紀』天平十三年正月戊戌(十六日)条。
(19)橋本義則は、これが「大安殿」である可能性を指摘している(同前掲註(13)論文)。
(20)『康熙字典』酉集下、車字部、「軒」。
(21)『続日本紀』天平宝字三年正月庚午(三日)条(渤海使朝貢・詔)。同天平宝字三年正月乙酉(十八日)条(渤海使に叙位)。同天平宝字四年正月丁卯(五日)条(渤海使朝貢・詔)。同天平宝字五年正月戊子(二日)条(叙位)。同天平宝字六年正月癸未(四日)条(叙位・任官)。
(22)『続日本紀』天平宝字三年六月庚戌(十六日)条。
(23)『続日本紀』天平宝字七年正月庚申(十七日)条。
(24)『続日本紀』天平宝字六年正月癸未(四日)条。
(25)『続日本紀』神亀元年二月壬子(二十二日)条(叙位)。同神亀三年正月庚子(二十一日)条(叙位)。同神亀三年六月辛亥(五日)条(新羅使朝貢)。同神亀三年九月丁亥(十二日)条(詔)。
(26)村井康彦『王朝貴族』(日本の歴史八、小学館、一九七四年)。八木充『古代日本の都—歴代遷都の謎—』(講談社現代新書、一九七四年)。瀧浪貞子前掲註(4)。
(27)橋本義則前掲註(13)。
(28)天皇権を獲得し、それを認知せしむるという段階は、本来新天皇が立つ際にクリアされるべきものであったが、都城制と相前後して導入された立太子制とそれによる受禅即位は、自ら新たに勢力基盤を構築するまでもなく、天皇位に即くことを可能とした。ところが、それによって得られた天皇位は、それだけでは単独で天皇権を発動するだけの根拠に乏しく、天皇権獲得・認知の段階は受禅後の課題として残されることになった。ここでいう天皇権獲得をより厳密にいえば、天皇権を発動する前提としての天皇性をその身に帯びることであって、折口信夫のいうところの天皇霊の受身とほぼ同様の意義である(折口信夫「大嘗祭の本義」『古代研究』民俗学篇二、一九二八年、のち『折口信夫全集　三　古代研究〈民俗学編二〉』中央公論新社、一九七五年)。但しここで、折口の天皇霊についての見解すべてに賛同するわけではない。
(29)『古語拾遺』の記すところでは、大殿祭は御門祭とともに、もともと忌部の専当するところであったが、しだいに中臣・忌部両氏によって執り行なわれるようになり、宝亀年中には、忌部氏が中臣氏に率いられて奉仕する形に改められたとする。

なお、大殿祭については、岡田荘司「大殿祭と忌部氏」(『神道宗教』一〇〇、一九八〇年)参照。
(30)岡田荘司前掲註(29)。
(31)奈良国立文化財研究所『平城宮木簡』二(奈良国立文化財研究所史料八、一九七五年)、二三四一号。
(32)直木孝次郎「大極殿の起源についての一考察—前期難波宮をめぐって—」(『飛鳥奈良時代の研究』塙書房、一九七五年)。
(33)『続日本紀』天平宝字六年六月庚戌(三日)条。
(34)『続日本紀』天平宝字八年十月壬申(九日)条。
(35)『百練抄』承久三年四月二十日条。
(36)『百練抄』承久三年七月八日条。
(37)『続日本紀』天平十八年九月戊寅(二十九日)条。
(38)奈良県教育委員会『国宝唐招提寺講堂他二棟修理工事報告書』(一九七二年)。
(39)『東大寺要録』。
(40)『唐大和上東征伝』。
(41)『続日本紀』天平十七年正月己未(一日)条。
(42)河内祥輔『古代政治史における天皇制の論理』(吉川弘文館、一九八六年)。
(43)『日本書紀』天智七年正月戊子(三日)条。
(44)『扶桑略記』天智六年正月条。『帝王編年記』天智天皇即位前紀。
(45)『続日本紀』天応元年四月辛卯(三日)条。
(46)『続日本紀』延暦六年十月丁亥(八日)条。
(補注)瀧川は、整然とした法体系に支えられた日本古代において、唯一の首都が存在したことを主張する目的で論理を構築しているために、それに合致していない史料を「誤り」であると述べている。瀧川が職務に忠実であったことをここで批判するつもりはない。しかしまた、現在に至る日本史学がこれを克服してこなかったので、少しだけ反論しておく。当該の記事が「以遷都保良也」としているのを「正確にいへば誤りである」とする主張は、誰が何をどう間違えたと推測したのか理解しがたい。むしろ遷都が不首尾に終り、その中心人物が失脚したために、その後新たな政権によって編纂された史書から遷都詔などが省かれ、実態がわかりにくくなっているのではないか、という推測も成り立つし蓋然性がある。ともあれ、瀧川の根拠を示さない断定も私の推測もいずれも推測にすぎないので、ここではこれ以上は述べない。

（初出「淳仁朝の造宮計画—宮の新営と天皇権獲得の原理—」『史窓』第五三号、一九九六年を修訂）

第七章　郊野の思想

——長岡京域の周縁をめぐって——

はじめに

長い日本の歴史のなかで、都城が京都盆地のうちに引越したことが、重要事件であることはいうまでもない。山背への遷都は政治・文化・経済などのあらゆる側面から、この地域に絶大な影響を与え、秩序を構築した。以来、京都の歴史といえば都の歴史であり、町の歴史として把えられることが、長らくの習慣であったといえる。

このようななかで、都の郊外地の歴史は、個別的には取り上げられるものの、絶えず都の周縁にあって、その影響をうけつつ推移してきたことの意味は、いまだ充分には検討されていないように思う。そこで本章では、都を山背の地に迎えたことで一つの画期となる長岡京に特にスポットをあて、都城周辺の立場や機能を考えたい。また、長岡京郊から平安京郊への推移という視点を導入し、都城をとりまく周縁地の総体的な構造を明らかにし、ひいては当時の人びとの空間認識や境界意識に言及していきたい。

一　長岡「京下」の問題

1 「京下」の示す意味

長岡京に都があった延暦十一年（七九二）の八月四日、次のような禁令が出された。

禁葬埋山城国紀伊郡深草山西面、縁近京城也。(1)

山城国紀伊郡深草山の西面に埋葬することを禁じる。京城に近いためである。

（『類聚国史』巻七十九、政理部一、禁制、延暦十一年八月丙戌〈四日〉条）

この禁令においては、「深草山」の西の斜面が「京城」に近いものとされている。「深草山」という山は存在しないので、具体的には稲荷山から南の大岩山などを含む山々をさしていると思われるが、京からこのあたりまでは六キロメートルくらいの距離があり、こんにちの常識では、京に直接影響を与えるほどの距離とは思えない。

都城内の埋葬禁止については、「喪葬令」（9）皇都条に、「凡そ皇都及び道路の側近は並に葬り埋むることを得ざれ。」と定められている。これについては、都城制の採用に呼応して、唐令の規定を継受したものであろうが、先にみた深草山西面の埋葬禁止は、この規定の延長では考えられない謎を含んでいる。

翌延暦十二年の八月十日に至って、さらに次のような禁令が出されている。

禁葬瘞京下諸山及伐樹木。(2)

京下の諸山に埋葬することと、樹木を伐ることを禁じる。

（『類聚国史』巻七十九、政理部一、禁制、延暦十二年八月丙辰〈十日〉条）

ここにみる「京下」とは、通常京内と同義に解されている。この禁令についても「喪葬令」（9）皇都条に基づいて都城内の葬送を禁じたものと考えるのが一般的理解であるのだが、「京内」に「諸山」と呼ぶべきものがあるとは考えがたく、手ばなしに「京下」イコール「京内」とするには疑問が残る。

そこで試みに、「京下」という史料をひろってみると、同じく長岡京時代の延暦九年（七九〇）、桓武天皇の皇太子安殿親王の病気平癒のために「京下七寺」において誦経を行わせたことがみえている。(3) この「京下七寺」の候補地としては乙訓寺や鞆岡廃寺などが考えられるが、どうも京域のなかに七寺というのは多すぎるように思われる。これに先立つ延暦二年（七八三）には、私に伽藍を作ることを禁止する官符が下っており、(4) 私に建てられた伽藍は国史上の記述では、「寺」とは呼称されず、「道場」と呼称されているので、「京下七寺」という場合は、官許の寺が七ヵ寺あったということになる。官許の寺のみで京域内に七ヵ寺が存在したとは考えがたい。

この「京下」の類例として、養老四年（七二〇）の記事に、当時の右大臣藤原不比等の病気平癒のため「都下卌八寺」で薬師経を読ませたとある。(5) 無論これは長岡京でなく平城京の時代のことである。平城京域のなかに四十八もの寺があったと想定することは不可能である。このように「京下」「都下」という語は、京域内そのものを指す以外の場合があると考えなければならない。右にあげた事例の場合、京域を含みつつさらに拡がりをもつエリアを想定しなければならないようである。

ここで再び、延暦十一年の禁令にもどりたい。ここでは「深草山西面」までが京城の「縁近」であるとみなされている。さらに延暦十二年の禁令にいう「京下諸山」に該当する対象を探すべく、深草の山々に匹敵するところまでエリアを拡げて考えてみる。「京下」の指す範囲が、京をとりまく周縁部を含みつつ、「深草山西面」と同様、山々の京側の斜面までとすると、南は交野、北は現在の嵯峨野・太秦あたり、西は大原野、東は深草・伏見の京側の斜面までが、長岡京の「京下」に含まれる範囲であったと推測される。

このように「京下」という語の示す範囲は、京域のようにまっすぐの定規でひけるようなものではない。深草山が近いか遠いかは、絶対距離ではなく、空間認識として都の秩序が及ぶ境界内とみなされるかどうかといったことに依っており、京域ではないがそれに準ずる控えの地とでもいうべきものである。長岡京下に含まれる周縁部には、天帝を祀る兆域が設けられた南郊の交野をはじめ、桓武天皇時代以降たびたび行幸を受ける「野」が含まれている。西の大原野はいうまでもないが、東の深草・伏見付近にひろがっていた遊猟地芹川野も桓武期にさかのぼるものと思われる。

桓武天皇が中国的規範に照らした政治理念をもっていたことは、すでに多くの先学の指摘するところであるが、この四方にひろい郊野もまた、中国的理念に基づいて設定されたものであったと考える。(補注1)以下これについてさらに詳しく検討をしていく。

2 カタノとカタビラ

桓武期に長岡京南郊の交野で行われた天帝の祀については、早くに狩野直喜によって唐制の模倣であることが明らかにされているところである。(6)また唐制において太祖もしくは高祖の霊を配祀していたことにかえて、桓武天皇が父光仁天皇の霊を配祀しており、このことについて、桓武が父光仁をもって、新王朝の始祖と見倣そうとしていたことによるものだとの指摘がある。(7)

天帝の祀(郊祀)の兆域が設けられていた交野の地は、桓武政権の正当性を示す重要な舞台装置であったことは疑いなく、林陸朗はこの交野を、都城としての適地長岡に地理的に対応するとしているし、(8)さらに、桓武天皇が交野山を意識して長岡京を造ったのだという説も広く知られるところである。(9)

この交野という地名の国史上の初見は、『続日本紀』に記された宝亀二年(七七一)二月十三日の光仁天皇の行幸の記事である。郡名としてはそれよりさかのぼる和銅四年（七一一）正月二日の記事にみえている。[10] また正倉院文書天平六年（七三四）「造仏所作物帳断簡」[11] においては、左のごとく用字が異なっている。

土弐仟肆伯壱拾斤二千五十斤肩野郡土三百六十斤石川郡土

並行してみえる「石川郡」は、交野郡同様河内国に属し、現在の大阪府藤井寺市に含まれるあたりであることから、ここにみる「肩野郡」は、交野郡を指していると考えられる。用字に注目してみると、かつて吉田東伍の『大日本地名辞書』が郊祀の遺跡に比定した式内社片野神社は、『延喜式』神名帳においても片野神社であるし、この後の史料でもむしろ「片」の字につくることの方が多い。

桓武天皇時代に編纂された『続日本紀』が一貫して「交」の字を用いるのはむしろ際だって特殊な用字なのである。この「交野」という用字は、山背遷都を機として、この地が天帝を祀る地として朝廷にとって重要な郊野となったという事情をうけて、あえて「郊」の字に音を通わせて成立したものであると推測する。[12] 本来の地名はあくまで「肩野」もしくは「片野」であると考えるべきであろう。

このような長岡京南郊の交野（片野／肩野）に対して、北郊に目を転じると、京域より七キロメートルほど北に「帷子《かたびら》ノ辻」というところがある。この地名については、嵯峨天皇の皇后橘嘉智子が葬送される際にこのあたりを通りがかり、かぶせていた帷子が落ちたことにちなんだものであるという説を秋里籬島の『都名所図会』（安永九＝一七八〇）が載せているが、もちろんこれは俗説の域をでるものではない。

さらにまた帷子ノ辻の西北、京都市右京区太秦垂箕山町に所在する垂箕山古墳は、宮内庁が桓武天皇皇子仲野親王の高畠墓として治定している古墳であるが、地元では「片平大塚」といいならわされてきた。つまるところ、「カタビラ」は辻の名ではなく、あたり一帯をさす地名であったらしいのである。

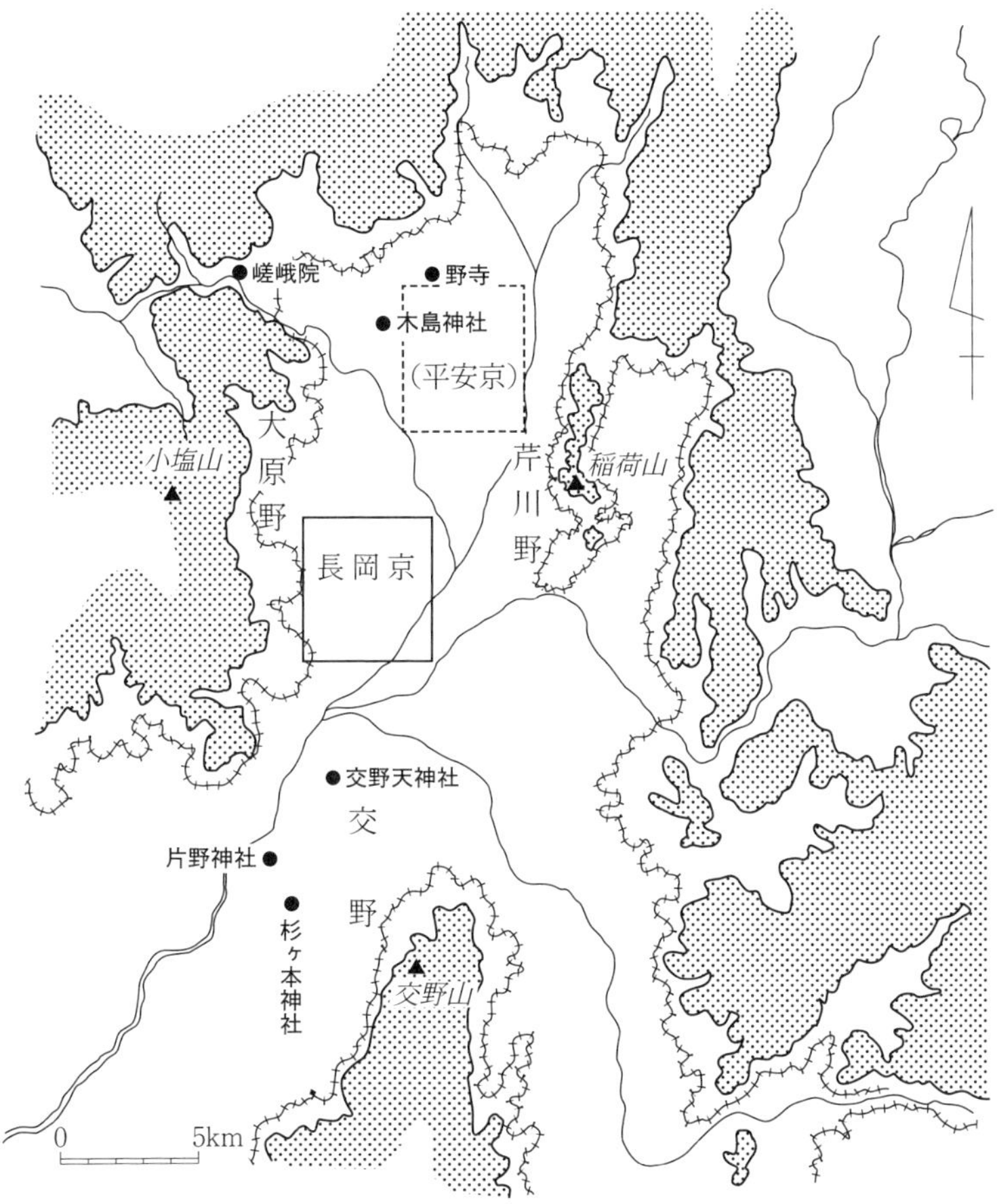

図８　長岡京とその周縁

「カタビラ」なる地名は、一般に地勢を表現した呼称であるという。「ヒラ」は平地かもしくは傾斜地のことで、「カタビラ」は片方が山に向かい、片方がひらけている土地のことをいうらしい[13]。調べてみるとそのような地勢で「帷子」の字につくる例も、岩手県八幡平市帷子（旧西根町帷子）や神奈川県横浜市保土ヶ谷区帷子町などの例があり、「帷子ノ辻」の「カタビラ」もこの類に属すとみるのが妥当である。

　長岡京南郊の「交野」が「片野／肩野」であったの

もまた同種の地勢を表現した地名とみることができ、実際に片方が山に向かい、片方がひらけている。長岡京をはさんで南北に同じような条件の地勢が対応していることになる。また両者はそれぞれ、秦氏、百済王氏といった渡来系氏族の勢力圏であったという点でも対応関係にある。

3　北郊の諸相

南郊の交野に対して、長岡京北郊の拡がりをさす適当な地名を史料上見出すのはむずかしい。後に長岡京北郊の至近に平安京という新京が営まれ、都としての求心力をもって新しい地域秩序が発現したことによって、検出が困難となった。ただし、帷子ノ辻あたりを中心としているらしいことは先の検討により窺える。現在の嵯峨野あたりも含んだであろうが、嵯峨野という単位で地域が把えられていることがわかる史料上の初見が元慶五年（八八一）のことであるので、注意を要する。

現在の北嵯峨、大覚寺あたりに営まれていた嵯峨天皇の離宮は、「嵯峨院」と呼ばれていたが[14]、野としての初見は、この地に嵯峨山大覚寺が草創され、元慶五年にその寺領を定め、周縁を公地とすることが定められて以後のことである。

勅、山城国葛野郡嵯峨野、充元不制。今新加禁。樵夫・牧竪之外、莫聴放鷹追兎。同郡北野、愛宕郡栗栖野、紀伊郡芹川野・木幡野、乙訓郡大原野・長岡村、久世郡栗前野・美豆野・奈良野、宇治郡下田野、綴喜郡田原野、天長年中既禁従禽。今重制断。山川之利、藪沢之生、与民共之、莫妨農業。但至于北野、不在此限也[15]。（以下略）

（陽成天皇が）次のように勅した。「山城国葛野郡嵯峨野は、これまで制してこなかった。今あらたに加禁する。樵夫と牧竪以外は、放鷹して追兎することを許可してはならない。同郡北野、愛宕郡栗栖野、紀伊郡芹川野・木幡野、乙訓郡大原野・長岡村、久世郡栗前野・美豆野・奈良野、宇治郡下田野、綴喜郡田原野は、天長年中にすでに従禽を禁じている。今かさねて制断する。山川の利・藪沢の生を民とともにし、農業を妨げないようにせよ。但し北野についてはこの限りではない。（以下略）」

（『日本三代実録』元慶六年十二月二十一日条）

右は元慶六年十二月の陽成天皇勅であるが、これによると、すでに淳和天皇の天長年中にいくつかの野について狩猟が禁止されており、嵯峨野についてはこの時点であらたに加えられたものである。ここに挙げられている野のうち大方は平安京域より五キロメートル程度距離を置く郊外地であるが、京域の至近である北野のみが、この勅において山川藪沢を公私共利とする原則からはずされている。

ここでいう北野はおそらく京北の禁苑とみなされていたものであろうが、だとすれば京の真北あたりにひろがっていたものと考えなければならない(16)。ところがこれ以前の弘仁五年（八一四）閏七月、嵯峨天皇が北野に遊猟し、嵯峨院に行幸している(17)ので、この「北野」は現在の北嵯峨あたりまでをも含んでいたと考えざるを得ない。すなわちこの「北野」は平安京域の真北ではなく、むしろ長岡京域の真北位置に相当している。このことから、これよりさかのぼる延暦年間において、桓武天皇がたびたび行幸した「北野」もまた、平安京北より西にひろがりをもつ空間であったと考えるべきであろう。

現在の京都市北区北野白梅町交差点付近では北野廃寺と呼ばれる寺院跡が確認されている。平安前期に属する土器に「野寺」「野」といった墨書のある遺物が出土しており(18)、桓武天皇時代に創建もしくは移建された野寺、別名常住寺の遺構を含むことがわかっている。本章の検討に基づいていうと、この「野」もまた長岡京の北郊の野を指している蓋然性が高い。

始用新銭。奉伊勢神宮・賀茂上下二社・松尾社・亦施七大寺及野寺。（下略）
新銭を用い始めた。伊勢神宮・賀茂上下二社・松尾社に奉つり、七大寺および野寺に施す。

（『日本後紀』延暦十五年〈七九六〉十一月辛丑〈十四日〉条）

右の史料は「野寺」の国史上の初見である。平安京への遷都から二年を経たこの時すでに成立しており、南都の大寺にならぶ朝廷にとって重要な寺として存在していたことがわかる。国史で「野寺」と記述するからには、朝廷にとって特定の郊野に建てられたものと考えられるが、これを平安京に対する北郊の野と考えることにはいささか困難がともなう。というのも、「野寺」という名称は、平安時代の初期に限られ、常住寺という名の方が一般化してしまうからである。もし「野寺」が平安京の北郊の寺という意味であるなら、野寺もしくは北野寺という名称が継続してみえるべきであろう。

この野寺の成立の経緯については次のとおりである。

常住寺　本尊薬師仏　件寺桓武天皇遷都之時、南京令移渡此京云々。本御持仏也。於件寺毎夜聖朝安穏増長福寿正唱声有之。天皇聞召之内竪樋何人之云フト見参トテ、令遣内竪尋行之処、件野寺中有一人僧唱之礼拝云々。件寺頻（賓）頭盧変現云々。仍内供奉一人于今被宛之。件頻（賓）頭盧久寿之頃失了。人盗隠歟。格云、件寺迫近皇城男女多濫。仍天平年中時簡謂大寺、請如置十禅師云々。

（『伊呂波字類抄』）

さらに弘安二年（一二七九）の奥書のある『諸寺略記』には、

野寺者本名常住寺　　桓武天皇御宇

延暦五年移建常住寺野寺也。遷都之時、自南京移渡於此京、帝御本尊也。仏一丈二尺薬師、八尺日光月光四天也。件寺毎夜唱聖朝安穏増長福寿之声有之。天皇聞食之、召内竪樋見何人之唱可参之由仰之。尋行之処、件野寺中有一人僧唱之礼拝。以此旨返奏。仍可令給内供奉被下宣旨之処、件僧不請取逃隠。彼寺賓頭盧変現云々。仍内供奉十人内一人者、件賓頭盧于今被充之。彼額突石面弘一尺余、厚三四寸許、四輪如鏡尚在之。於賓頭盧者、久寿之比失了。人盗取歟。

（『阿娑縛抄諸寺略記』）

とみえる。南都からの移建については否定する説も多いが(19)、桓武朝のごく初めの成立というのは概ねまちがいないと考える。『諸寺略記』は移建を延暦五年としており、これが事実だとすれば長岡京時代、ということになる。

山背国内の古代寺院跡から、いわゆる長岡京式の瓦が出土することを、山中章が指摘している(20)。山中のデータに従えば北野廃寺出土瓦中には、軒丸瓦三点、軒平瓦四点の長岡宮式軒瓦があり、宮および京で出土するものと同范のものも多い。また長岡宮式鬼瓦の存在も確認されており、長岡京時代に何らかの手が入ったものとみてよいと思われる。

この野寺の地は、承前の検討から長岡京の「京下」に含まれると考えられる。さらに、長岡京南郊交野に対応する北郊の「野」であると考えられるので、長岡京北郊の野は、太秦を中心に西は北嵯峨、東は現在の北野あたりを含み、後の平安京域の西北部をも含んで、長岡京より真北に位置する傾斜地にひろがっていたと推定される。これが、朝廷からみれば山背先住の氏族である秦氏の勢力圏と目される範囲に重なっていることはおそらく偶然ではあるまい。というのも長岡京の京域は、南郊の交野とこの北郊の野とを意識して設定されたと考えられるからである。

このことを理解するにあたって次の『礼記』の一節を紹介したい。

凡天之所生。地之所長、苟可薦者、莫不咸在。示尽物也。外則尽物、内則尽志、此祭之心也。咸皆也。是故天子親耕於南郊、以共斉盛、王后蚕於北郊。以共純服。諸侯耕於東郊、亦以共斉盛、夫人蚕於北郊、以共冕服。天子諸侯非莫耕也。王后夫人非莫蚕也。身致其誠信。誠信之謂尽、尽之謂敬。敬尽然後可以事神明、此祭之道也(21)。

天が生みだし、地が育てあげたもので（祭に）供進すべきは、咸くすべてである。すべての物を尽くしていることを示すのである。外には物を尽くし、内には志を尽くす。これが祭のかなめである。それゆえに天子はみずから南郊で農耕し、作物を供物とし、王后は北郊で養蚕を営み、純服をつくるのに用いる。諸侯は東郊において農耕し、これも祭の供物とし、夫人は北郊で養蚕し、皇帝の冕服をつくるのに用いる。天子・諸侯は農耕者に事欠いているわけではなく、王后・夫人は養蚕者に事欠いているわけではない。身ら誠信を致すのである。誠信こそが尽を意味し、尽こそが敬を意味するのである。敬を尽くしてはじめて神明に事えることができる。これが祭の道である。

（『礼記』巻二五、祭統）

桓武天皇が中国的規範を尊重する政治理念をもっていたことは、すでにたびたび指摘されるところである。[22]彼自身、詔勅のうちに経書の内容を引用するほどまでに明経に明るかったことが確認できる。桓武天皇は父光仁の即位以前、諸王時代に大学頭の任に就いたことがあるが、[23]大学頭は当代一級の学者のポストであり、「職員令」（14）大学寮条によれば、学生の簡試や釈奠を執り行うなどの職務のある専門職であった。明経の必修であった『礼記』について熟知していたことは疑う余地がない。この一節は天子が祭の供物を調える際の方法と心構えを説いたものである。ここでは北郊が養蚕・機織を行う場としてみえている。

長岡京北郊に拠した秦氏は、久しく養蚕・機織を業とする氏族であるといわれてきたが、実のところ彼らが具体的にそのような生業をもっていたと言いうるに足る史料はないということは、すでに関晃の指摘するところである。[24]一方で秦氏についてのこのような生業のイメージをささえてきたものとして蚕の社の存在がある。

京都市右京区太秦にある蚕の社こと木島坐天照御魂神社は、創祀の時期は不詳であるが、すでに大宝元年（七〇一）にその名がみえており、[25]かつてこの地に勢力をもった秦氏によってまつられたものと考えられている。現在機織の神として信仰を受けているのは摂社である養蚕神社である。これもまた創祀の時期や由緒は明確ではない。関晃が指摘するように秦氏が養蚕や機織に専業として当たっていなかったのだとしたら、これをどのように考えればよいであろうか。これについてわたくしは、中国的規範をベースとして都城と郊野を設定した桓武天皇が、先の『礼記』の記載に影響を受け、北郊において殖産を行ない、付会的に秦氏の養蚕伝承が成立した、というのが実情ではなかったかと考える。

郊野が、朝廷の消費に応える生産地として機能している例は、これにとどまらない。『梁塵秘抄』（巻二）に「楠葉の御牧の土器造」とうたわれる楠葉は、大同三年（八〇八）の記事に供御器を作る土を採集していたことがみえている。(26)また、東郊の大原野においても石作から小塩の近辺では、平安時代前期から中期にかけて須恵器・緑釉陶器が生産されており、平安京内からの製品の出土により、京への供給があとづけられている。(27)古代の地名にみえる「野」や「村」は、国郡郷制によらない例外的な地域把握である。国郡郷による地域把握が、農業生産を主軸とした収取体系のためのものであったことに対して、それによらない「野」や「村」は、農業生産以外の生業に従事する人びとの単位となることがあった。都市周辺の「野」には、供御の伝統を伝えているところが多い。生産地として都市に付帯し、その機能をサポートする、「野」にはそのような役割が与えられていたといえる。

以上のようなことから、長岡京を中心とした京域と郊外（とくに北郊と南郊）は、意図的に設定されたものと考えるべきものである。「北郊」と「南郊」とにおける渡来系氏族の集落形成は、実際には長岡京の京域設定に先行する。留意すべきは、京域設定に際し、既存の空間秩序を否定するのではなく、むしろそれらに呼応する地に占地しているということである。この点については、都城が設定され、郊野が設定されるという順序ではなく、「郊野」先にありき、なのであった。このことは、朝廷が山背という新天地に拠するにあたって、先住勢力を積極的にとりこみ協力関係を構築しつつ、遷都事業を遂行していったことのあらわれとみることができる。

二　西郊の特質

1　葬地としての役割

長岡京時代に設定された郊野は、生産地としての機能が平安京遷都後も継承され、前節で触れたような供御の伝統をつないでいく。いっぽうで桓武天皇時代にさかんに行われた遊猟目的の野行幸は次第にすたれていく。光孝天皇の時代、久しく絶えていた芹川野行幸に従った在原行平は、

嵯峨の山みゆきたえにしせり川の千世のふるみちあとは有けり

とうたっている(28)。桓武天皇の遺風を承け継いだ嵯峨天皇は、さかんに野行幸を行った天皇であったが、行平はいつのことか嵯峨天皇の行幸に鷹飼として仕えたことがあったようである(29)。

このようななかで重要性を増していくのが西郊の大原野である。平安京遷都以後、より遠くなったにもかかわらず、特に都人にとってなじみ深い宗教空間へと展開していく。本節では、山背遷都を契機としてにわかにスポットを浴びた大原野周辺が、他の郊野とどのように異なっていたか。また長岡京郊から平安京郊へと立場を換えていくなかで、どのように変容したのか、ということについて考えていきたい。

大原野から現在洛西ニュータウンとなっている地帯を介して東方面に、物集《もづめ》（女）という地名がある。大枝および大原野が京都市に編入されたのに対し、物集は向日市に属したことで、今でこそ市境を介する隔絶感があるのだが、かつてはともに乙訓郡に属していた。また江戸時代以前においては、大枝の沓掛および塚原の二ヵ村と物集とが強い

結合関係を保っていた(30)。やや本題と離れるようであるが、周辺の地域観を決定していくうえでポイントとなっているので、この物集の問題から論じ始めたいと思う。

　モヅメという地名については、このあたりに大阪府堺市の百舌鳥《もず》に分布した土師氏の支族が来たことによって残った地名だとする説がある(31)。延暦九年（七九〇）十二月一日、桓武天皇の生母であった高野新笠の一周忌を前に、その母土師宿禰真妹は大枝朝臣姓を追賜される(32)。さらに十二月三十日に至って、大枝朝臣改氏姓を真妹の属す「毛受《もず》腹」のみに限るという旨の勅が出される(33)。このような改氏姓は居住地にちなむ場合が多いので、桓武外祖母系の「毛受腹」土師氏は、この大枝のあたりに居住していたのではないか、だとすればこの地は桓武天皇生誕の地である可能性がある、と考えたのは村尾次郎であった(34)。これに対してはすでに、この際の改氏賜姓は当人の大枝居住ということによるのではなく、娘新笠の眠る大枝山陵の名にちなむものであるということを瀧浪貞子が明らかにしている(35)。

　モヅメについてのいま一つの考え方は、葬送のことを行う「喪詰」の意味であるというものである。吉田金彦は『和名類聚抄』に山城国の郷名としてみえる「物集」は毛都米と訓じ、明らかにモヅメと三音に発音するもので、和泉国大島郡の百舌鳥（モズ）の転訛とは考えられないという指摘をしている(36)。この解釈の当否を考えるにあたって、次の史料をあげる。

　此夕。奉葬後太上天皇（淳和）於山城国乙訓郡物集村。御骨砕粉、奉散大原野西山嶺上。

　この日の夕、後太上天皇を山城国乙訓郡物集村で奉葬した。御骨を粉にくだき、大原野の西山嶺のあたりに奉散した。

（『続日本後紀』承和七年〈八四〇〉五月戊子〈十三日〉条）

承和七年（八四〇）五月八日に亡くなった淳和太上天皇は桓武天皇の皇子であった。その遺詔をうけて「物集村」で火葬された上、「大原野西山嶺上」――おそらく現在の小塩山あたり――に散骨された。都はすでに平安京に遷っているので、京辺から五キロメートルを隔てている上、桂川を渡らなければならない。もっと京に近いところが適地であるようにも思われるが、淳和天皇は親王時代に旧長岡京の地二町を賜っており[37]、そこに居所をかまえていたことがあると考えられるので、生前慣れ親しんだこの地の近くに葬られたものであろう。

問題はこの「物集村」である。この「村」は「野」と同様に一般的な編戸のなされないものと考えられ、この史料では葬送を執り行う空間としてみえている。物集（女）の地がもつこのような性質は、以下に述べるようにこれより以前にさかのぼり、長岡京に都があったころに決定づけられたものである。

桓武天皇の時代には、向日丘陵から大枝丘陵にかけて、天皇の近親者の陵墓が営まれた。参考までに宮内庁によって認定されているところの治定地を図9中に記している[38]。被葬者の没年を順にすると次のようになる。

[陵名]	[被葬者名]	[没年月日]
宇波多陵	桓武夫人藤原旅子	延暦七年五月四日
大枝山陵	桓武生母高野新笠	延暦八年十二月二十八日
高畠陵	桓武皇后藤原乙牟漏	延暦九年閏三月十日

向日―大枝丘陵の被葬者たちに共通する性格は、いずれも長岡京時代に亡くなった桓武天皇の近親者で、なおかつ女性であるということである。このことをふまえてこの地をもう少し詳しくみてみると、向日―大枝丘陵には、考古学の時代区分でいう歴史時代に属する古墳が数多く確認されている。これらは出土遺物、特に土器編年に基づく年代比定によれば、八世紀から九世紀ごろに比定されるものである[39]。このような古墳自体、あまり事例があるわけでない。そのうち向日―大枝丘陵でいくつかの具体例をみるということは、長岡京郊という時代的地域的特性が影響していることによる。京都市西京区大枝沓掛町伊勢講山の大枝山陵治定地のそばで確認されている伊勢講山古墳や、向日市物

集女町長野で発見された長野古墓などは、木棺の周囲を木炭層で覆う木炭槨木棺墓と呼ばれる葬法によって営まれており、京都ではこのほかに山科区に二例確認されているにすぎない。

黒崎直[40]は、このような葬法は、嵯峨天皇の遺詔中に「重ぬること棺槨を以てし、繞《めぐら》すこと松炭を以てし、枯腊を千載に期して久容を一壙に留む[41]」とあるものに通じる葬法であることを指摘している。従うべき見解であろう。副葬品も豪華なもので、皇親関係者か、ごく限られた貴族層の墓と考えられる。長野古墓からは、銅鏡や笄などの装飾品の出土をみており、被葬者は女性であろうと指摘されている[42]。

図9に八世紀から九世紀ごろ、つまり、長岡京遷都ごろより平安時代初期ごろの造営と目される古墓の分布を示した。そこから看て取れるところによると、向日—大枝丘陵葬地の特質に共通する性質をもつ地域は、平安京郊では鳥辺野、嵯峨野といった地域である。

前掲の淳和天皇葬送の記事にみた物集村の姿は、長岡京という京に対応する葬地であったことに端を発しており、このあたりは京との対応関係において、鳥辺野や嵯峨野の前身としての役割を担っていたものとすることができる。平安京の葬地は『徒然草』（七段）に「あだし野の露きゆる時なく、鳥部山の烟立ちさらでのみ」と人生のはかなさを譬えられるほど、しっかりと人々の心に根を下し、記憶されたが、短命の都であった長岡京の葬地は、〈場の残像〉とでもいうべきものを残して、葬地としての記憶が失われてしまう。

2　長岡廃都後の変容

北西側の丘陵に葬地を控えた大原野は、長岡京を迎えることによってにわかにスポットを浴びた地域であった。先にみた北郊と南郊にはそれぞれ渡来系の勢力が先住しており、長岡京の選地に影響を及ぼしたと考えられるのに対し

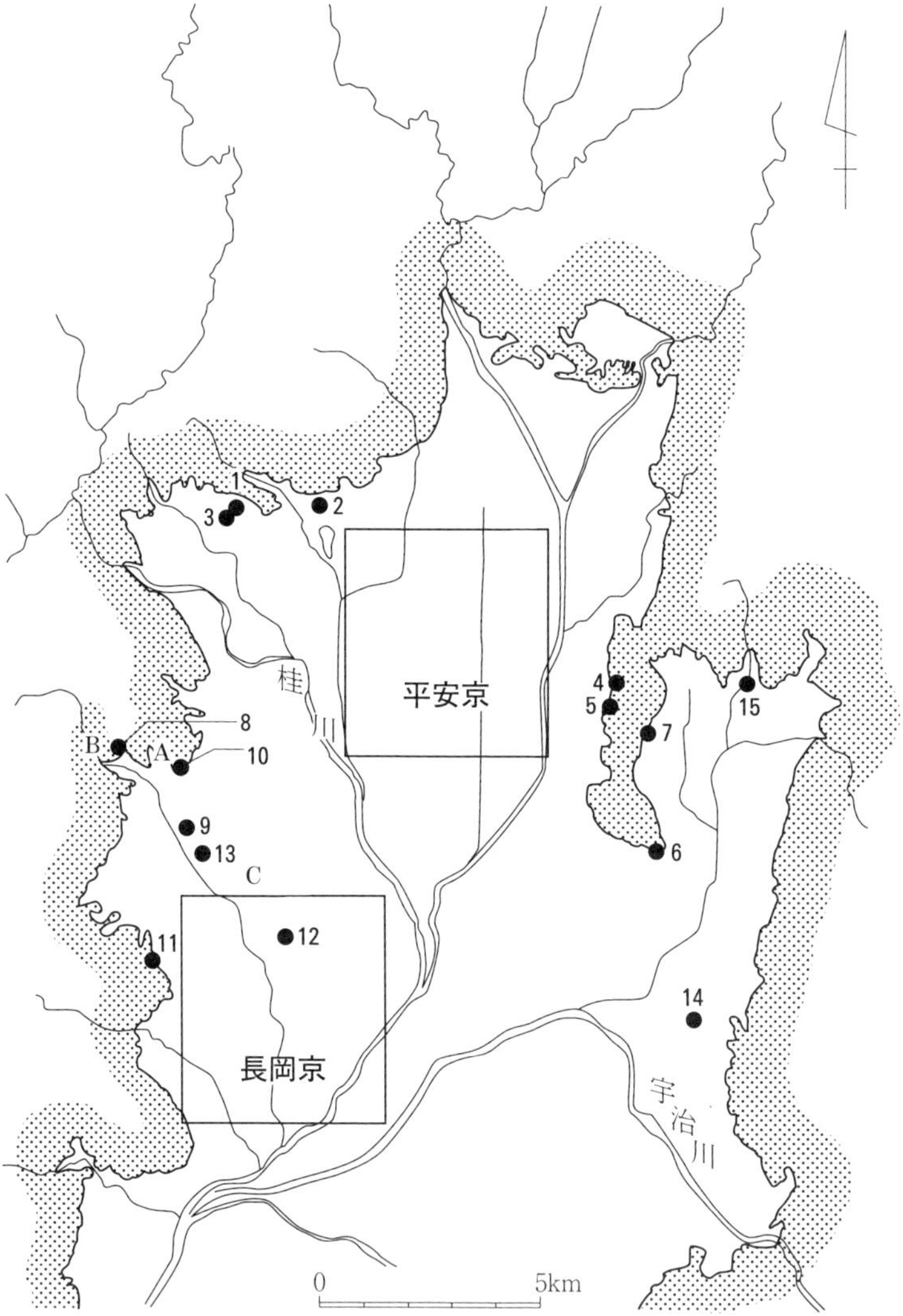

黒崎直註(39)の地名表をもとに作成し，近年の発見例(15)を加えた．

1. 長刀坂古墓　2. 仁和寺裏山古墓　3. 広沢古墓　4. 清水寺裏山古墓　5. 地蔵山古墓
6. 大日寺古墓　7. 西野山古墓　8. 伊勢講山古墓　9. 福西古墓　10. 夷山古墓
11. 井ノ内回向場古墓　12. 大極殿古墓　13. 長野古墓　14. 木幡古墓　15. 安朱古墓
A. 宇波多陵治定地　B. 大枝山陵治定地　C. 高畠陵治定地

図9　京域周縁の葬地（8〜9世紀）

て、西郊にあたる大原野については事情は異なるようである。大原野にはかつての石作郷の遺称地名があることから、かつて石作氏がこのあたりを本拠としていたともいうが、詳しいことは明らかでない。土師氏については先にも触れた通りで、長岡京遷都以前からの居住は考えにくい。但し葬送をプロデュースする氏族としてこの地に入植された可能性はあるのかもしれない。ただいずれにしても遷都の時点において、秦氏や百済王氏に匹敵するような強い先住勢力があった、というわけではない。

　また他の三方の野にくらべて、長岡京から距離が近いという条件もあって、とりわけ頻繁に行幸があった。「大原野」という地名の初見も長岡京時代のことであるので、大原野の大は、大宮・大寺といった用例に同じく、天皇のという意味をもった絶対敬語の接頭語であったと考える。

　平安京遷都後、旧京となった長岡京は、大原野と一体となって新京の西郊としての機能を帯びることになる。(補注2)長岡京廃都の直後から大同四年（八〇九）ごろまでの間には、旧京の土地が貴族や皇族に下賜されている。史料上明らかなだけでも、菅野真道・大伴親王（淳和）・多治比邑刀自・大田親王・藤原奈良子・菅野池成・坂本親王らが、土地を賜ったことがみえる。これらの土地は邸宅用地であったらしく、弘仁七年（八一六）には、嵯峨天皇が小野石子の「長岡第」に行幸したことがみえているし、(43)同じく嵯峨朝の官人であった藤原内麻呂は「後長岡大臣」と呼ばれていた(44)ことから、やはり邸を長岡に構えていたと考えられる。平安京遷都後旧京となった長岡京を含む西郊は、一大別荘地となっていったのである。大原野に淳和天皇の遺骨が散骨されたことは、先に触れた通りであるが、その妃高志内親王の陵もまた大原野石作の地に営まれている。旧京内の邸宅に同居していたのであろう。

　向日—大枝丘陵に設けられた葬地は、長岡京に付帯するいわば公葬地であって、被葬者が桓武天皇の関係者に限られるのは、都であった時期そのものが短いからである。ところが、長岡京が廃されて後の大原野においては、よりプライベートな桓武皇統のつながりが前面に押し出され、記憶されていく。

大原野小塩の十輪寺に閑居していたと伝えられる在原業平は、平城天皇皇子阿保親王の子で、父系をたどれば桓武天皇の曾孫、母系でいえば孫にあたる。『伊勢物語』五十八段に「むかし、心つきて色好みなる男、長岡といふ所に家つくりてをりけり。」といい、都の西郊たる長岡で隠棲していたらしいことが知られる。その母で桓武天皇皇女伊都内親王についても、同じく『伊勢物語』八十四段に、「その母、長岡といふ所にすみたまひけり。子は京に宮仕へしければ、まうづとしけれど、しばしばえまうでず。ひとつ子にさへありければ、いとかなしうしたまひけり。」と同所あたりに隠棲していたらしいことがみえる。このように、平安京遷都後の時点では、旧京は大原野と連続して、桓武天皇ゆかりの空間というイメージが醸成されていったようである。業平自身、桓武天皇に連なるという貴種意識のゆえに、親等の近い母系を意識していたとも考えられる。

このような隠棲空間は、しばしば終の棲家となり、葬地に連動する。

葬地は藤原京以降の都城制採用の過程において、京の秩序が及ぶ範囲内から排除されていた。都城内の葬送が「喪葬令」（9）皇都条によって禁じられていたことは先にも触れた通りであるが、長岡京においてはさらに、「京下」――つまり京の影響下にある京域の周縁部を含むエリア内――の「諸山」の埋葬を禁じている。[45]しかしながら実際には、向日―大枝丘陵などの公葬地は「京下」であり、宮の至近に位置するわけであるから、この禁令の真意は、京下において墓を私的な秩序によって営んではいけない、といったことにあったと考えられる。

「喪葬令」（10）三位以上条には、墓を営むことの許される身分が示されている。

凡三位以上及別祖氏宗、並得営墓。以外不合。雖得営墓。若欲大蔵者聴。

右によれば、墓を営んでよいのは、「三位以上」と「別祖」（分立した氏の始祖）・「氏上」[46]に限られ、それ以外は営んではいけないというのがこの条のたてまえである。ただその法的効力は疑わしく、『令集解』所引「古記」も「今の行事濫りに作すのみなり。」と天平期ごろの様子を伝えている。このような事情をふまえて考えると、長岡京時代の「京下諸山」における埋葬の禁止は、朝廷の認める身分に拠らず、私的に墓を作ってはならないというたてまえを、「京下」内に限定して履行しようとしたものと解釈するべきであろう。

京域内に墓を作ってはならないという「喪葬令」(9)皇都条の規定については、藤原京以来、概ね守られていたようで、(47)それぞれ公葬地が設定されていたらしいことが、明らかになっている。藤原京には京南に、平城京には京北にそれぞれ天皇をはじめとする上級貴族層の葬地があったことがわかっている。同時に、それよりややランクの下がる官人層の葬地が、別に設定されていたらしいことも指摘されている。(48)

平城京東部の丘陵部で確認されている太安万侶墓は、その発見当初、本貫地との関わりが取り沙汰されるむきもあったが、本貫と思われる場所は別にあり、この東部丘陵は、奈良時代の墳墓が数多くあることもあって、平城京に付帯し、京北よりもやや格の下がる公葬地であることがわかっている。(49)

つまりは、京域周縁部の被葬者たちは、都城が設定されたことに連動して、氏族のまとまりをくずして、本貫とは全く関係のない地に葬られていることになる。平城京につづく長岡京の葬地の場合も、向日—大枝丘陵の被葬者の階層は、皇族関係あるいは上級の貴族層に限られると考えられ、異なる階層の公葬地も当然別に設定されたとみなければならない。(50)ここにおいて墓があるから居住地であり生誕地であるという常識は、都城の周縁では通用しないということが認識されなければならない。

図9から明らかなように、向日—大枝丘陵の立場は、平安京遷都後の嵯峨野(化野)・鳥辺野に引きつがれることになる。鳥辺野ではすでに、大同元年(八〇六)の段階で珍皇寺の前身である鳥戸寺において、桓武天皇の四七斎が

行われている。[51] また被葬者の階層をみても、鳥辺野は向日―大枝丘陵に匹敵する公的な葬送空間として、平安京遷都に連動して設定されたことは疑いを容れない。初期には淳和天皇皇子恒世親王、嵯峨天皇皇女俊子内親王といった人物が葬られ、[52] 後には仁明天皇女御藤原沢子の中尾陵、一条天皇皇后藤原定子の鳥戸野陵の兆域が設定されている。

これに対して、木幡の葬地の登場は、承前の公葬地とは発想そのものが異なっている。木幡は藤原氏の氏族空間としての性格が明らかで、浄妙寺を中心に一門の菩提をとむらう供養所として展開していた。[53] ここにおいては、藤原氏という特定の氏族に限ってではあるが、氏族墓空間が回帰的に現出しており、都の周縁において、第二の本貫の様相を呈したといえる。

木幡の葬地の登場と時を同じくして、都の公葬地を控えたオフィシャルな空間であった大原野のイメージは変質する。大原野のイメージが桓武天皇個人に連なるプライベートな記憶に書き換えられていったことは、動かざる都城の文化が定着したことで、葬送に再び氏族ごとのまとまりが意識されるようになったことと関連している。また、かの桓武天皇大枝誕生説がまことに違和感なく感じられたのも、こういった変質後のイメージに負うところが大きい。すなわち、都城制導入期においては、氏族の葬送地と本貫地の関わりが希薄化するが、いったん都が定着してしまうと、都の周縁に氏族空間が成立し、本貫地に似た機能を果たすようになるのである。

3　大枝から鳥辺野へ

長岡京の公葬地であった向日―大枝丘陵への葬送は、淳和天皇の散骨を最後に過去のものとなってしまう。しかしこの残像としてのイメージは、完全に消失してしまうことなく残されることになる。

高橋昌明は、大江山を舞台とした酒天童子の物語の誕生について、大枝・老ノ坂一帯が平安京に対して境界、周縁地としての観念をもたれていたことによるところが大きいと指摘している。[54] 説得力のある説ではあるが、わたくしはやはりそれだけではない、と考える。というのも、たとえば刑場としての利用を例にとってみても、すでに長岡京時代、延暦四年（七八五）九月に藤原種継暗殺事件の罪人を処刑したことがみえており、[55] 当地が長岡京の郊外地として、公葬地に設定されていたことが、この地のイメージに影響していると考えられるからである。

この問題を解析するにあたって、老ノ坂峠に祀られる子安地蔵にまつわる物語を題材に考えてみたい。老ノ坂峠子安地蔵は、かつては旧老ノ坂の大福寺と号する地蔵堂に安置されていた。場所は現在京都市の清掃工場のあるあたりで、大枝沓掛の民家に残る江戸時代の絵図には、峠にあった亀山藩主の休憩所と近接してその地蔵堂があったことがみえている。[56] 明治五年（一八七二）に、大福寺が無住寺であるとして廃寺とされ、祀られていた地蔵が京都府の預かりとなっていたことがあった。その下げ渡しを巡って丹波国王子村と山城国沓掛村の間で取り替わされた文書中には、地蔵は両村の者が半月ごとに交代で守りをしてきたことがみえており、[57] 江戸時代においてはどちらの村にも属さない境にあって塞神としての役目を果たしていたことが明らかである。

秋里籬島の『都名所図会』（安永九＝一七八〇年刊）は、この地蔵について次のような説話を伝えている。昔、大江の里に住んでいた市盛長者の娘が難産のために死んでしまう。恵心僧都源信がこの娘の霊に会い、冥途の苦しみから救うと、娘の霊は産婦の難産を救うために地蔵の像を作って安置することを求める。恵心僧都は娘の墓に生じた栢の木でこの地蔵を刻した、というものである。

この峠子安地蔵は、室町時代末期ごろの成立とされる『子易物語』にも登場している。[58] 梗概は以下の通りである。大江の坂[59]に住む佐伯の長者の家に、二面八足にして胴が一つという男女一対の不具なる二児が生まれる。凶瑞である彗星が顕われ、二人は魔王の化身とみなされて朝廷に捕らわれ、いまにも処刑されそうになる。その時激しい雷雨が起こり、十六人の神々が天下ってこの二人が観音・地蔵の化身であることが明らかになる。大江山中に別に二面八足の鬼神があり、その人違いであったという。二人は朝廷に取りたてられ、五位の中将・典侍になる。典侍は女人を難産の苦しみから救うという願を発し、みずから桜の木で地蔵を作って大江の坂に安置し、その地蔵は貴賤の信仰を広く集めることになった。そののち夢告により、地蔵を観音の霊場である音羽の里に移し、大江にはさらに一体をつくって替わりとした。音羽の里の子易地蔵は、年を経て大同二年、坂上田村麻呂がこの里に清水寺を建立したおりに五重塔におさめられ、さらに広く信仰を集めることになったとする。

『子易物語』諸本のうち、大江の坂を舞台とするのは赤木文庫旧蔵の寛文元年（一六六一）刊本のみで、時代設定はとびぬけて古く、天武朝ということになっている。

時代を平家滅亡の動乱期に置く他の二本[60]は、二面八足の二児の親を、東山蓮華王院の西に住む清水を信仰する老尼としている。ここでは二人はそれぞれ、清水奥の院の愛染明王、子易堂の本地である地蔵の垂迹、と位置づけられている。ここにおいては、女人の信仰・縁結び・安産祈願を特徴とする清水信仰の姿が、成熟しきった形で表れており、物語としてはこちらの方が、より流布したものであると考えられる。

これに対して先に紹介した寛文元年刊本は、もともとの地蔵の安置場所を大江とし、地蔵はそこで貴賤の信仰を集め、しかるのちに音羽の里へと移動するという構成をとっている。物語の構成という点からいえば、成熟した清水信仰のありさまを描く他本より古い形をもっているとみるべきだろう。重要なことはこの寛文元年刊本が、長岡京郊の大江から平安京郊の東山清水への〈霊場の移転〉を描いている点である。

先にみたように都の公葬地として機能していた大枝一帯は、都が長岡京から平安京へと移転することによって、公葬地としての実質は失われ、その機能は平安京郊の鳥辺野へと移動した。『子易物語』のストーリーには、都に対応して展開する郊野の地域観が描き出されている。〈信仰〉という都人の需要にこたえ、都市機能をサポートする役割が、郊野には付託されていたのである。

清水で信仰を集めていたのは、実際には子安観音であり、泰産寺と号して長らく仁王門わきに三重塔をかまえていた。明治四十五年（一九一二）に至って移建され、今は清水本坊の南に位置している。

一方大江の子安地蔵は、近代になって北へ迂回した新老ノ坂峠にひっそりと祀られている。旧大枝村の沓掛・塚原の集落には、それぞれ児子神社が鎮守社としてあり(61)、現在それらの由緒は全く失われているが、子どもの神が地蔵を本地にすることが多いという他の事例に従えば(62)、これらはかつて子安地蔵が広く集めた信仰を基とし、沓掛・塚原それぞれの土地の神として生まれかわった姿であると考えることができる。我々が現在見ることのできる残像である。

三　郊野の思想—むすびにかえて—

都の周縁地は、絶えず都の存在の影響を受けつつ存在している。郊外地の歴史を明らかにしていく作業は、都市の歴史そのものを活写することになるといってよい。長岡京や平安京の周縁には「野」と呼ばれる控えのスペースがあり、京域とは区別されているが、「京下」ということばで表現されるエリアに包含され、完全な外界ではない、京に付帯するものと認識されてきた。

「野」は、整然と方形をたもつ京域の周縁にありながら、自然地勢の制約を受けておのずから決定される。ここにおいて京に近いと見做されるか遠いと見做されるかは、絶対距離によって測られることではない。境界をなす山々の内側であるかどうかということによっているのである。

となる。

『伊勢物語』に載せる次なる歌のやりとり(63)は、「野」が京との相対において認識されるということを考える手がかりとなる。

むかし、男ありけり。深草にすみける女を、やうやう飽きがたにや思ひけむ、かかる歌をよみけり。

　年を経てすみこし里をいでていなばいとど深草野となりなむ

この歌は在原業平と目される「男」が、しばらく深草に住み、ともにすごした女性に対して、すでに心離れて京へ立ち去ることを告げた歌である。ここでは「里」も「野」も、具体的には深草という同一の場所を指している。しかし意味は対照をなしている。すなわち、「里」はみずからが住みなじんだ場所を指し、その相対として「野」は疎遠でなじみのない田舎を指しているのである。これに対する女性の返歌は、次のようなものであった。

女、返し、

　野とならばうづらとなりて鳴きをらむかりにだにやは君は来ざらむ

とよめりけるにめでて、ゆかむと思ふ心なくなりにけり。

（『伊勢物語』百二十三段）

「野となってしまったなら、私は鶉となって鳴いてあなたを待ちましょう。狩《(仮に)》にということならあなたはきっとお越しになるでしょう。」というぐらいの意味であろう。業平が疎遠な田舎という軽い意味で用いた「野」を受けて、天子が遊猟におもむく「野」に巧みに置き換えている。都好みのあざやかな返歌である。ここでの「野」の対極に置かれている概念は「里」ではなく、「男」がまさにむかおうとしている「京」なのである。

さて、本稿で用いている「郊野」の語について、全く遅ればせながら解説を加えておかなければならない。定義かららいえば「郊」と「野」は別物で、「野」は「郊」のさらに外側に位置する。「郊」について『周礼』春官宗伯肆師条の鄭玄注は、「遠郊は百里、近郊は五十里」としている。「野」については同じく『周礼』秋官宗伯縣士条の鄭玄注は、「地、王城を距ること二百里以外、三百里に至る、野と曰ふ。」とし、ここでは、王城を中心に「野」が「郊」の外側に認識されている。(64)

日本では「野」は「ノ」(65)、「郊」は「ノラ」と訓じられるので、「ノ」は「ノラ」のさらに外側のものとの意識があったように思われるが、『類聚名義抄』の段階では「野」「藪」にも「ノラ」の訓を与えており、あまり明確な区別ではなかったようである。

『日本書紀』景行紀にみえる日本武尊の東夷平定の話のなかで、天皇が東夷をさして次のように言う場面がある。(66)

天皇持斧鉞、以授日本武尊曰、「朕聞、其東夷也、識性暴強。凌犯為宗。村之無長、邑之勿首。各貪封堺、並相盗略。亦山有邪神、郊有姦鬼。遮衢塞径、多令苦人。(以下略)」

(日本武尊が東夷平定を申し出たのを受けて)天皇《(景行)》は斧と鉞とを取り、日本武尊に授けて言った。「朕が聞くところによると、東夷は性質が乱暴で、常々侵犯行為をする。村に長がなく、邑に首がない。おのおの領土を奪い合い、互いに略奪している。また山には邪神がいて、郊には姦鬼がいる。衢を遮り径を塞ぎ、たびたび人を苦しめてばかりいる。(以下略)」

(『日本書紀』景行天皇四十年七月戊戌条)

ここには人びとの活動を中心とした空間の構成要素が描かれている。人びとが活動する「村」「邑」、鬼のすむ「郊」、そして神のいる「山」である。

「郊」もしくは「野」を山々の内側とする発想は、日本の地勢を前提としている。そのなかで日本語の「野」は、平地ではなく山麓の傾斜面か丘陵地を指していることが多い。時として葬送空間そのものを指して「野」ということがあるのは、集落にほど近い丘陵地に葬地を設けてきた、古墳時代以来の習慣を反映したものである。

このような空間構成は、日本の閉塞的で限られた地勢事情から自然発生的に成立してきたものと考えるべきで、であるがゆえに息長く保たれてきたものと推察する。たとえば、民俗学の立場から福田アジオによって提唱されたいわゆる「村落領域の同心円構造論(67)」は、このことに関して重要な示唆を与えてくれる。福田説はもとより中近世の村落をモデルとして提唱されたものであるが、居住域としての狭義のムラを中心に、生産領域であるノラ、採取地であり共有性の強いヤマ（ハラ）が取り巻き、一つの世界が完結するという空間認識は、本章でとりあげた時代にも普遍性をもつ。福田の村落構造論でいうムラは、古代を背景とした場合、『伊勢物語』の「男」の歌にみたごとくサト（里もしくは京）と言い換えた方がぴたりとくる。

本章で言及した「野」は京との対照で存在するものだが、そのありさまは、京というサトを核としつつ、一般村落の同心円的空間構造と相似形をなすものである。この点について、長岡京の具体的な事情に触れつつ、もう少し詳しく述べたい。

長岡京の郊野は、南北に一〇キロメートル以上距離をとりつつ、対照的に設定されている。この点において、長岡京は平安京とも平城京とも違っている。京域と郊野の設定は中国的規範に倣おうとする意図が強かったものと考えられる。いっぽうで、周囲の山々を地勢上の制約としているなど、日本の地勢に拠る空間観念を習い合せている。本章冒頭で言及した「京下」という語であらわされる一つの世界は、京を核として周縁の空間である郊野を付帯させ、さらに周囲の山々を境界と認めることによって完成している。

郊野には京の周縁にあって、京の需要に応えるという生産地としての機能があり、また葬送や信仰の空間として京のもつ都市機能をサポートする役割が付されていた。京と郊野は区別され、時として対照的に認識されるが、山々によってさらに塞え切られる境外地とは本質的に異なっている。この意味で郊野は、都市の構成要素にほかならない。

長岡京の場合と平安京の場合とを比較すると、京自体の構想に大きな変革は認められないが、平安「京下」と目される範囲は、北に東により狭く、西南へ深く、全体としてアシメトリックな構造を選択していることに気づく。山背盆地の東北隅へ押し込められた感じである。「此の国、山河襟帯、自然に城を作す。[68]」とはよく言ったもので、まさにこれが、長岡京の場合とは異なる平安京の特徴といえる。日本の都城が、堅固な羅城を築くことをせず、地勢による境界観念をこれに替えてきたのだとしたら、北に閉塞した平安「京下」の構造は、当時の常識のもとではより理にかなったものと認識されたと言える。

長岡京時代、京にほど近い大枝—向日丘陵に設定されていた葬地の性格は、平安京に至って鳥辺野や嵯峨野（化野）に継受される。特に平安時代初期において公葬地の役割を承けついでいるのは鳥辺野である。長岡京から平安京へ、大枝から鳥辺野へという京と郊野の移転に連動して、社会の認知においても霊場の移動がおこっていることがあとづけられる。

アシメトリックな平安「京下」の構造は、その内に地域的濃淡を生んだ。かつて長岡京の西郊であった大原野は、平安京からみれば奥座敷というのがふさわしい立地となった。都人は「京下」という〈箱庭〉を一つの完結した世界と見立て、周縁に付帯する野を手近な鄙の典型とし、そこに「果て」を認識した。そしてこの大原野における鄙らしさの成熟は、京都におけるそれ以前の都城がもつことがなかった都らしさの成熟を意味している。

註

（1）『類聚国史』巻七十九、政理部一、禁制、延暦十一年八月丙戌（四日）条。
（2）『類聚国史』巻七十九、政理部一、禁制、延暦十二年八月丙辰（十日）条。
（3）『続日本紀』延暦九年九月丙寅（三日）条。
（4）『類聚三代格』巻十九、延暦二年六月十日太政官符。

(5)『続日本紀』養老四年八月壬午（二日）条。
(6) 狩野直喜「我朝に於ける唐制の模倣と祭天の礼」（『徳雲』二—二、一九三二年、のち同『読書籑録』、みすず書房、一九八〇年に再録）。
(7) 瀧川政次郎「革命思想と長岡遷都」（『京制並に都城の研究』法制史論叢第二冊、角川書店、一九六七年）。
(8) 林陸朗「長岡・平安京と郊祀円丘」（『古代文化』二六—三、一九七四年）。
(9) 福永光司・千田稔・高橋徹『日本の道教遺跡』（朝日新聞社、一九八七年）。高橋徹『道教と日本の宮都—桓武天皇と遷都をめぐる謎—』（人文書院、一九九一年）。
(10) いずれも『続日本紀』同日条。
(11)『大日本古文書』二四巻二五頁。
(12) また、「郊」の字自体に天帝をまつるまつりの意味がある。
(13) 柳田国男『地名の研究』（『定本柳田国男集』二十、筑摩書房、新装版、一九七五年）。
(14) 嵯峨天皇がその親王時代より親しんでいた荘で、延暦二十一年（八〇二）に桓武天皇が的野に遊猟した際、「親王諱（神野）の荘」に立ち寄ったことがみえている（『類聚国史』巻三十二、延暦二十一年八月辛亥〈二十七日〉条）。おそらくは延暦十四年から十八年ごろ、旧長岡京地が親王や近臣にさかんに賜地されていた時期に、父桓武から与えられたものであろう。
(15)『日本三代実録』元慶六年十二月二十一日条。
(16) これより先、弘仁五年（八一四）に禁苑とされた「宮城山以北山野」の四至がみえている（『政事要略』巻七十、糺弾雑事、弘仁五年十月十日宣旨）。それによれば、「東は園池司の東大道を限る。西は野寺の東を限る。南は宮城以北を限る。北は霊巌寺を限る。」とあり、京北の長方形の区画であったらしい。このあたりの事情については高橋康夫「平安京とその北郊について」（『日本建築学会論文報告集』三一五、一九八二年）参照。
(17)『日本後紀』弘仁五年閏七月辛丑（二十七日）条。
(18)（財）京都市埋蔵文化財研究所編『北野廃寺跡—文化庁国庫補助事業による発掘調査の概要　一九七九年度』一九八〇年。
(19) 足立康「野寺移建説に就いて」（『史迹と美術』八九、一九三八年）。藤沢一夫「山城北野廃寺」（『考古学』九—二、一九三八年）。

(20)山中章「長岡宮式軒瓦と寺院の修理―延暦10年の山背国の浮図の修理をめぐって―」(廣田長三郎編『古瓦図考―ひろたコレクション―』ミネルヴァ書房、一九八九年)。
(21)『礼記』巻第二五、祭統。
(22)たとえば『続日本紀』延暦四年五月丁酉(三日)条所載の詔など。
(23)『続日本紀』神護景雲四年八月丁巳(二十八日)条。
(24)関晃『帰化人』(至文堂、初版一九五六年、のち増補して一九六六年)。
(25)『続日本紀』大宝元年四月丙午(三日)条。
(26)『類聚国史』巻七十九、政理部一、禁制、大同三年正月庚戌(二十八日)条。
(27)百瀬正恒「平安時代の緑釉陶器―平安京近郊の生産窯について―」(日本中世土器研究会『中近世土器の基礎研究』Ⅱ、一九八六年)。
(28)『後撰和歌集』巻十五、雑一。詞書に「仁和のみかど、嵯峨の御時の例にて、芹河に行幸し給ひける日」とある。
(29)『伊勢物語』百十四段。
(30)宝暦十二年(一七六二)八月の年紀がある「向日大明神社年中雑記」(『向日市史　史料編』向日市、一九八三年所収)には、大枝各村がかつて物集村と同村であったことを伝えている。このような大枝と物集の結合関係は、長野芝(大枝東長町から向日市物集女町にまたがる丘陵地)をはじめ、大谷芝(大枝西長町付近)や峠山山林(老ノ坂峠京都側)が、近世前期において物集・沓掛・塚原三ヵ村の入会地であったという事実からも看取できる。このような関係は、十二世紀中葉の段階で大枝に物集庄の新開地がひらかれてより、向日丘陵の東側に物集氏の城館が築かれて物集の中心部が定まっていくなかで確立していったものと考えるが、樫原から大枝に入る新山陰街道ルートの普及や長野新田の開発といった事情により、地域は寸断され、徐々に解体へと向かう。
(31)『京都の歴史　第一巻　平安の新京』(学芸書林、一九七〇年)。
(32)『続日本紀』延暦九年十二月壬辰(一日)条。
(33)『続日本紀』延暦九年十二月辛酉(三十日)条。
(34)村尾次郎『桓武天皇』(〈人物叢書〉吉川弘文館、一九六三年)。

(35)　瀧浪貞子「高野新笠と大枝賜姓」(『日本古代宮廷社会の研究』思文閣出版、一九九一年)。
(36)　吉田金彦『京都滋賀古代地名を歩く』(京都新聞社、一九八七年)。
(37)　『日本後紀』延暦十六年二月戊寅(二十二日)条。
(38)　宮内庁による治定地は総体において必ずしも現在の学問的レベルと引き合うものではなく、妄信することはさけるべきであることはいうまでもない。
(39)　黒崎直「近畿における8・9世紀の墳墓」(奈良国立文化財研究所『研究論集』Ⅵ〈奈良国立文化財研究所学報三八〉、一九八〇年)。
(40)　黒崎直前掲註(39)。
(41)　『続日本後紀』承和九年七月丁未(十五日)条。
(42)　梅原末治「向日町長野ノ墳墓」(『京都府史蹟勝地調査会報告』第4冊、一九二三年)。
(43)　『類聚国史』巻三十一、帝王十一、天皇行幸下、弘仁七年二月辛酉(二十五日)条。
(44)　『公卿補任』弘仁三年。
(45)　『類聚国史』巻七十九、政理部一、禁制、延暦十二年八月丙辰(十日)条。
(46)　養老令では「氏宗」とある。
(47)　和田萃「喪葬令皇都条についての覚書」(『青陵』二四、一九七四年)。
(48)　河上邦彦「凝灰岩使用の古墳—飛鳥地域に於ける終末期後半の古墳の意義—」(『末永先生米寿記念献呈論文集』一九八五年)。金子裕之「平城京と葬地」(奈良大学文学部文化財学科『文化財学報』第三集、一九八四年)。
(49)　岸俊男「万葉歌からみた新しい遺物・遺跡—稲荷山鉄剣銘と太安万侶墓—」(井上薫教授退官記念会編『日本古代の国家と宗教』上、吉川弘文館、一九八〇年)。同「太安万侶の墓と田原里」「太安万侶とその墓」(『遺跡・遺物と古代史学』吉川弘文館、一九八〇年)。
(50)　長岡京城西の長岡京市井ノ内回向場で八世紀後半に属するとみられる古墓が確認されているが、このあたりが向日—大枝丘陵よりランクの下がる公葬地にあたる可能性もある。
(51)　『日本後紀』大同元年四月戊申(十五)日条。

(52)『日本紀略』天長三年五月丙子（十日）条、同年六月丙午（十日）条。
(53) このあたりの事情については、林屋辰三郎「藤原道長の浄妙寺について」（『古代国家の解体』東京大学出版会、一九五五年）、堅田修「藤原道長の浄妙寺について―摂関時代寺院の一形態に関する考察―」（古代学協会編『摂関時代史の研究』吉川弘文館、一九六五年）、西山恵子「藤原氏と浄妙寺」（『京都市歴史資料館紀要』第一〇号、一九九二年）に詳しい。
(54) 高橋昌明『酒天童子の誕生』（中公新書、一九九二年）。
(55)『帝王編年記』延暦四年九月二十三日条。
(56)『小笠原家文書』（京都市歴史資料館架蔵写真版）。
(57)『岡本家文書』（京都市歴史資料館架蔵写真版）。
(58)「子易物語」（横山重・松本隆信編『室町時代物語大成』五、角川書店、一九七七年所収）。上下二冊で上巻に「大江坂子易物語上」、下巻に「清水子易物語下」とある。
(59) 貝原益軒が指摘する通り、老ノ坂は大江の坂の転訛である（貝原益軒「諸州めぐり西北紀行」（益軒会編『益軒全集』五、益軒全集刊行部、一九一〇年、のち国書刊行会、一九七三年）。
(60)「子易物語」諸本には「一寸法師」と合綴された江戸中期の写本、ならびに奈良絵本三冊がある。それぞれ横山重・太田武夫編『室町時代物語集』四（井上書房、一九六二年）、前掲註(58)『室町時代物語大成』五所収。
(61) 沓掛の児子神社は近代大枝村の村社となり、大枝神社を称している。
(62) 和歌森太郎「地蔵信仰について」（『宗教研究』一二四号、一九五一年）。
(63) この歌のやりとりは『古今和歌集』巻十八、雑下にもみえる。
(64) また『説文解字』に「邑外謂之郊、郊外謂之野、野外謂之林、林外謂之門」、『爾雅』に「邑外謂之郊、郊外謂之牧、牧外謂之野、野外謂之林、林外謂之坰」とする。
(65)「努」や「怒」のかなをあてるので、近世の学者は「ぬ」と読んだ。
(66)『日本書紀』景行天皇四十年七月戊戌（十六日）条。
(67) 福田アジオ「村落領域論」（『武蔵大学人文学会雑誌』十二―二、一九八〇年、のち同『日本村落の民俗的構造』弘文堂、一九八二年に再録）。

(68)『日本紀略』延暦十三年十一月丁丑(八日)条。

(補注1) 桓武天皇はその履歴において大学頭を初任官としており、中国学の専門家としての一面をもっていた。このことからわたくしは、延暦年間における年分度者制の改革も関連する事績として評価している(本書第四章)。

(補注2) 九世紀代の遺構や遺物からみた平安京遷都後の長岡京の様相については、中島信親「平安京遷都後の長岡京域」(『都城制研究』6、二〇一二年)に触れるところがあり、有益である。

(初出「郊野の思想—長岡京域の周縁をめぐって—」『京都市歴史資料館紀要』第十二号、一九九五年を修訂)

結章　史学史としての〈国家仏教〉論

はじめに

これまでの日本史研究において、くりかえし用いられてきた〈国家仏教〉という術語がある。歴史学の術語は、それが過去の事象を説明するために生み出された造語であるために、それがどのような意図で誰によってどのような時代背景のもとで生み出された術語なのかといった基本的な問題をあきらかにする作業が必要である。そのうえでさらにその語が、その後の時代展開のなかでどのような意味のものと認識されてきたか、どのような文脈で使用されてきたかについて考えなければならない。

本書の論述のなかでは、〈国家仏教〉あるいはこれと密接な関係をもつ〈律令（体）制〉という術語を援用して論を立てていない。これは、近年の日本で流行している歴史論文の書き方、すなわち主流と目される既成概念を択び、それに倣い、トレースをくりかえしながら小部分を修正していく手法とは異なっている。その理由は、日本史研究に対して影響を与え続けてきた枠組みそのものについての思想史的解明が、本書の一連の研究の最初の動機の位置にあるからである。

しかしこの問題はたいへんな難題であった。確かにこれまでも〈国家仏教〉という術語に付託されてきた概念の整理や見直しを試みたものは数多くある。古代仏教についての歴史論文を書く者が、〈国家仏教〉に関わる研究史整理に取り組んでから始めることはもちろん必須であった。しかし史学史批判に取り組んだものは管見の及ぶ限りでは、吉田一彦の「律令仏教論批判」(1)の一編のみにすぎない。

近年の研究において、〈国家仏教〉という術語が用いられる叙述じたいは激減している。あいまいさがつきまとう〈国家仏教〉の概念について、論者各自が見解を問われることをさけてのことかと想像する。ところが本質的議論をさけたままそのパラダイムは温存され、実質において既成概念に寄りかかった立論は何の説明もなく展開している。このような方法をとったままで、斯学がダイナミックな展開を遂げていくことはありえない。

ここでは本書の結章として、〈国家仏教〉という術語の成立と展開およびその思想史的背景をあきらかにし、〈国家仏教〉論を史学史上に相対化する作業を行なうことで、これからの日本史研究の地平を拓いていく手立てとしたいと考える。

一　ふたつの〈国家仏教〉論

〈国家仏教〉という術語が、多くの研究者にとって耳慣れた印象でとらえられてきたのは、高校教育の場で用いられている日本史教科書の記述に、採用されてきたことに依っている。日本で教育を受けて日本の大学に進学した者以外には、きわめてわかりづらいことであるので、この点を説明しておくと、現在日本史研究者として活動している者のほとんどは、日本史教科書の記述を暗記した経験がある。

現在もっとも多くの高校の日本史教育現場で採用されている山川出版社の教科書においては、『詳説日本史B改訂版』(平成二十九年〈二〇一七〉版、笹山晴生ほか編)[2]においては、聖武天皇時代の仏教活動について、政治史と文化史の両分野の節にわたって記述されている。政治史分野の節においては、国分寺・国分尼寺建立および大仏造立が取り上げられ、政治情勢や飢饉・疫病などの社会不安に対して、聖武天皇が「仏教の持つ鎮護国家の思想によって国家の安定をはかろう」としてこれらの事業を行ったものとしている。[3]

この教科書のなかで「国家仏教」という語が登場しているのは、文化史分野の節においてである。「天平文化」という節のなかの「国家仏教の展開」という見出しのもとで、次のような記述が展開されている。

「奈良時代には、仏教は国家の保護を受けてさらに発展した。とくに仏教によって国家の安定をはかるという**鎮**《ちん》**護国家**《ごこっか》の思想は、この時代の仏教の性格をよく示している。」

「一方で、仏教は政府からきびしく統制を受け、一般に僧侶の活動も寺院内に限られていた。行基のように、民衆への布教とともに用水施設や救済施設をつくる社会事業をおこない、国家から取締りを受けながらも多くの民衆に支持された僧もあった。」(傍線佐藤)

この前後の記述をよく読んでも、語の概念にあたる説明はないので、よく高校生と高校教員とを混乱させ、「国家仏教とは鎮護国家の仏教のことであろう」と誤解させる部分である。〈国家仏教〉は近代日本が生み出した術語であり、「鎮護国家」は史料語であるが、古代仏教を専門とする者にとっては周知のとおり、「鎮護国家」は、漢訳仏典にもなく八世紀以前の日本には存在していない。[4]

重要なことは、教科書の記述において説明される〈国家仏教〉の概念は、以下のふたつの内包によって構成されているということである。

A、仏教によって国家の安定をはかるという思想が聖武天皇時代の仏教活動の動機であったと位置づけるもの。すなわち天皇の仏教興隆行為を、仏教の理念を支配イデオロギーとして活用したものとして説明しようとするもの。

B、政府が仏教を厳しく統制し、民衆への布教活動を抑圧する体制をとっていたとし、為政者の仏教統制行為を説明しようとするもの。

これらはひとつの概念を二側面で説明するものではなく、論理的に同時には並立し得ないふたつの内包である。〈国家仏教〉についての教科書の記述は、ひとつの概念の本質（核）を説明する命題たり得ておらず、内包的説明（すなわち定義）ができ得ないのである。

これまで数多くの概説のなかで、「国家仏教には興隆（保護）と統制の二面がある。」と説明され、逆にこの説明にしたがって多くの研究者が、具体の事象を興隆的側面と統制的側面にふりわけてはめ込んでいく作業に取り組んできたが、以下に述べるように、このふたつの概念は、発生の経緯や来歴がそもそも違っている。ここでは論述の便宜上、〈国家仏教〉論A・〈国家仏教〉論Bと仮称して、事情を説明していく。

現在のように、ふたつの概念を並列させる説明は、どのような経緯でいつごろから展開されるようになったのか。戦後の学制改革後まもない一九五二年（昭和二十七）刊の新制高等学校検定教科書においては、該当部分を以下のように記述している。

「この時代（天平文化の時代＝佐藤注）になると、仏教は国家の平安をまもる霊験あらたかな妙法としてあつい尊信と保護を受けるようになり、公私の写経所では、法華経・金光明経・仁王経などの護国経典が写されて諸国に配られた。聖武天皇は、詔して国ごとに国分寺と国分尼寺を建てさせた。」（坂本太郎・家永三郎編『高等日本史』上、好学社）(5)

この当時の高校教科書では、〈国家仏教〉論Aに該当する説明だけが記述され、〈国家仏教〉論Bに該当する説明はない。このことから〈国家仏教〉論Aと〈国家仏教〉論Bとでは、説としてはAが先行して採用されており、Bは後次に採用された、ということがまず予測される。

二 〈国家仏教〉論の創出とその背景

史学史上「国家仏教」という語彙が初見するのは、一九一八年（大正七）四月のことである。当時史料編纂官兼東京帝国大学助教授の任にあった黒板勝美は、『国史の研究』各説の部（大正七年版、文会堂書店）において、聖武天皇時代の仏教の隆盛を以下のように叙述している。

> 奈良朝に於ける最も重要なる出来事は仏教の隆盛で（あ脱）つて、之がために美術、工芸は非常に発達した。…（中略）…この朝に入つてからの仏像はその相貌より彩色の工合まで推古仏など、大分異なつて居る、例へば東大寺三月堂の不空羂索菩薩、同堂の秘仏執金剛等に至つては、既に荘厳と美妙との極致に近づいた心地がする、尤も唐招提寺の仏像はこの朝のものとはいひながら、その工人は支那から渡来した人であるから、東大寺のものとも多少趣を異にし、奈良朝美術の必ずしも唐朝のものそのまゝ、ならぬを証明して居る。之と同じく仏教も既に多少日本的趣味を帯び来り、遂に国家仏教ともいふべきものとなつた。（傍線佐藤）

また黒板はこのあとに続けて明治以降皇室の保管になっていた正倉院について触れ、以下のように述べている。

> 正倉院は今帝室の御保管になつて居て、その中に収めてある珍貴なる什宝はもと大仏に献納されたものが主で、すべて御物である、その建立当時から勅封として、天子親からの御封をば勅使が奉持して正倉院に至り曝涼などをするのが例であつた、…この歴史上の事実で考ふれば、東大寺は正倉院について何等の権利を有して居なかつ

たといってよい、即ち東大寺の境内に帝室御保管の一院があつたわけである。…思ふに大仏は天皇の御本尊で、国分寺として重要な地位を有せる東大寺も、この点（正倉院が皇室のものであるという点＝佐藤注）からはたゞ大仏の番人たるに過ぎなかつたのではあるまいか、正倉院はかくの如くにしてよく奈良朝仏教その物を説明して居るかの感がする、即ち奈良朝は国家的仏教政治が遺憾なく発揮された時代であつた。（pp133-134）

『国史の研究』は、一九〇八年（明治四十一）三月に初版が刊行され、改訂のうえ一九一三年十一月―一九一八年四月（大正二―大正七）に、「総説の部」と「各説の部」に分冊刊行された。時代順のストーリー性をもった歴史叙述を示すとともに、歴史資料の綿密な調査分析法を指南した概説書兼研究入門書であった。(6)

これより以前、維新政府は明治二年（一八六九）以来、国史編纂を事業と位置づけ、明治八年には修史局を発足させて、重野安繹・久米邦武・星野恒らを担当者として事業を進めていた。一八九〇年（明治二十三）には編年形式による『稿本国史眼』が成ったが、久米邦武筆禍事件を直接の契機として、(7)重野らによる史誌編纂掛は一九八二年に廃止され、事業は史料編纂に転じていた。

したがってこの史料編纂官兼東京帝国大学助教授による『国史の研究』の刊行は、近代日本――すなわち「官」――による本格的自国史叙述の最初のものであり、旧制高校および大学教育に供されたこの書物の成立は、事実上の国史学の誕生を意味した。

大正七年四月刊『国史の研究』各説の部の記述においては、〈国家仏教〉という造語が、聖武天皇時代の仏教興隆行為と正倉院宝物の評価とを結合させつつ、古代国家の隆盛を説明するために引き出された概念であったことがあきらかである。(8)この黒板の創出による〈国家仏教〉論が、現在の教科書の記述に受け継がれている〈国家仏教〉論Aの祖型となった。

この前後における旧制中学歴史教科書の記述の変遷をたどると、たいへん興味深い現象が起こっていることに気づく。多くのひとが尋常小学校か高等小学校で教育を終えていた当時において、中学校は大学の予科にあたる高等学校や師範学校に進学するエリート養成の入り口に位置する五年制の教育機関であった。

一八九四年（明治二十七）刊の中学教科書『日本史要』[9]上では、「聖武天皇ノ御世ニ最著シキハ仏事ナリ。」としたうえで、当時の仏教事業の展開に触れ、「斯リシカバ仏事ノ費用甚多ク、調庸ハ殆皆コレニ費ヤサレ、猶租稲ヲ割キテ寺ヲ造ルノ資ニ供セラレタリ。…天皇仏ヲ信ジ給フニ因リ、僧徒ノ勢甚シク、殊ニ玄昉ト云フ者非常ノ寵ヲ恃ミ、酒ヲ飲ミ肉ヲ食ヒ、其ノ他僧徒ニ不似合ナル乱行多カリキ。」、また「之ヲ要スルニ、聖武天皇ノ御宇ハ法律弛ミ、風儀乱レタル世ナリシモ、工芸文学ハ前代未曾有ノ度ニ達シタリ。コレヲ天平時代ト称シ此ノ時代ノ建築ニ係ル寺院及ビ同時代ノ仏像等ノ今尚存スルモノ大和地方ニ多シ。」と叙述している。

ここでは仏事による浪費、僧徒の乱行など、儒教思想にもとづく排仏論の常套的論法が用いられているが、記述には変則が認められる。すなわち、仏事が盛んに行われた聖武天皇の時代は世の中が乱れていた、と強調する一方で、天平時代の仏教遺産を顕彰する立場をとり（またそれらは大きく図版入りで解説され）、「聖武天皇ノ御世」の評価について、木に竹を接いだような齟齬を来たした叙述をしている。

聖武天皇時代を失政と評する論調は、江戸時代の儒家による歴史叙述の立場を継承したものである。たとえば頼山陽とその門弟らの手になる『日本政記』[10]では、「頼襄曰く、聖武、宮闈（光明子＝佐藤注）の勧を聴き、府庫の蔵を糜し、生民の膏血を寺塔・仏像に塗りて甘心す。継ぐに孝謙の縦恣を以てし、六帝の豊富の業、ここに於いて衰ふ。」と叙述されており、このような論調が『日本史要』上の叙述に踏襲されていることはあきらかである。

中学教育に供された『日本史要』上が、仏教遺産を顕彰する立場をとっている背景には、当時すでに今でいうところの美術史・建築史の分野において、仏教遺産（とくに正倉院と法隆寺とを二大トピックとする）を中核とした日本概説が構築され、近代日本の政治的要請に応えていたという事情がある。[11]『日本史要』上は、一部分においてこれらが組み入れられながら、〈自分たちの歴史〉として受け止められるまでの途上に位置している。

一八九〇年（明治二十三）から三年間にわたって、岡倉覚三（天心）が東京美術学校において行なった「日本美術史」の講義録では、[12]「天平時期に至りて奈良美術は極点に達せり。盛の極は即ち衰なり。故に真正の奈良の美は天智の末、天平の初めにありとす。天平に入りても、聖武帝御在位の間を盛んなりとす。孝謙帝に衰へ、光仁帝に至りて益々衰ふ。」というストーリーが語られている。

岡倉らによって調製されたこのストーリーは、聖武天皇時代を頂点に据えその後ただちに下降すると説明する、かつての古代史概説で用いられた筋書きの源である。聖武天皇時代を頂点に据える価値観は、明治政府の事情によってあらたに創り出されたものであったので、いまだ水戸学や国学の影響が色濃かったこの当時の学者のおおかたにはすぐには受け容れ難いものであった。

一九〇〇年に開催されたパリ万国博覧会に際して編纂された農商務省編『日本帝国美術略史稿』[13]には、出陳された美術品が成立した社会を説明するための歴史概説を載せている。そこでは、聖武天皇時代は社会・文化が隆盛の頂点に達し、律令によって中央政府の権力が強固となり、さらには周りの数多くの賢臣たちの活躍によって「治綱張り、徳化行はれ、海内富庶、皞々たりき。」と説いている。このとき国外に向けて発信された日本のすがたは、明確に聖武天皇時代を顕彰する立場をとっていたのに対して、国内ではこの後もしばらく、聖武天皇時代は腐敗した仏教政治の時代とする評価が続いた。この書物が『稿本日本帝国美術略史』として国内向けに販売されるのは、一九〇七年（明治四十）、日露戦争戦勝の翌年、『国史の研究』初版刊行の前年のことである。

近代日本が、アイデンティティを内外に示すために視覚的な仏教遺産を重視していたことはあきらかで、黒板勝美はそれらの〈モノ〉と国家の歴史を整合させる叙述を構築し、それを教育に供するという役目に立っていた。

そしてこの一連の流れは、儒的思想の上に構造を成してきた東アジアの学知の体系のなかで、独り日本のみが、ナショナルヒストリーの内側に仏教史を積極的に組み込んで歩みを進めることになる史学史のはじまりであった。

黒板が聖武天皇時代の評価を転換させるまでの経緯は以下のとおりである。おりから黒板は東京帝国大学に設置された史料編纂掛の編纂員として、正倉院文書を中心とした『大日本古文書』の編纂に携わっていたが、一九〇二年（明治三十五）ごろからはこの事業の中核を担うようになり、一九〇五年には史料編纂官兼東京帝国大学助教授に任じられた。[14]一九一二年（大正元）以降、こんにちでいう文化財の保存についての意見を盛んに新聞紙上や雑誌に発表している。一九一七年（大正六）には古社寺保存会の委員となり、以後史蹟名勝天然紀念物調査会、国宝保存会、重要美術品調査委員会などの委員を歴任した。

その間古社寺保存会設立当初からの中心的存在であった岡倉覚三（天心）は、一九一三年（大正二）に没している。〈国家仏教〉という概念を用いて、聖武天皇時代の歴史評価を書き換えた当時の黒板は、史料編纂官兼助教授であっただけではなく、文化財の保存・顕彰にかかわる事業の中核に立ってもいたのであった。

このような経過のなかで、『国史の研究』はまず一九〇八年（明治四十一）に一冊の概説として刊行され、その後一九一三年（大正二）から一九一八年（大正七）にかけて総説・各説の二冊として刊行された。一九〇八年本の段階では、まだ聖武天皇時代の仏教事業を「国家的宗教」と評するにとどまり、あらたな概念および歴史評価の確立には至っていない。

一九一八年本（各説の部）では、黒板は「国家仏教」という造語を用いつつ、聖武天皇時代を後続の孝謙・道鏡の時代から切り離し、弊害の多い仏教政治の時代という従来の歴史評価を一八〇度転換させて教育に供した。黒板は明治から大正という時代のなかで、仏教遺産の保存・顕彰に深く関与しつつ、国史概説を構築し、普及させるという責務を負ったために、聖武天皇の仏教活動をナショナリスティックな事績とする新解釈を叙述したのである。〈国家仏教〉論が、そもそも歴史学の実態研究から組み上げられた概念ではなかったことには、注意しなければならない。

このような状況下で産み落とされた「国家仏教」という語彙および〈国家仏教〉なる概念は、第二次世界大戦の終結後、微妙な立場に立たされることになる。

戦後最初の検定による高校教科書である一九五二年（昭和二十七）刊行の『高等日本史』上では、[15]聖武天皇時代の仏教活動は政治史分野において取り扱われず、文化史分野においてのみ取り扱われている。

また研究史上いまも高く評される家永三郎ほか編岩波講座『日本歴史』（一九六二―一九六四）では、第三巻において奈良時代史を概説しているが、[16]やはり聖武天皇時代の仏教活動は政治史分野では扱われず、文化史分野においてのみ扱われている。そしていずれの場合も「国家仏教」という語をさけて表現されているのである。[17]

かくして、どのような語でどのような概念で、聖武天皇時代の仏教活動を説明するか、という問題に歴史家らはふたたび当面することになった。

三　〈反律令仏教〉・〈律令仏教〉論の生成

終戦によるナショナリズムの失墜と連動して、〈国家仏教〉論は低迷することになった。その時期に登場するのが、〈反律令仏教〉・〈律令仏教〉論である。これを提唱したのは、宮崎圓遵・二葉憲香ら、京都の龍谷大学で教鞭を執っていた浄土真宗本願寺派の僧籍にあるいわゆる宗門系の学者であった。

戦争色が濃くなる一九三〇年代以降の日本の宗教界では、国体を護持し大政を翼賛するというのが、時代の要請による全体の流れであり、それは一九三七年（昭和十二）文部省編『国体の本義』が刊行されてからいっそう明確な路線となっていた。在来の宗教集団は、この流れに乗る以外の選択肢を失った状態にあった。

終戦を経て一九五〇年代にはいるころから、仏教者はほんらい政治権力から自立しているべきものであるという論調の言説が行なわれるようになった。浄土真宗においてそれはもっとも先鋭的――当時においてという意味で――に主張された。そこでは宗祖を権力・体制への批判の体現者であったと強調する論調が全面に押し出された(18)。この主張は唯物史観とも共振しながら、戦後歴史学の構図に無視できない影響を及ぼすことになる。

宮崎圓遵によって一九五四年（昭和二十九）に発表された「親鸞の立場と教行信証の撰述」では、『教行信証』「化身土巻」が『末法灯明記』（伝最澄撰）を引用していることに触れ、〈反律令仏教〉について次のように意義づけている(19)。

「親鸞が国家権力に依存する既成仏教徒とそれを受容して専修念仏を弾圧する政府官僚とに対して、時期について「己の分を思量せよ」と警告するとともに、『灯明記』を引証したことは、歴史的にいえば、右（行基・最澄・景戒＝佐藤注）のような上代のいわば反律令仏教の運動につながるものであり、そこに彼の歴史的地位がある。」

また「承元の法難」に触れている『教行信証』後序を引用し、親鸞は「いたずらに伝統的教権の擁護に腐心する僧徒と政府官僚とを批判した」のだと評している。後序が「或いは僧儀を改めて姓名を賜りて遠流に処す、予は其の一也、爾れば已に僧にあらず俗にあらず、この故に禿の字の以て姓と為す」と述べていることをもって、親鸞が「僧尼令」や『延喜式』によって、俗名を与えられて還俗させられたものと論じ、親鸞が称した「禿」の世界は〈律令仏教〉に対する〈反律令仏教〉の立場であるとするのである。

ここでは「弾圧」された親鸞が、〈反律令仏教〉運動につながるものとして位置づけられ、〈反律令仏教〉〈律令仏教〉という概念を導入して、二項対立の図式が描き出されている。この議論における〈反律令仏教〉とは、仏教の理想のすがたそのものを指して謂うための概念であり、対する〈律令仏教〉とは、それに対して阻害・抑圧のベクトルをもつものとして設定されている。ここでは〈反律令仏教〉・〈律令仏教〉という術語にはそれぞれに自立した内包がなく、弾圧が苛烈であり権力が強大であるという結論を予定することによってのみ成立するかたちをとっている。

後述するように〈律令仏教〉論は、仏教者たちのメンバーシップを超越し、戦後の国史学に甚大な影響を与えることになるのだが、この論の趣旨（目的）は、〈反律令仏教〉という表現をもって、戦後という時局において、祖師および自己の歴史的地位を説明することにあり、〈律令仏教〉はそれに誘引されて引き出された対照概念で、これもまた古代史の実態研究から組み上げられたものではない。

〈律令仏教〉論が引き出された史料根拠をただせば、それは『教行信証』の後序部分であって、八世紀の歴史的実態ではない。この論の提唱が、親鸞およびそれに連なる人々の自己確認（戦後における新しい自分たちについての定義）の作業から発したということについては、これを史学史として取り扱う際に、意識しなければならないことである。一九五六年（昭和三十一）やはり宮崎圓遵によって発表された「旅の親鸞」[20]では、理想的な仏教のありかたとそれを阻害・抑圧するものとの二項対立の図式がいっそう明確になっている。

罪人として越後に流された親鸞は、政権によって僧籍を剝奪された。その故に親鸞は非僧であるという。この非僧という簡潔な言葉には、数世紀にわたる律令仏教に対する訣別という重大な歴史的意義が託されている。元来仏教において僧となるということは、人が自発的に道を求めるために世俗の規範を脱して、新しい世界に入ることである。それは国家権力が認めると否とにかかわることではない。仏教徒自身、あるいは仏教徒の集団がそれを認めるか否かが、僧であると否とを決定するはずである。ところが日本においては、仏教の渡来当初から、権力がそれに介入し、特に僧尼令以後は、国家権力が度僧権を独占して来た。従って人格の独立と自由な修道とを生命とすべき僧尼が、国家権力の安泰を祈願するために、常に寺院に寂居することを命ぜられ、その本来の使命である民衆への伝道も禁止された。（傍線佐藤）

ここでは、仏教の理想のすがたを説明するために、「民衆」対「国家権力」という図式を使っていることが看て取れる。親鸞は仏教の本来の使命である民衆への伝道の実践者であり、それを阻害・抑圧するものが国家権力なのだと主張している。「僧尼令」が民衆仏教を抑圧するベクトルそのものとして登場し、その「僧尼令」の具体相を度僧権の独占・寺院寂居・民間伝道の禁止と説明する。[21] ここには、国家による統制という特質によって古代仏教を説明しようとする〈国家仏教〉論Bの要素が出そろっており、これがのちに井上光貞の〈律令的国家仏教〉論に吸収されることになるのである。

〈反律令仏教〉・〈律令仏教〉という二項対立の図式に整合するように〈律令仏教〉という枠にピースをはめていったのは二葉憲香である。[22]

二葉は、律令国家の宗教的立場が民族宗教の立場によるものであるとし、[23]「僧尼令」および律令全体は、民族宗教の側に立つ権力が要求を実現するための政治的作為であるとした。二葉は「僧尼令」の観玄象条・非寺院条・禅道条・歴門教化条・出家条を引用して、国家権力に隷属する律令仏教集団の確立を説明した。そしてそれとは異なるベクトルをもつ存在――すなわち真の大乗仏教的立場に立つものとして、聖徳太子・行基および『末法灯明記』の撰者としての最澄、そして民衆の中に遁世する聖らを措き、[24] それらを親鸞へと連なる流れとして説明しようとした。

宮崎圓遵・二葉憲香らにとっては、国家権力と宗教（もしくは宗教者）との関係を位置づけることは、時事問題であり、自己の問題であった。戦時下における自己との訣別のために新しい自己を獲得する必要があった。つまるところこの議論は、一九五〇年代における、「今」の社会に対する彼らの意思表明としてなされたものであり、強い否定意識を含んで出発したものであった。なんらかの意味性によって時代を画期し、時代を評価していこうとするのが歴史学であるとすれば、自己の問題として語られるこの議論は、しばしば時間性を超越し、歴史学とは異なる側面を見せる。現今の歴史研究者が、これらを先行研究として読み取ろうとするとき、どこか逸脱があるように感じられるのはそのためである。

〈律令仏教〉は二項対立の図式の片側であり、〈反律令仏教〉を光とする影である。民衆はそれを抑圧する存在が設定されることで、はじめてその資格を得て民衆と評されることができる。宮崎・二葉の議論のなかでは、強い否定意識を梃子にしつつ民衆仏教を成り立たせるために、「僧尼令」を民衆仏教抑圧システムそのものであるとする。それがために「僧尼令」の理解については、社会の実態のなかでの運用や効力の検討が欠落し、常に一面的で平板なものに終始した。これに対しては、薗田香融・中井真孝らによる批判および具体的訂正があったにもかかわらず[25]、この平板な理解が、親鸞の淵源に配された行基や私度僧をメインキャストとして、古代史の構図に影響を与えていくことになる。

四　〈国家仏教〉論の復権

戦後いったん鳴りを潜めていた〈国家仏教〉論は、一九七〇年代にはいっておもむろに復活を遂げる。一九七四年

（昭和四十九）井上光貞ほか編『詳説日本史新版』（山川出版社）では、「天平文化」という節に「国家仏教の発展」という見出しが立てられている。

そこでは、「奈良時代には鎮護国家の思想がひろまり、仏教は国家の保護をうけて発展し、都には大寺とよばれる官立の大寺院があいついで建てられた。当時の僧侶は鎮護国家のための法会や祈禱にあずかるとともに、寺院のなかにあって、中国でうまれたさまざまな仏教の教理研究をすすめた。」として国家による仏教の保護を述べ、「政府は仏教を保護したが、他面、官許のないものは僧侶になれないようにし、僧侶の民間への布教活動を制限するなど、寺院・僧侶に対してきびしい統制を加えた。このため当時の僧侶の活動は一般に寺院のなかにかぎられ、民間への布教活動はあまりに活発ではなかった。しかし、なかには政府の取りしまりをうけながらも、畿内を中心に、農民のための用水施設や交通施設をつくるなどの社会事業につくした行基の名も知られている。」として国家による仏教の統制を述べている。

ここでは現在の教科書にみられるのとおなじ〈国家仏教〉論Aと〈国家仏教〉論Bとを並立させた記述が登場している。もっとも黒板の造語である「国家仏教」という語が復活したのが、一九七四年なのであって、内実としてふたつの〈国家仏教〉論を並立させた内容の記述は、すでに一九六八年（昭和四十三）刊行の『精選日本史』（山川出版社）の段階で出現している。この教科書は、一九六七年に東京大学文学部教授に昇任した井上光貞が、記名で高校教科書の執筆に関与した最初のものである。

ここまでの考察によって、国家による保護・興隆を説く〈国家仏教〉論Aが、黒板勝美が創出した〈国家仏教〉論の末裔であることは疑いを容れないが、そこに国家による統制を説く〈国家仏教〉論Bが後次的に付け足されて、現今に至る〈国家仏教〉論が構成されているということがあきらかになった。以下〈国家仏教〉論Bが付け足された事情を具体的に見ていきたい。

この作業の中心的役割を担った井上光貞は、一九七一年（昭和四十七）刊行の自著『日本古代の国家と仏教』（岩波書店）において、〈律令的国家仏教〉という新概念を提唱し、それを次の三点によって説明している。

1国家が寺院、僧尼を統制したこと。

2その統制の範囲において仏教を国家が保護したこと。

3国家が仏教の呪力により、その繁栄をもたらすことを期待したこと。

このうち2と3は黒板勝美の〈国家仏教〉論を継承するものである。井上がここで、2と3よりも1を前にもってきていることは興味深い。より多くの日本国民に向けて書いた教科書の記述とは、順序を換えているのである。

井上が〈律令的国家仏教〉論を構想したころの事情に言及した『日本古代仏教の展開』「はしがき」では、[26]「わたしはそれに（『日本古代の国家と仏教』の執筆依頼に＝佐藤注）対応して構想を練っているうちに、この機会に、既に試みられた浄土教成立史のテーマを一まわりひろげ、日本仏教のなかから「鎌倉仏教」の成立してくる過程を、より高次な観点で考えなおしてみようと考えるにいたった。またその観点を、世俗的な国家と、もともと国家を越えて普遍たるべき大乗仏教の精神との、いわば対抗関係においてみようとした。」というのである。ここで井上がいう「対抗関係」のおき方は、先に見た宮崎・二葉らの論とまったく異なるところがない。

当時井上がこのような方針をとった事情が、より具体的に判明するのは、井上が六十五歳で没する二年前に、雑誌『諸君！』に連載した自叙伝によってである。[27]

（『日本古代の国家と仏教』の＝佐藤注）構想を練りはじめると、律令国家と仏教の関係をつきとめる必要があるともったが、そのころ、きわめて刺戟的だった先行文献に龍谷大学の二葉憲香氏が一九六二年に刊行した大著『古代仏教思想史研究』があった。二葉氏は副題に「日本古代における律令仏教及び反律令仏教の研究」とするように（一）僧尼令にもとづく律令国家の仏教政策に対して、大乗仏教実践者としての（二）聖徳太子と、律令国家の弾圧をうけた民間布教者の（三）行基を対置し、（一）と（二）（三）との対抗関係の中に律令時代の仏教のダイナミズムをみようとしていた。わたくしは二葉氏のこのようなとらえ方に大局として賛成であった。

ここにおいてあきらかなように、井上が〈律令的国家仏教〉論において採用した国家と大乗仏教との「対抗関係」の図式は、さきに宮崎・二葉らが描きだした図式を参照・吸収して成ったものであったということができる[28]。つまるところ、現在の教科書の記述に採用されている〈国家仏教〉論を組成する二大要素のうち、国家による統制によって説明する〈国家仏教〉論Bが、宮崎圓遵・二葉憲香らの議論を承けたものであることは疑う余地がない。

宮崎・二葉らによる〈反律令仏教〉・〈律令仏教〉論が、仏教の理想的ありかたとそうでないものとを対に置き、自分たちが生きる今を中心にしつつ、時代を超越して通用させる議論としてあったのに対して、井上光貞はこれを時間の縦軸のなかに位置づけ、〈古代は崩壊する〉・〈中世は成立する〉という近代国史学に与えられた命題[29]を前提として説明しようとした。そのなかで井上は、〈律令的国家仏教〉を古代的なものと位置づけたため、救済宗教を含意させた中世仏教について、その成立を説明する前段となるようにつくられた部分が切り取られて独立してしまった。高校教育に供され、研究者ひろくに普及した通説は、このような段階を経て組成されたのである。

むすび

本書の結章として〈国家仏教〉論の成立と展開および、その国史学における位置について、江戸時代および明治維新以来の学問史を俯瞰するという手法によって検討した。

〈国家仏教〉という術語には、成立の経緯がまったく異なるふたつの概念が同居している。それは、国家による仏教の保護・興隆を説く〈国家仏教〉論Aと国家による仏教の統制を説く〈国家仏教〉論Bとである。

〈国家仏教〉論Aの淵源は、一九一八年（大正七）に初見する黒板勝美の〈国家仏教〉論であった。それは、さきに建築・美術の分野で展開していた仏教遺産の顕彰を、吸収するかたちで歴史叙述が成され、それを用いて自国史の結構が調えられていくという流れで進捗し、成立した。これによって江戸時代の、聖武天皇時代は腐敗した仏教政治の時代であったという歴史理解は一八〇度転換され、この時期こそが律令時代の隆盛の頂点であったという理解が出現する。百年以上にわたって影響力を持ち続けた〈国家仏教〉論は、近代日本を主体者とする修史事業の過程で立ち現れたものであり、彼らが理念上の範とすることができる国のすがたかたち（すなわち「体」）を、過去の中に描き出そうとした営為の痕であったということができる。

〈国家仏教〉論Bは、戦後宮崎圓遵・二葉憲香らによって提唱された〈反律令仏教〉・〈律令仏教〉論を淵源とする。宮崎・二葉の議論は、仏教者たちの自己確認として、民衆と国家権力を対峙させ、理想的な大乗仏教の実現の側に立つものとそれを阻害・抑圧するものという二項対立の図式で理解させようとするものであった。

井上光貞はこの図式を参照・吸収し、黒板説と併合させて〈律令的国家仏教〉論を提出するとともに、高校教科書の記述にたずさわり、戦後表舞台から消えていた「国家仏教」という黒板勝美の造語を復権させた。このとき黒板の系譜をひく〈国家仏教〉論Aと宮崎・二葉のいうところの〈律令仏教〉の系譜をひく〈国家仏教〉論Bが並立し、「国家仏教」というひとつの語に来歴が異なるふたつの概念が同居するという変則が生じた。そのため、教科書および概説書に登場する〈国家仏教〉の概念は構造上、内包を定義することが不可能であり、「国家仏教には保護（興隆）

と統制との二面がある」という外延的説明が発生した。
〈国家仏教〉論において語られてきたふたつの概念は、古代史の実態研究とはまったく別のところに由来するものであったということには、注意しなければならない。ところがこれは、井上光貞が描く浄土教成立過程の軌跡にも、坂本太郎によって道筋を与えられた〈律令制〉論にもよく迎合するものであった。さらにはまた民衆と国家とを対立的に置く図式は唯物史観とも親和性があったために、長く研究者に影響を与え、通説の位置を占め続けた。

註

（1）吉田一彦「律令仏教論批判」（日本仏教研究会編『日本の仏教』創刊号、法蔵館、一九九四年、のち加筆訂正後「国家仏教論批判」として吉田一彦『日本古代社会と仏教』吉川弘文館、一九九五年）。

（2）笹山晴生ほか編『詳説日本史B改訂版』（山川出版社、二〇一七年）。

（3）（第1部原始古代―第2章律令国家の形成―3平城京の時代―藤原氏の進出と政界の動揺）「こうした政治情勢や飢饉・疫病などの社会不安のもと、仏教を厚く（ママ）信仰した聖武天皇は、仏教の持つ鎮護《ちんご》国家の思想によって国家の安定をはかろうとし、七四一（天平一三）年に国分寺建立《こくぶんじこんりゅう》の詔《みことのり》を出して、諸国に国分寺・国分尼寺《こくぶんにじ》をつくらせることにした。ついで七四三（天平一五）年には近江《おうみ》の紫香楽宮で大仏造立《だいぶつぞうりゅう》の詔を出した。七四五（天平一七）年に平城京《へいじょうきょう》に戻ると、大仏造立は奈良で続けられ、七五二（天平勝宝《てんぴょうしょうほう》四）年、聖武天皇の娘である孝謙《こうけん》天皇の時に、大仏の開眼供養《かいげんくよう》の儀式が盛大におこなわれた。」

（4）吉田一彦「国分寺国分尼寺の思想」（須田勉・佐藤信編『国分寺の創建』思想・制度編、吉川弘文館、二〇一一年）がこのことに触れているので、いちおう挙げておくが、存在しない、というのは史料から知るたんなる事実であり、学説ではない。

（5）この教科書は新制高校用教科書の最初の検定を経たものである。この時点では「国家仏教」という語彙じたいが使用されない。

（6）黒板勝美『国史の研究』について、見られる限りの現物と撮影データを閲覧したが、細かい改版すべてを把握することはできなかった。明治四十一年（一九〇八）三月の初版刊行後、大きな改版は大正二年十一月―大正七年四月（一九一三―一九一八）、昭和六年八月―昭和十一年一月（一九三一―一九三六）の三度である。

（7）事件の争点となったのは、久米が憲法施行翌年に公表した論文「神道ハ祭天ノ古俗」（『史学会雑誌』二―二三・二四・二五、一八九一年、『史海』八）であり、神道家・水戸学者の猛反発を受けた。その内容は、聖武天皇時代に仏教が「国教」であったとする『稿本国史眼』に連動しており、重野・久米らによる史誌編纂掛が、史料考証による事実認定主義を前に出しながら、政教問題という時事的課題に当たって、仏教側に近かったことが窺われる。

（8）近代ナショナリズムにおける正倉院の位置づけについては、高木博志「近代天皇制と古代文化―「国体の精華」としての正倉院・天皇陵」（岩波講座天皇と王権を考える第五巻『王権と儀礼』岩波書店、二〇〇二年、のち高木『近代天皇制と古都』岩波書店、二〇〇六年に再録）。

（9）新保磐次著・三宅米吉閲『日本史要』上（金港堂書籍株式会社、一八九四年）。一八九八年までほぼ同内容で版を重ねた。

（10）植手通有校注『頼山陽』（日本思想大系四九、岩波書店、一九七七年）。

（11）近代ナショナリズムと文物との関係性については、高木博志『近代天皇制の文化史的研究―天皇就任儀礼・年中行事・文化財―』（校倉書房、一九九七年）。

（12）岡倉天心「日本美術史」（『岡倉天心全集』四、平凡社、一九八〇年）。

（13）この書物はフランス語で刊行された *Histoire de l'art du Japon* の日本語稿本である。この編纂事情については、馬淵明子「一九〇〇年パリ万国博覧会と *Histoire de l'art du Japon* をめぐって」（東京文化財研究所『語る現在、語られる過去 日本の美術史学一〇〇年』平凡社、一九九九年）。

（14）黒板勝美と文化財などの顕彰事業との関わりについては、黒板博士記念会編『古文化の保存と研究―黒板博士の業績を中心として』一九五三年。

（15）坂本太郎・家永三郎編『高等日本史』上（好学社、一九五二年）。

（16）家永三郎ほか編岩波講座『日本歴史』第三巻、古代三（岩波書店、一九六二年）。

（17）「国家仏教」がいわゆる墨塗りの対象になったかどうかという問題については、今回解明に至らなかったので、今後の課題としたい。

（18）このような立場に立つ当時の言説として、宮崎圓遵「親鸞の時代批判と真宗の成立」（『日本仏教学会会報』一七、一九五二年）、同「親鸞の立場と教行信証の撰述」（慶華文化研究会編『教行信証撰述の研究』百華苑、一九五四年）、同「反律令仏教における教団組織」(『印度学仏教学研究』三—二、一九五五年)などがある。またこれと併行して浄土真宗本願寺派内のメディアである『本願寺新報』に「親鸞聖人伝序説」が宮崎圓遵の名で連載され、「苦悩する農民の中にあって、権力者の弾圧の下に一生を送った」宗祖像の普及が図られている(『本願寺新報』一一八〇号、一九五五年)。

(19) 慶華文化研究会編『教行信証撰述の研究』(百華苑、一九五四年)。

(20) 宮崎圓遵「旅の親鸞」(『大法輪』二三—五、一九五六年)。

(21) 民衆仏教抑圧システムを理念的に表現する語に〈僧尼令的秩序〉があり、ひろく用いられている。これは二葉憲香門下の中川修による造語で、初見は中川修「僧尼令的秩序の境界—道慈・玄昉・行基の場合—」(仏教史学会編『仏教の歴史と文化』一九八〇年)である。一九八六年に至って平雅行が、日本史研究会大会報告「中世仏教と社会・国家」において、この術語を用いたことから、平タームとして普及した。平は、中世成立に先立って放棄される古代の仏教の特徴を指して〈僧尼令的秩序〉と呼んでおり、その中身の説明は、井上光貞の律令的国家仏教の立場を事実上踏襲している。

(22) 一九五〇年代における〈反律令仏教〉・〈律令仏教〉論の提唱の初めは、文献上宮崎圓遵ではあるが、戦後の再編を求められた時期に当たっており、この説は宗派を代表する立場から提出された公式見解というべきものであった。この構築にあたっては、二葉憲香との協力関係があったと推測される。二葉は〈律令仏教〉を論じる際、つねに自説としてそれを語っているので、骨格部分について二葉の主導があった可能性も考えられる。いずれにしても終戦を期にした価値観の変転によってあらたな公式見解の提出を課せられた立場から出たものであり、個人の学説と評することじたいがそぐわない。

(23) 二葉憲香「民族宗教を基盤とする戒律の受容」(『龍谷史壇』三六、一九五二年)。

(24) 二葉憲香『親鸞の社会的実践』(百華苑、一九五六年)。

(25) 薗田香融〈書評〉「二葉憲香著『古代仏教思想史研究』」(『仏教史学』一二—一、一九六五年)、中井真孝「僧尼令・准格律条について—律令的官僧身分の規定—」(『ヒストリア』五六、一九七〇年)など。

(26) 井上光貞『日本古代仏教の展開』(吉川弘文館、一九七五年)。

(27) 井上光貞「古代史の探究一〇　朝鮮古代史家の挑戦(研究自叙伝)」(『諸君!』一三—六、文芸春秋社、一九八一年)。

(28) 現実には井上光貞は『日本浄土教成立史の研究』(山川出版社、一九五六年)を構想執筆した段階においてすでに、宮崎・二葉らの図式にきわめて近似した図式をつかって、それを時系列にのせて説明するという作業をしている。そこでは井上は、聖が出現し民間で活動するようになるに至る歴史的段階を二段階にわけ、その第一段階を律令国家が「僧尼令」によって規定された仏教政策を行なっていた段階と考え、このとき民間布教は抑圧されていたとした。第二段階を律令政府の僧尼統制すなわち度縁制が弛緩し僧尼令的仏教統制が解体する段階とし、具体的には延喜・天暦期がこの時期にあたるとした。この段階に聖が出現し、民衆教化に携わったのだとする。

(29)　近代日本が必要とした古代の像を成すにあたって、その萌芽と完成を説明することは日本国家の成立を説明することであり、政府の修史事業においては必須であった。崩壊を説いたのはむしろ中世の成立を説明するためである。維新政府によって東京奠都がもくろまれ、一八七〇年（明治三）事実上京都が棄都されたことを背景に、歴史評価においても、奈良を頂点とし、京都の地位をさげるという作為が働き、武士と鎌倉仏教者を主役とする中世が提案され普及が図られた（原勝郎「鎌倉時代の布教と当時の交通」『史学研究会講演集』第四冊、冨山房、一九一二年）。成立・勃興という筋書きを成り立たせるために、それに先立つ秩序の崩壊を説明しようとする手法には、それじたいに論理的誤謬が含まれている。この筋書きが日本仏教史の概説に取り込まれていく際に、比叡山の堕落腐敗という説明が発生する。

あとがき

本書は、二〇一三年（平成二五）佛教大学にて審査を受け博士学位を授与された論文「日本古代の政治思想と宗教政策に関する研究」に、若干の修訂を施し刊行するものである。審査に際しては、主査中井真孝先生、副査門田誠一先生・宮﨑健司先生のご指導に浴した。刊行にあたっては、大隅和雄先生よりご推薦を頂戴し、吉川弘文館編集部の皆様に拙稿をご吟味いただく機会を得た。ここに至るまでにお世話になった先生方に心より感謝申し上げる次第である。また現今の厳しい出版状況において、社会の知性と教養を守りつづける責務に取り組む書肆のあることを歓び、敬意を捧げたい。

なお研究をまとめる段階においてＪＳＰＳ科研費（ＪＰ二五三七〇〇九七、ＪＰ一六Ｋ〇二二二二）の助成を受けた。

書くべきことは本文に書いたので、ここでは近い将来か遠い将来においてこの本を手に取る読者が、学史を見通すために益すると思われることを書留めておく。

この研究の端緒は一九八六年に発している。

その年の春、中世史のゼミに割り振られた学部三年次のわたくしは、法然の膨大な伝記史料に取り組んで早々に迷子になっていた。鎌倉新仏教の祖師として著名なはずのひとのメンバーシップがわからない。宗論も流罪もどうして成立しうるのか考え始めると難解きわまりない。その後法然の流罪を「僧尼令」違反によるものだとしている説があるのを知った。秋には古代史のゼミに割り振られたので、法制史料に関する研究を拾い始めた。「僧尼令」や『延喜式』についてはB6カードに書き写す作業をしてはみたが、読みこなせず眺めるばかりであった。

この年一一月一六日、京都の日本史研究会大会（於龍谷大学）第一分科会において、古代・中世における国家と仏教についての共同報告が行われ、そこで本郷真紹氏・平雅行氏・細川涼一氏が登壇された。このなかで平氏は「中世仏教と社会・国家」という報告を担当された。この著名な業績に深く触れることもできないが、当時の所感をそのまま述べると、平報告は中世仏教成立過程について井上光貞を批判しながら説を構成していながら、古代の解体を説明するにあたって井上光貞による古代仏教論を下敷きにしているように思われた。

平氏はその報告のなかで、中世成立の前段階における古代国家の仏教に対する姿勢を〈僧尼令的秩序〉という術語を使って説明され、その内実を私度僧の禁止と民間伝道の禁止（討論の際「僧尼令」の専門家から、民間伝道については完全禁止というわけではないという指摘があり、論文化にあたっては若干の言い換えがあった）とされた。その内実部分が井上光貞説に近似すると思ったのだが、〈僧尼令的秩序〉という言い方は井上の著作においてはみたことがなかった。

その翌週一一月二二日佛教史学会大会（於京都女子大学）が開催され、午前の日本部会において、吉田一彦氏が「古代の私度僧について」、中川修氏が「僧尼令的秩序の再建と天台的平等主義」と題してそれぞれ報告された。吉田報告は吉田氏が私度僧容認と推測する事例を紹介し、日本古代社会において私度僧は禁断されておらず、尊敬の気持ちから全面的に容認されていたと結論された。論証の過程について同意できず考えていると、会場からその結論について真っ向から否定する意見と複数の賞賛とが示された。当時のわたくしにとっては、賞賛のほうがじつのところ不思議に感じられた。というのも、高校時代には、国家に対する民衆の抵抗の例として、浮浪・逃亡・私度僧・偽籍を呪文のように覚えさせられていて、民衆闘争史として描かれた、弾圧される私度僧とそのリーダーたる行基はそれなりに有名だと思っていたからであった。日本史学にこの理解が流通した経緯について当時は知る由もないが、それが高校生や高校教員や、知識人の教えを保守する教養人たちが了解している私度僧であり行基であった。厳しく弾圧される私度僧像と民衆のあいだで生き生きと活動する私度僧像とが、別立した状態でそれぞれ支持されている。素材となる史料は限られており完全に共有されているのに。もし自分がこれについて論ずるならば、そのどちらかに与するのではなく、その別立の理由をあきらかにする論者となりたいとふと考えた。

忘れがたい出来事はそのときに起こった。

第二報告において中川修氏が、〈僧尼令的秩序〉という術語を使って、平安初期仏教を古代における支配秩序の再編という文脈で論じられたところで、最前列中央にいた第一報告者の吉田一彦氏が挙手され、質問に立たれた。

「あなたのいう僧尼令的秩序とはいったい「僧尼令」のどこに書いてあるのですか?」

「ここで言っております僧尼令的秩序とは、国家側の仏教に対する姿勢を総じていったものであり、具体的に「僧尼令」のどの条に該当する内容があるということではありません」

中川氏がこの質問をいなすことなく、即答に挑まれたのを目の当たりにしたわたくしは、氏の「僧尼令的秩序の境界―道慈・玄昉・行基の場合―」（佛教史学会編『仏教の歴史と文化』一九八〇年）を読了していたこともあって、〈僧尼令的秩序〉は中川氏自身の術語ではないかと思った。すぐにもご本人に確かめようと考えたが、実際に確かめることができたのは何年も経ってからのこととなった。というのも、氏はこのときこの術語の論文への援用をひとたび断念され、その後五年以上の長考に入られたからである。

卒業論文の射程を定めるのを先延ばしにしながら過ごしていたわたくしの関心は、このふたつの学会に参加したことを機に、これらの問題の総合的な解明へと向かっていった。

本書に再録した論考の書誌情報をあらためて示すとそれは次のごとくである。

第一章　優婆塞貢進の実像とその史的意義（『史窓』五〇号、一九九三年）

第二章　日本古代における得度前行者の存在形態（『佛教史学研究』四四巻一号、二〇〇一年）

第三章　古代の得度に関する基本概念の再検討―官度・私度・自度を中心に―（『日本仏教綜合研究』八号、二〇〇九年）

第四章　延暦年分度者制の再検討（『佛教史学研究』四八巻二号、二〇〇六年）

第五章　臨時得度の政治思想（『仏教史研究』五〇号、二〇一二年）

第六章　淳仁朝の造宮計画―宮の新営と天皇権獲得の原理―（『史窓』五三号、一九九六年）

第七章　郊野の思想―長岡京域の周縁をめぐって―（『京都市歴史資料館紀要』一二号、一九九五年）

結章　史学史としての〈国家仏教〉論（新稿）

第一章初出論文は、京都女子大学に提出した修士論文の一部をもととしている。修士論文の口頭試問においては主査稲本紀昭先生、副査籠谷眞智子先生・狩野直禎先生にお世話になった。稲本先生は、わたくしが古代における出家得度の許可を「国家権」としてしまわないことを捉えられ、やや強い語気でその理由を尋ねられた。これに対して、この研究課題が古代社会の権力構造の問題に直結していると考えるため、今後それを解明していくつもりであること、いま「国家権」と前提してしまうと、まだ検討していないことに結論をつけるのと同じで、そこに根本問題があることが見えなくなることから意図的にそう言わないのであることを説明した。狩野先生からは「日本には偽濫僧の事例はありますか。私度僧と偽濫僧とはまた違うものなのです」という重要な啓示を頂戴した。

その後当時京都女子大学に在職されていた杉山正明氏の勧めによって修論の一部を公表し、同時に古代社会において権力はどのような構造をとりどのように推移するのか、どのように承認され出現するのかという問題に取り組むことになった。そこで第六章論文と第七章論文をほぼ同時期に執筆発表した。都城論を切り口としたのは、これが古代史の基本かつ応用であると考えていたためだが、これを論ずることができたのは、出身大学において村井康彦先生と瀧浪貞子先生の教えを受けることができたことに加え、年若い時代に林屋辰三郎先生のもとで京都市史編纂の助手として京都地域の史料調査に従事させて頂いた体験に後押しされてのことであった。

日本と周辺諸地域との比較については、狩野先生から啓示を受けて以降、長く懸案のままとなっていた。「僧尼令」のもととなったとされる「道僧格」についての論文は読んでいたが、それらは日本の「僧尼令」をもとに「道僧格」を復元しながら論を立てているので埒があかない。二〇〇二年秋ごろ出身大学の大先輩にあたる西口順子先生にご案内を受け、堀裕氏が世話をされていた研究会に参加させていただくようになった。当時『大宋僧史略』を輪読していたその会では、竺沙雅章先生の講読指導と日本史中国史の若手による議論に接することが叶い、研究上の財産を得ることができた（この研究会の経緯については竺沙雅章「中国仏教史研究会の経緯」〈佐藤文子・原田正俊・堀裕編『仏教がつなぐアジア』二〇一四年〉）。第五章論文はこの会での議論から生まれたもので、隋唐の社会と日本社会の連動を論じつつ、思想や信仰が為政者の行動に強く作用する事情を具体的にあきらかにし、本書全体に渉る主題の要となる論旨を提出することができた。

博士論文を構想するにあたっては、すでに二〇〇五年八月にいちどその全体像を日本宗教史懇話会サマーセミナー（第二期第六回、於仙台）で口頭発表している（この経緯については自身が日本宗教史懇話会編『日本宗教史研究の軌跡と展望』にすでに述べたほか、同書に藤本誠氏がこの発表の批評をしてくださっている）。

まだラフスケッチに過ぎないものであったにもかかわらず、平雅行先生、松尾剛次先生からコメントを頂戴し、さらに夕食後深夜まで藤本誠氏・細井浩志氏らと議論を交わすことができた。そのとき細井氏が、論旨未確定部分のあぶり出しを丹念にしてくださったことは忘れがたく、その後の研究の指針を得ることができた。

本書をまとめるにあたり結章とした「史学史としての〈国家仏教〉論」が成る途上においては、さまざまな分野の専門家と繰り返し議論する機会を得た。さいわい二〇一三年に科研基盤研究（C）「アジア的観点からみた〈国史学〉の比較思想史的研究―仏教文物の位置づけを鍵として―」が採択されたので、その趣旨を理解してもらおうとしたことも契機となった。畏友オリオン・クラウタウ氏のご案内によって、奈良時代の写経を研究するブライアン・ロウ氏が、史学史的分析をなさっていることを知り、縁を結んでいただいたこともあって、博論後に考えが進捗したところもある。

宗教学者たちとの対話は、とてもおもしろくかつ危なっかしい。どうやら自分は歴史学者であるらしいということを感じる瞬間がなんどもある。規範主義に問題を感じそれを脱しようとしているうちに議論が空洞化したような感覚が来て、早々にその状態が気持ち悪くなってすぐもとのところに戻りたくなる、結局のところカオスが苦手で見たくないので観察が足りていないこと、なんとなく艱難辛苦を見立てて乗り越えようとする自画像を描いている、などなど。自己の習性を知るにはうってつけであった。

また学問の作法が垣根になってしまわないようにということは強く意識するようになった。ことに史料の提示や論述の方法において共通言語化する必要を切実に感じている。本書においてもより多くの人と専門性の高い議論が交わせるように、また多くの人が関心を持ち具体的に研究に参入できるようにと工夫してみたが、もっとよい工夫があればご教示願いたいと思う。

石橋を叩いて自分で壊してしまう質のわたくしは、多くの方々に後押ししていただいているにもかかわらず、幾度もこの仕事を頓挫させそうになり、周囲をあきれさせた。この本にはたくさんのひとの生き様を踏みつけにするようなことを書いた。情念として受け入れがたい、と思うひとは少なくないはずである。怖じ気づいていたのかと言われればそれまでだが、学問に痛みがあることをわからないひとは愚かであると思う。逡巡をくりかえすわたくしの状況を察し、最後に背中を押してくださったのは中川修先生である。他人を傷つけ自分も傷つく、しかしあなたは前に進むべきである。今年二月二五日中川先生からいただいた言葉を胸に刻んで進みたい。

本書の構想を進める途上で、長きにわたりご教導賜わった竺沙雅章先生、薗田香融先生、そして狩野直禎先生があいついで旅立たれ、ご叱正をうける機会が永遠に失われた。「そうか本になるのか」と言ってくれた増尾伸一郎さん、三橋正さんが壮年にて去られたことはなお受け止めきれないままである。

ただ一時は絶滅が危惧された当該分野であったが、近年少しずつ若い研究仲間が増えてきた。本書の作成においても若い方々にたいへんお世話になった。手島崇裕氏には細かい索引取りを一手に引き受けていただいた。吉川弘文館編集部稲田美穂氏には、わたくしのやや行き過ぎたコダワリを全部引き受けていただいた。誠実なお仕事に感謝している。

二〇一七年十一月　遠く比叡山を望む白屋に在りて

佐藤文子

著者略歴
一九六五年　京都市に生まれる
一九九〇年　京都女子大学大学院文学研究科東洋史学専攻（日本史学）修士課程修了
現在、本願寺史料研究所研究員、佛教大学・関西大学非常勤講師、博士（文学）

〔主要論文〕
「養林庵文書について」（西口順子氏と共著、『相愛大学研究論集』一六、二〇〇〇年）
「金光寺火屋の操業とその従事者」（村井康彦・大山喬平編『長楽寺蔵七条道場金光寺文書の研究』法藏館、二〇一二年）
「出家と得度のあいだのひとびと」（佐藤文子・原田正俊・堀裕編『仏教がつなぐアジア―王権・信仰・美術』勉誠出版、二〇一四年）

日本古代の政治と仏教
国家仏教論を超えて

二〇一八年（平成三十）一月一日　第一刷発行

著　者　佐《さ》藤《とう》文《ふみ》子《こ》

発行者　吉川道郎

発行所　株式会社　吉川弘文館
郵便番号一一三―〇〇三三
東京都文京区本郷七丁目二番八号
電話〇三―三八一三―九一五一〈代〉
振替口座〇〇一〇〇―五―二四四番
http://www.yoshikawa-k.co.jp/

印刷＝株式会社 理想社
製本＝株式会社 ブックアート
装幀＝山崎　登

ISBN978-4-642-04640-4

索　　引

あ　行

浅井郡(近江国)　……………………………64
飛鳥岡本宮 ……………………………………204
飛鳥浄御原宮 …………………………………198
四阿殿 …………………………………………191
化野(あだし野) …………………225, 229, 237
安諦郡(紀伊国) ………………………102, 104
安殿親王 ………………………………………212
阿保親王 ………………………………………228
『阿弥陀経』……………………………………71
漢人根万呂……………………………………28
在原業平 ……………………………228, 234
淡路国 ……………………………170, 171, 200
粟田馬養………………………………………35
粟田弓張………………………………………35
阿波国(安波)　………………………………28
安毓 ……………………………………………169
安曁……………………………………………43
『威儀経』……………………………………85
威儀師 ……………………………88, 96, 156
生江秋麻呂 …………………………………163
生江家道女 ………………………………77, 78
石川郡(河内国) ……………………101, 214
石川沙弥 ……………………………………101
石作 ………………………………………221, 227
出雲郡(出雲国)　……………………………35
出雲大国………………………………………35
伊勢講山古墓 ………………………224, 226
伊勢沙弥 ……………………………………102
伊勢国…………………………………………24
『伊勢物語』 ……………………228, 234, 239
一条天皇 ……………………………………230
伊都内親王 …………………………………230
因幡国…………………………………………72
員弁郡(伊勢国)　……………………………24
猪名部真人 ……………………24, 26, 37, 49
猪名部美久……………………………………24
稲荷山 ……………………………………211, 215
犬養真老 ……………………………………102
井上内親王 ……………………………185, 204
井上光貞……5, 13, 115, 151, 176, 180, 255～261, 263
『伊呂波字類抄』 ……………………………218
忌部 …………………………………………196, 207
宇治郡(山城国) ……………………………217
太秦 ……………………………212, 214, 219, 220
『打聞集』…………………………………66, 72, 89
内安殿 …………………………………………192
優婆塞・優婆夷…6, 25, 26, 30, 37, 53, 55, 63～70, 72, 73, 78～80, 83, 87～89, 118, 128, 166, 174, 179
優婆塞貢進 …4, 5, 19, 20, 24, 29～32, 34, 36, 38, 39, 44～46, 53, 67, 70, 80, 83, 90, 114, 144, 152, 155, 172, 174
優婆塞貢進文…4, 18, 20, 21, 27, 29, 32, 67, 70, 80, 83
宇波多陵 ……………………………………224, 226
『永徽律』 ……………………………………119
永興……………………………………………64
『叡山大師伝』 ………………………………146
永忠 …………………………………………145, 171
恵雲…………………………………………30, 169
恵運……………………………………85, 86, 91
『易』 …………………………………………160
恵勝(慧勝) ……………………………64, 89
『延喜式』……16, 17, 115, 133, 173, 196, 197, 214, 253
円勢……………………………………………63
園池司 …………………………………………238
役優婆塞………………………………………64
延暦年分度者制…7, 8, 17, 41～44, 46, 52, 96～98, 113, 115, 117, 120～124, 126, 129, 131～134, 137, 138, 140～143, 145, 147～151, 172, 242
老ノ坂…………………………230～232, 239, 241
王子村 …………………………………………231
近江国………………27, 63, 64, 182, 184, 185, 203
淡海少広 ……………………………35, 49, 71, 72

大岩山 ……………………………………………211
大枝(大江) …………………222～224, 230～232
大枝山陵 ……………………………223, 224, 226
大島郡(和泉国) ………………………………223
大田親王 ………………………………………227
大市益山……………………………………………33
大殿祭………………………………196～198, 208
大野東人 ………………………………………170
太安万侶 ……………………………………229, 240
大原野 …212, 213, 215, 216, 221～223, 225, 227, 228, 230, 237
岡倉覚三(天心) ……………………179, 250, 251
他田前人 ……………………………33, 35, 49, 51
他田水主 ………………………………………173
他戸親王 ………………………………………204
小塩 …………………………215, 221, 223, 228
愛宕郡(山背国) ………………………22, 35, 216
乙訓郡(山城国) …………………216, 222, 223
乙訓寺 …………………………………………212
音羽の里 ………………………………………232
小野石子 ………………………………………227
小野庭麻呂…………………………………………78
小治田宮…10, 182, 186, 187, 189, 193, 194, 202～204
尾張国 …………………………………………29, 50
陰陽寮 …………………………………………186

か 行

『開元釈教録』……………………………………180
『開元律』…………………………………………119
戒牒……………………………………………………96
貝原益軒 ………………………………………241
加賀郡(越前国)……………………………………78
鏡作浄麻呂 ……………………………………33, 35
鏡作縄麻呂 ………………………33, 35, 49, 51
柿本人麻呂 ……………………………………198
覚岸 ……………………………………………132
学生 …92, 97, 98, 124, 127, 128, 139～142, 146, 148, 149, 155, 220
学制 …………………………138, 142, 149, 154
学侶……………………………………………………83
「学令」……………………………………………………7
(5)経周易尚書条 ……………………………141
(8)先読経文条…………………………116, 139
(11)通二経条 …………………………116, 140
片岡村…………………………………………………63
交野…………………………212～214, 216, 219
片野神社 ……………………………………214, 215
帷子ノ辻…………………………………214～216
桂川 ……………………………………………224
葛上郡(大和国) ………………………………173
葛原親王 ………………………………………172
葛野郡(山城国)……………………………35, 216
鎌倉仏教 ……………………………………258, 264
鴨呰麻呂………………………………………………22
鴨黒人 …………………………………………22, 49
賀茂立長 ……………………………………125, 130
賀茂部秋麻呂………………………………………30
辛国猪甘………………………………………………35
軽皇子 …………………………………………188
河内国 ……………………………23, 35, 101, 214
川吉麻呂 ………………………………………27, 50
川鎧戸…………………………………………………27
厠殿 ……………………………………………197
漢音(正音)………………42, 122～125, 128～131
願覚……………………………………………………63
観規 ……………………………………103, 117, 119
元興寺 ……………………63, 65, 66, 73, 102, 116
簡試…42, 43, 96～98, 122, 124, 133, 148, 150, 220
『観世音経』…………………………………………22
官僧・官尼…7, 8, 16, 31, 39～42, 44, 46～48, 52, 53, 58, 59, 69, 70, 80, 84, 87, 89, 95, 105～107, 112, 115, 118, 132, 135～138, 142, 147, 149, 150, 154
元旦朝賀儀……………………191～194, 201, 203
官度(公度)…6, 7, 16, 41, 42, 44, 46, 47, 52, 53, 58 ～60, 62, 86, 87, 91, 94～96, 98, 100, 108, 109, 111, 112, 114, 115, 117, 135, 138, 178
桓武天皇…8, 42～44, 46, 113, 115, 117, 121～123, 127, 128, 131, 139, 142, 143, 145～149, 179, 187, 188, 196, 199, 202, 204, 205, 212～214, 217～224, 227～230, 238, 242 →山部王
紀伊郡(山城国) ……………………………211, 216
紀伊国 ……………………………26, 64, 102, 119
私部継人 ………………………………………25, 49
私部智国………………………………………………25
『儀式(貞観儀式)』………………57, 88, 196, 197
義浄 ……………………………81, 92, 118, 155
北野 ……………………………………216, 217, 219
北野廃寺……………………………………217～219

紀吉足 ……102, 103
紀木津雄 ……169
吉備真備 ……148
行円……27
景戒 ……65, 99, 103, 105, 117, 119, 253
行基… 69, 77, 78, 88, 92, 99, 116, 245, 253, 255〜257, 259
『教行信証』……253, 254
行者 ……6, 81, 92
行聖……35
鏡忍……29
行表 ……173, 179
清水寺 ……226, 232, 233, 241
公験 ……40, 41, 44, 52, 53, 106, 135〜138
倶舎宗 ……143
『倶舎論』……125, 129
九条道家 ……200
楠葉 ……221
久世郡(山城国) ……216
具足戒(比丘戒、大僧戒) …47, 85, 86, 103, 104, 123, 156
百済王氏 ……216, 227
百済女王……27
沓掛 ……222, 224, 231, 233, 239, 241
恭仁宮 ……191, 200
恭仁京……38
久米邦武 ……2, 248, 262
栗前野 ……216
栗栖野 ……216
黒板勝美…2, 13, 114, 176, 179, 247, 248, 251, 252, 257, 258, 260〜262
景行天皇 ……235, 241
『景徳伝灯録』……177
悔過……72, 85, 86
『華厳経』……23, 128
華厳業・華厳宗 ……124, 125, 129, 143
『顕戒論』……116, 133, 153, 179
『顕戒論縁起』……125, 143, 145, 155
『賢愚経』……164, 165, 178
『元亨釈書』……89
「羂索陀羅尼」 …22, 23　→「不空羂索陀羅尼」
玄奘 ……132
元正天皇 …3, 69, 79, 92, 113, 135, 167, 189, 194
源信 ……231
還俗…34, 60, 68, 74〜76, 106, 108〜110, 134, 136, 253
〈限定的官度制〉……42, 44, 46, 47, 53
玄蕃寮 …16, 17, 37, 56, 85, 88, 95〜98, 115, 125, 129, 130, 133, 134, 136, 149, 173, 174
玄賓……43
玄昉……54, 249, 263
元明天皇……3, 79
甲賀寺 ……37
「考課令」
(71)明経条 ……140, 141
『康熙字典』……191, 207
『孝経』……140, 141
光暁 ……169
『江家次第』……197
孝謙(称徳，高野)天皇 …11, 141, 148, 189, 192, 196, 199〜203, 249〜251
皇后宮職……5, 19, 21, 22, 31, 32, 36〜39, 45, 68, 114
光孝天皇 ……222, 239
郊祀 ……213, 214, 238
光定 ……173
高宗(唐) ……132
講読師 ……58, 88, 152
孝徳天皇 ……3
光仁天皇 …40, 41, 117, 148, 171, 189, 196, 204, 213, 220, 250
興福寺……23
『稿本国史眼』……248, 262
『稿本日本帝国美術略史』…250　→『日本帝国美術略史稿』, *Histoire de l'art du Japon*
光明皇后(光明子)……5, 39, 114, 202, 249
五階 ……152
五戒……69, 70, 90
「五教指帰綱目」……125, 129
『古今和歌集』……241
「虚空蔵経陀羅尼」……22
黒衣……40, 52, 58, 61, 89
国学 ……250
国師……29
国史学 ……2, 3, 12, 13, 157, 183, 248, 259
『国史の研究』…13, 114, 179, 180, 247, 248, 250, 251, 261
『国体の本義』……253
国分寺・国分尼寺…13, 24, 32, 33, 51, 55, 88, 200, 245, 246, 248, 261

『古語拾遺』……………………………………207
「戸婚律」 …7, 70, 74, 76〜78, 80, 90, 107〜109, 112, 115, 134, 153
御斎会(正月斎会) …17, 43, 56, 57, 60〜62, 118, 123, 125, 128, 152, 156, 173
高志内親王 ……………………………………227
後白河法皇…………………………………………56
『後撰和歌集』……………………………………239
国家仏教・〈国家仏教〉論…10〜14, 48, 51, 84, 93, 94, 114, 115, 117, 118, 155, 175, 176, 243〜248, 251, 252, 255〜263
木島坐天照御魂神社 ……………………………220
木幡 …………………………………216, 226, 230
護命 ………………………………………………116
『子易物語』…………………………231, 232, 241
『金光明最勝王経』 …22, 23, 34, 71, 85, 88, 114, 122〜124, 126, 128, 158, 170, 180
金光明寺……………………………………………37
『今昔物語集』……………………………52, 61, 89
「根本陀羅尼」……………………………………71
『羯磨四分律鈔』……………………125, 129, 130

さ　行

最澄…130, 131, 142〜147, 149, 152, 155, 171, 179, 253, 255
西明寺 ………………………………164, 165, 178
斉明天皇 …………………………………………204
佐伯浄万侶…………………………………………25
嵯峨院 ……………………………………215, 216
嵯峨天皇…214, 216, 217, 222, 225, 227, 230, 238, 239
嵯峨野 ………………212, 216, 217, 225, 229, 237
坂上田村麻呂 ……………………………169, 232
酒見奈良万呂 ………………………………28, 50
坂本親王 …………………………………………227
坂本太郎 ……………………177, 246, 261, 262
佐岐村 ……………………………………………102
造酒司 ……………………………………………197
雀部小虫……………………………………………28
雀部御垣守 …………………………………28, 50
『左伝』……………………………………140, 141
サンガ ……………………………………7, 8, 118
三学 ………………………………………133, 153
三綱…35, 59, 69, 71, 72, 74, 75, 78, 92, 106〜109, 112, 117, 124, 134, 136
三司(治部省・玄蕃寮・僧綱)…17, 96, 116, 125, 129, 133, 149, 156, 173
『三宝絵』……………………………………52, 61
三論業・三論宗 …124, 125, 127〜129, 143, 146, 152
『爾雅』……………………………………………241
紫香楽宮 ……………………37, 38, 187, 203, 261
「職員令」……………………………………………96
(13)式部省条 ………………………………97, 98
(14)大学寮条 ………………97, 98, 148, 220
城下郡(大和国) ……………………………33, 35
式部省…………………96〜98, 140, 141, 148, 149
重野安繹 …………………………………248, 262
師主 …7, 23, 27, 28, 46, 53, 59, 60, 68, 70, 75, 76, 78, 83, 103, 104, 106, 107, 112, 173
仁寿殿 ……………………………………………197
紫宸殿 ……………………………………………197
慈蔵 …………………………………………………71
「七仏八菩薩陀羅尼」 …………………………23
十戒(沙弥十戒) ………………………………46, 90
実進 ………………………………………………173
実忠…………………………………………………30
私度 …6, 7, 9, 39〜41, 47, 48, 51, 52, 55, 58〜60, 62, 74〜77, 79, 90, 93〜95, 98〜100, 104〜112, 115〜118
賜度……………43〜46, 113, 167, 168, 171, 172
自度…6, 7, 52, 61, 94, 98〜105, 111, 112, 116, 117, 179
私入道 …7, 58, 59, 70, 74, 76〜80, 107, 198, 115, 117, 134, 135, 153
志磐 ………………………………………………132
紫微中台……………………………………………39
治部省…17, 18, 23, 31, 34, 35, 39〜41, 51, 56, 85, 95〜98, 125, 129〜131, 133〜137, 149, 152
『四分律刪繁補闕行事鈔』 …164 →『六巻抄』
下田野 ……………………………………216, 217
写経…10, 14, 19, 21〜23, 31, 49, 68, 88, 102, 162, 169, 170, 175, 246
『釈氏稽古略』……………………………………132
『釈氏要覧』……………………………………81, 92
沙弥・沙弥尼 …5, 17, 46, 47, 52, 61, 78, 79, 81〜83, 85〜87, 91, 99, 101〜104, 118, 135, 173
沙弥行 ……………………………85〜87, 91, 156
「十一面経陀羅尼」………………………………22
修悟 ………………………………………………145

宗分度者 ……………………………8, 113, 144
十輪寺 ……………………………………………228
受戒・授戒…47, 48, 85, 86, 91, 92, 122～127, 129
～133, 137, 155, 156
儒教 ………9, 84, 98, 161, 175, 176, 178, 249, 251
受禅 ……………187, 192, 194, 199, 200, 204, 207
『出家功徳経』 …9, 10, 162～166, 169, 178, 180,
181
出家人試所 ……………………………………37, 38
酒天童子 ………………………………………130
『周礼』…………………………140, 141, 234, 235
順徳天皇 ………………………………………200
淳和天皇…………………217, 223～225, 227, 230
淳仁天皇 …10, 11, 170, 171, 182, 184, 187～190,
192～196, 199～204
正基………………………………………………72
浄行 …19, 23, 33, 34, 53, 68～70, 79, 90, 92, 114,
126, 170, 171
勝虞 ……………………………144, 145, 169
鄭玄 ………………………………………………235
成実宗 ……………………………………………143
『成実論』……………………………………125, 129
常住寺　→野寺
正倉院…………13, 68, 88, 180, 247, 248, 250, 262
正倉院文書…4, 18～20, 35～37, 39, 49, 53, 67, 68,
71, 80, 163, 166, 173, 177, 214, 251
常騰……………………………………………43, 144
浄土教 ………………………………………258, 261
聖徳太子…………………………………63, 255, 259
浄土真宗 ……………………………………253, 263
浄妙寺 …………………………………………230
聖武天皇……3, 13, 114, 126, 158～161, 177, 179,
189, 191, 194, 201, 204, 245～252, 260, 261
『従容録』…………………………………………177
『諸経要集』……………………………………164
嘱請…5, 34, 36, 38, 39, 41～46, 68, 113, 114, 118,
126～128, 152, 155
諸国講師 …………………125, 129, 131, 132, 152
『諸寺略記』…………………………………218, 219
舒明天皇 ………………………………………204
白髪部千嶋 ……………………………………27, 50
信行 ………………………………………………102
神湊 ………………………………………………133
神会 ………………………………………162, 177
親鸞…………………………………………253～256
隋…………………………3, 81, 165, 175, 178, 181
菅野池成 …………………………………………227
菅野真道 ……………………………125, 130, 227
正宮…………………………11, 195, 196, 203, 204
正座 ……………10, 191～195, 197, 199, 201, 202
『政事要略』………………………………………238
正殿…………………………………………11, 197, 199
正都 ………………………………………………205
清涼殿 ……………………………………………197
釈奠 ………………97, 98, 141, 148, 154, 156, 220
『説文解字』………………………………………241
『施灯功徳経』……………………………………166
芹川野 ……………………213, 215, 216, 222, 239
『善見律毘婆沙』…………………………………81, 92
禅光…………………………………………………23
禅宗 ……………………………………………162, 177
「千手陀羅尼」 …………………………………71
専修念仏 ……………………………………………253
践祚 ………………………………………182, 200
宣宗(唐) ……………………………………115, 133
遷都…………………………………202～205, 209
禅律僧………………………………………………89
宋……………………………6, 81, 82, 92, 132, 133
僧綱…17, 36, 69, 74, 75, 85, 92, 95, 96, 116, 122～
125, 129～131, 133～135, 144, 149, 152, 173,
182
『宋高僧伝』……………………………………133, 153
『造像功徳経』……………………………………10, 166
「喪葬令」
(9)皇都条…………………………211, 228, 229
(10)三位以上条 …………………………228
『造塔功徳経』……………………………………10, 166
造東大寺司……………21, 28～32, 36～39, 51, 68
造長岡宮使 ………………………………………187
僧尼名籍…39～41, 44, 51, 54, 85, 96, 97, 105, 133,
136～138
「僧尼令」……91, 95, 115, 253, 255, 256, 259, 264
(3)還俗条 ……………………………………60, 68
(5)非寺院条……………………………………78
(10)聴著木蘭条 ………………………………88
(16)方便条 ……………………………………74
(22)私度条 ……40, 51, 62, 74～76, 106, 107,
153
(24)出家条 ……………………………52, 59, 76
〈僧尼令的秩序〉…………………47, 54, 91, 151, 263

「雑令」
(38)造僧尼籍条 ……………………………17
添上郡(大和国) …………………………35, 71
則天武后 ……………………………………9, 163
曾禰伊甘志………………………………………35
曾禰牛養…………………………………………35

た 行

大安寺…………………25, 26, 35, 64, 89, 164, 173
大学・大学寮…96～98, 128, 139～141, 148, 149, 154, 155, 220, 242
大覚寺 ……………………………………………216
太原 ………………………………………………185
大極殿…10, 56, 57, 159, 183, 189, 191～195, 199, 200, 202, 206
泰産寺 ……………………………………………233
『大周刊定衆経目録』……………………163, 164
代宗(唐) …………………………………………133
『大唐大慈恩寺三蔵法師伝』…………………132
『大般若経』……………………………………23, 158
「大般若陀羅尼」 ………………………………22, 71
『大毘盧遮那経』 ……………………………125, 129
大福寺 ……………………………………………231
『大宝律』…………………………74, 107, 108, 119
『大宝令』 ………………………………3, 134, 135
陀我大神…………………………………………64
高雄天台会 ………………………………………146
高草郡(因幡国)…………………………………35
高嶋郡(近江国)…………………………………27
高野新笠 ……………………………204, 223, 224
高橋王 ……………………………………………169
高橋虫麻呂………………………………………35
高畠陵 ……………………………………224, 226
高御座…………………………………………11, 196
高宮寺……………………………………………63
丹比郡(河内国) ………………………………23, 35
多治比邑刀自 ……………………………………227
多治比国人………………………………………35
『多心経』 ………………………………………22, 71
橘嘉智子 …………………………………………214
田原野 ……………………………………216, 217
玉祖人主…………………………………………25
達摩 ………………………………………162, 177
垂箕山古墳 ………………………………………214
檀越 ……………………………10, 14, 102, 165, 166
丹波国………………………………………25, 231
筑前国……………………………………………29
児子神社 …………………………………233, 241
知識……………………………………28, 45, 64, 102
中観論 ……………………………………………146
仲恭天皇 …………………………………………200
中宮院 ……………………………………………199
中宗(唐) …………………………………………132
中務省……………………………………………17
長安 ………………………………………165, 185
朝堂・朝堂院 ……………183, 189, 191, 195, 199
勅旨宮 ……………………………………………196
珍皇寺 ……………………………………………229
塚原 ……………………………………222, 233, 239
槻本大食…………………………………………35
槻本堅満侶 ……………………………………35, 49
綴喜郡(山城国) ……………………………216, 217
恒世親王 …………………………………………230
『徒然草』 ………………………………………225
『帝王編年記』 ……………………………208, 241
剃髪…5, 6, 56, 70, 76, 79～82, 103, 104, 112, 118, 128
『伝述一心戒文』 ………………………………179
天台業・天台宗 …89, 125, 129～131, 142, 143, 145～147, 152, 155
『天台法華宗年分縁起』…125, 131, 143, 145, 152, 155
天智天皇(中大兄皇子) ……3, 203, 204, 208, 250
天帝 ………………………………………213, 214, 238
天武天皇 ……………………………3, 183, 205, 232
唐…3, 6, 7, 36, 74, 75, 81, 82, 91, 92, 95, 108, 112, 115, 120, 131, 133～135, 145～147, 149, 155, 162, 164, 165, 173, 175, 178, 181, 183, 185, 190, 191, 211, 213, 247
『唐会要』 ………………………………………115
道鏡……………………………………31, 39, 40, 251
道教………………………………………………74
童行………………………………6, 81, 82, 84, 153
『唐国史補』 ……………………………………115
道士・女冠 ………………………………………108
童子…6, 35, 49, 56, 57, 63～66, 70～73, 81, 83, 87～90, 92, 116, 118, 128, 132, 153, 155
道慈 ………………………………………………164
堂衆………………………………………………83
唐招提寺 ……………………………201, 202, 247

道場法師 ………………63, 65～67, 70, 72, 73, 89
道世 ……………………………………………164
道誠………………………………………………81
道宣 ……………………………………………164
東大寺三月堂 …………………………………247
『東大寺要録』……………………………180, 208
『唐大和上東征伝』……………………………208
堂童子 ……………………………57, 64, 88, 89
『唐律疏議』…74, 90, 92, 108, 109, 115, 117, 119, 134, 153
唐令 ……………………………………………211
度縁 …16, 17, 31, 39～41, 47, 82, 85, 96, 97, 133, 156, 173, 179, 264
利苅優婆夷………………………………………64
得喜………………………………………………71
得度 …5～10, 16～18, 20, 27～32, 34, 36, 38, 39, 41, 42, 44～48, 52, 53, 55, 56, 58～61, 63～65, 67～70, 75～86, 94～96, 98, 104, 107, 109, 111～115, 118, 120, 122～130, 132, 133, 137～139, 143, 144, 149, 150～152, 155, 157, 161, 162, 166～168, 170～176, 178, 179
得度前行者…5, 6, 8, 53, 56～58, 60～62, 64～70, 72, 73, 76～78, 80～84, 86～88, 127, 128, 139, 142, 149, 179
度色……………………………………70, 79, 80
俊子内親王 ……………………………………230
都城 …12, 183, 188, 195, 199, 202, 207, 210, 211, 213, 221, 228～230, 237
度僧……8, 10, 14, 82, 110, 132, 133, 153, 166, 176, 255
度牒 ………………………………………82, 98
度人 …4, 5, 34, 36, 70, 97, 113, 114, 121, 123, 126～128, 131～134, 150, 153, 166, 170, 174, 175
舎人親王 ……………………………192, 202
鞆岡廃寺 ………………………………………212
鳥辺野・鳥部山・鳥部郷　…35, 225, 229～231, 237
鳥戸野陵 ………………………………………230

な　行

『内証仏法相承血脈譜』…………………173, 179
長岡 ………………………213, 216, 217, 227, 228
長岡京……12, 204, 210～233, 236～238, 240, 242
中尾陵 …………………………………………230
長郡(阿波国)　…………………………………28
那賀郡(紀伊国)　…………………………26, 102
中嶋院 …………………………………………173
中嶋郡(尾張国)　…………………………………29
中臣氏 …………………………………………207
中臣寺…………………………………35, 71, 72
中臣丸張弓 ……………………………………187
長野古墓 ……………………………225, 226
仲野親王 ………………………………………214
長野君足 ………………………………………187
名草郡(紀伊国) ………………………………119
難波宮…………………38, 173, 179, 183, 185, 187
奈良宮 …………………………………………173
諾楽京 ……………………………………101, 102
奈良野 ……………………………………216, 217
奈良浄足 …………………………………25, 49
奈良許知伊加都 ……………………………35, 71
奈良牟須万呂……………………………………25
『南海寄帰内法伝』………………81, 92, 118, 155
南山律 …………………………………………118
新田部親王 ……………………………………201
丹裏文書　…19, 21, 26, 27, 31, 32, 37, 49, 50, 72
『日本高僧伝要文抄』…………………………116
『日本政記』……………………………………249
『日本帝国美術略史稿』…2, 177, 250　→『稿本日本帝国美術略史』, *Histoire de l'art du Japon*
『日本美術史』……………………………179, 262
『日本霊異記』…7, 52, 61, 62, 64～68, 70, 72, 73, 78, 80, 89～91, 99～101, 103, 105, 116, 119, 179
入道…7, 33, 56, 58, 59, 70, 73, 74, 76～80, 82, 107～109, 115, 117, 122, 124, 134～137, 153, 160, 164, 169, 180
如宝 ………………………………………144, 169
『仁王経』…………………………………22, 246
仁明天皇 ………………………………………230
『涅槃経』…………………………22, 124, 128
『年中行事絵巻』……………………56, 57, 60～62
年分度者…7, 8, 16, 17, 41～44, 46, 52, 85, 86, 91, 96～98, 113, 115～117, 120～134, 137, 138, 140, 142～145, 147～152, 155, 156, 172～174, 176, 242
能応寺 …………………………………………119
野寺(常住寺)…………………………217～219, 238

は　行

陪都……183, 185～188, 205
白丁 ……56, 67, 137, 142, 150
土師氏 ……223, 227
土師和麻呂 ……170
土師真妹 ……223
土師首麻呂……72
土師麻呂……72
長谷部池主 ……29, 50
長谷部稲持……29
秦氏……216, 219～221, 227
秦大蔵弥智……35
秦大蔵喜達……35
秦伎美麻呂……23
秦調堅万呂……35
秦調酒人……35
秦三田次……35
秦道成……37
秦人広山 ……26, 50
甚目子牛養 ……29, 50
八幡神 ……170, 180
「八名経陀羅尼」……23
八斎戒……69, 70, 90
パリ万国博覧会 ……2, 250
〈反律令仏教〉・〈律令仏教〉…14, 180, 252～256, 258～260, 263
比叡山 ……262
日置石足 ……26, 49
日置白麻呂 ……26, 35
東朝集殿 ……201, 202
東常宮 ……196
東山 ……232
日置部稲持……49
比丘(大僧)・比丘尼…47, 52, 83, 85～87, 92, 101, 104, 118, 179
聖 ……63, 64, 255, 264
日高郡(紀伊国) ……102
敏達天皇……66
苾蒭 ……81, 92, 155
日根郡(河内国) ……35
日根大田……35
日根夜麻……35
檜前案麻呂 ……173
白衣…52, 56～62, 68, 81, 83, 88, 89, 92, 101, 104, 155
『百練抄』 ……208
深草……211～213, 234
「不空羂索陀羅尼」…23, 247　→「羂索陀羅尼」
複講 ……125, 129, 131, 132
複都制 ……183, 185, 187
葛井根道……28
伏見 ……212, 213
藤原宮 ……188, 199, 201
藤原京……183, 201～203, 228, 229
藤原種継 ……231
藤原内麻呂 ……144, 145, 227
藤原緒嗣 ……155
藤原乙牟漏 ……224
藤原乙叡 ……169
藤原沢子 ……230
藤原縄主 ……169
藤原田麻呂 ……184, 187
藤原定子 ……230
藤原仲麻呂 ……171, 182, 189, 192, 199, 205
藤原奈良子 ……227
藤原広嗣 ……170
藤原武智麻呂……36
藤原旅子 ……224
藤原不比等……43, 167, 168, 212
『扶桑略記』……66, 208
二葉憲香 …5, 14, 15, 98, 115, 173, 180, 252, 255, 256, 258～260, 263
『仏垂般涅槃略説教戒経』……92
『仏祖統紀』 ……132, 133
『仏頂経』……71
「仏頂尊勝陀羅尼」・「仏頂陀羅尼」 ……22, 23
武帝(梁) ……162, 177
船多麻布 ……23, 35
船次麻呂……23, 35, 49
船吉麻呂 ……23, 35
平安宮造宮使 ……187
平城宮……183～185, 187～189, 191～197, 199～204, 206
平城京……37, 182, 183, 203, 212, 229, 236, 261
『碧巌録』 ……177
別勅度者……17, 115
法栄 ……29, 30
『法苑珠林』 ……164
豊慶 ……102

『方広経』……………………………22, 71, 101, 179
房山石経 ………………………164, 178, 180, 181
冒名相代 …………………40, 51, 75, 76, 106, 137
法隆寺……………………………………13, 250
宝飫郡(三河国)………………………………28
北魏 ……………………………………………109
北宗 …………………………………162, 177
星川五百村 ………………………………35, 49
星川君虫麻呂…………………………………35
星野恒 …………………………………………248
菩提………………………………………………35
『菩提達摩南宗定是非論』……………………162
『法華経』…22, 23, 34, 61, 63, 64, 71, 85, 101, 102, 114, 122, 123, 126, 128, 130～132, 153, 170, 180, 246
「法花経陀羅尼」………………………………22
『法華験記』……………………………52, 61
法相業・法相宗……42, 124, 125, 127～129, 143, 146, 152
保良宮 …10, 182, 184～188, 192～194, 202, 203, 205
本貫…18, 19, 24, 26, 27, 29, 35, 36, 45, 47, 72, 74, 78, 108, 109, 134, 229, 230
『本朝文粋』……………………………………89
本馥 ……………………………………25, 26
『梵網経』……………………………22, 125, 129

ま　行

『摩訶止観』…………………………125, 129
『末法灯明記』……………………………253, 255
満燿 ……………………………………………116
『万葉集』………………………………………198
御炊殿 …………………………………………197
御方広名 …………………………………182, 185
三河国(参河) …………………………………28
弥気山室堂 ……………………………………102
美豆野 ……………………………………216, 217
溝辺浄土…………………………………………23
水戸学……………………………13, 117, 250, 262
美努摩内親王……………………………………43
美濃国 ……………………………………173, 190
都良香 ……………………………66, 67, 73, 89
『都名所図会』……………………………214, 231
宮崎圓遵 ……252～254, 256, 258～260, 262, 263
明経……………………………97, 140, 141, 220
『弥勒経』………………………………………22, 71
〈民衆仏教〉………………6, 93, 111, 255, 256, 263
向日一大枝丘陵……224, 225, 227～230, 237, 240
「向日大明神社年中雑記」……………………239
宗像郡(筑前国) ………………………………29
宗形人君…………………………………………29
宗形部岡足 ……………………………………29, 50
牟婁郡(紀伊国) ………………………………102
牟婁沙弥 ………………………………102, 103
室原具足 ………………………………………33, 35
『毛詩』…………………………………140, 141
〈網羅的官度制〉……………41, 42, 44, 46, 47, 53
百舌鳥 …………………………………………223
物集…………………………………222～225, 239
文武天皇 …………………………………………3

や　行

益上郡(因幡国) ………………………………72
『薬師経』……………………………71, 103, 212
薬師寺 …………………………………………27, 99
益信………………………………………………91
山県郡(美濃国) ………………………………173
山階寺……………………………………………72
山城国・山背…22, 35, 61, 101, 184, 188, 196, 200, 210, 211, 214, 216, 219, 221～223, 231, 237, 239
大養徳友足 ……………………………………33, 35
大和国(大倭国、大養徳国)…159, 160, 173, 184, 186, 249
山部王 ……………………148, 204　→桓武天皇
唯識論……………………………14, 125, 129, 146
唯物史観 ……………5, 15, 94, 100, 111, 253, 261
『維摩経』…………………………………………22
「瑜伽声聞地」……………………………125, 129
「瑜伽菩薩地」……………………………………23
弓削寺……………………………………………35
由義宮 ……………………………………185, 187
湯殿 ……………………………………………197
陽成天皇 ………………………………216, 217
楊梅宮 …………………………………………196
『養老律』…………………………………………74
『養老令』………………………76, 141, 211, 240
『浴像功徳経』……………………………10, 166
吉田東伍 ………………………………………214

ら 行

『礼記』……………………140, 141, 219〜221, 239
頼山陽 ……………………………………117, 249
洛陽 ……………………………………………185
離宮 ……………………………183, 187, 189, 216
『理趣経』………………………………………71
律業・律宗 ………………………125, 129, 143
〈律令制〉……………………………1, 8, 94, 261
〈律令的国家仏教〉………115, 255, 258〜260, 263
〈律令仏教〉 →〈反律令仏教〉
立義……………………………125, 129〜132, 152
『梁塵秘抄』……………………………………221
『令集解』……51, 52, 59, 60, 68, 74〜76, 139, 140, 229
霊福………………………………………………35
臨軒 ……………………………10, 189〜196, 202
臨時得度……8〜10, 41, 157〜159, 161, 162, 165, 167, 173〜175, 177
臨時度者……………85, 86, 91, 115, 172, 174, 176
臨朝……………………………………189〜191
『類聚国史』……52, 115, 123〜125, 151, 152, 169, 211, 237〜240
『類聚三代格』…51, 52, 86, 88, 91, 116, 125, 131, 151, 152
『類聚名義抄』…………………………………235
霊厳寺 …………………………………………238
霊太后 ……………………………………109, 110
例得度……………………………172〜174, 179
蓮華王院 ………………………………………232
『六巻抄』……64 →『四分律刪繁補闕行事鈔』
『論語』 ……………………………………140, 141

わ 行

和気広世 ………………………………146, 148, 149
『和名類聚抄』…………………………………223

欧 文

Histoire de l'art du Japon …2, 262 →『稿本日本帝国美術略史』,『日本帝国美術略史稿』

研究者文献索引

足立康「野寺移建説に就いて」(『史迹と美術』89, 1938 年) ……………………………………238
家永三郎ほか編『岩波講座 日本歴史』第 3 巻, 古代 3(岩波書店, 1962 年) …………………252, 262
池田久「律令官人の出身制度について」(『皇學館論叢』18–3, 1985 年) …………………………154
石母田正「国家と行基と人民」(『日本古代国家論』第一部, 岩波書店, 1973 年) ………………116
井筒雅風『法衣史』(雄山閣出版, 1974 年) ……………………………………………………………89
井上薫「造宮省と造宮司」(大阪大学南北校『研究集録』4, 1956 年, のち『日本古代の政治と宗教』吉川弘文館, 1961 年に再録) ……………………………………………………………………206
井上薫『日本古代の政治と宗教』(吉川弘文館, 1961 年) ……………………………………………50
井上薫「優婆塞貢進文」(『国史大辞典』第 2 巻(う〜お), 吉川弘文館, 1980 年) ………………48
井上光貞『日本浄土教成立史の研究』(山川出版社, 1956 年)……………………………………263
井上光貞『日本古代の国家と仏教』(岩波書店, 1971 年)…………………………5, 115, 151, 180, 258
井上光貞『日本古代仏教の展開』(吉川弘文館, 1975 年)…………………………………258, 263
井上光貞「古代史の探究第十回 朝鮮古代史家の挑戦(研究自叙伝)」(『諸君!』13–6, 文芸春秋社, 1981 年) ……………………………………………………………………………180, 258, 263
井上光貞ほか編『精選日本史』(山川出版社, 1968 年)………………………………………………257
井上光貞ほか編『詳説日本史新版』(山川出版社, 1974 年)…………………………………………257
今泉隆雄「八世紀造宮官司考」(奈良国立文化財研究所創立三十周年記念論文集刊行会編『文化財論叢』同朋舎出版, 1983 年, のち『古代宮都の研究』吉川弘文館, 1993 年に再録) ………………206
今泉隆雄「平城宮大極殿朝堂考」(関晃教授還暦記念会編『関晃先生還暦記念 日本古代史研究』吉川弘文館, 1980 年, のち『古代宮都の研究』吉川弘文館, 1993 年に再録) ……………………206
今泉隆雄「再び平城宮の大極殿・朝堂について」(関晃先生古稀記念会編『律令国家の構造』吉川弘

文館，1989年，のち『古代宮都の研究』吉川弘文館，1993年に「平城宮大極殿朝堂再論」として再録)……206
弥永貞三「古代の釈奠について」(坂本太郎古稀記念会編『続日本古代史論集』下，吉川弘文館，1972年，のち『日本古代の政治と史料』高科書店，1988年に再録)……156
岩澤豊「律令官人の出身と大学寮」(『国史談話会雑誌』26，1985年)……154
岩本次郎「平城京の造営経過について―特に官司機構を中心として―」(『大和文化研究』8-1，1963年)……206
植手通有校注『頼山陽』日本思想大系49(岩波書店，1977年)……262
牛山佳幸「律令制展開期における尼と尼寺」(『民衆史研究』23，1982年，のち『古代中世寺院組織の研究』吉川弘文館，1990年に再録)……177, 178
牛山佳幸『古代中世寺院組織の研究』(吉川弘文館，1990年)……115
梅原末治「向日町長野ノ墳墓」(『京都府史蹟勝地調査会報告』第4冊，1923年)……240
岡倉天心「日本美術史」(『岡倉天心全集』4，平凡社，1980年)……179, 262
岡野浩二「治部省・玄蕃寮の仏教行政」(『駒沢史学』61，2003年)……115, 156
岡田荘司「大殿祭と忌部氏」(『神道宗教』100，1980年)……208
小川隆『神会―敦煌文献と初期の禅宗史』(臨川書店，2007年)……177
尾崎陽美「律令国家と学制」(『日本歴史』655，2002年)……154
小野勝年「長安の西明寺と入唐求法僧」(『仏教史学研究』17-2，1975年)……178
折口信夫「大嘗祭の本義」(『古代研究』民俗学篇二，1928年，のち『折口信夫全集 三 古代研究〈民俗学編二〉』中央公論新社，1975年)……208
貝原益軒「諸州めぐり西北紀行」(益軒会編『益軒全集』5，益軒全集刊行部，1910年，のち国書刊行会，1973年)……241
堅田修「藤原道長の浄妙寺について―摂関時代寺院の一形態に関する考察―」(古代学協会編『摂関時代史の研究』吉川弘文館，1965年)……241
金子裕之「平城京と葬地」(奈良大学文学部文化財学科『文化財学報』第3集，1984年)……240
狩野直喜「我朝に於ける唐制の模倣と祭天の礼」(『徳雲』2-2，1931年，のち『読書籑録』みすず書房，1980年に再録)……238
亀田隆之「造宮省」(『日本古代制度史論』吉川弘文館，1980年)……206
河合ミツ「天平宝字五年十月己卯条の詔と勅」(『続日本紀研究』193，1977年)……205
河上邦彦「凝灰岩使用の古墳―飛鳥地域に於ける終末期後半の古墳の意義―」(末永先生米寿記念会編『末永先生米寿記念献呈論文集』，1985年)……240
岸俊男「太安万侶の墓と田原里」・「太安万侶とその墓」(『遺跡・遺物と古代史学』吉川弘文館，1980年)……240
岸俊男「万葉歌からみた新しい遺物・遺跡―稲荷山鉄剣銘と太安万侶墓―」(井上薫教授退官記念会編『日本古代の国家と宗教』上，吉川弘文館，1980年)……240
鬼頭清明「天平期における優婆塞貢進の社会的背景」(坂本太郎博士古稀記念会編『続日本古代史論集』中，吉川弘文館，1972年，のち『日本古代都市論序説』法政大学出版局，1977年に再録)……4, 48, 52, 87, 90
熊倉千鶴子「『霊異記』における僧侶の呼称」(平野邦雄編『日本霊異記の原像』角川書店，1991年)……88
久米邦武「神道ハ祭天ノ古俗」(『史学会雑誌』2-23・24・25，1891年，『史海』8，1892年に転載)……262
蔵中しのぶ「長安西明寺と大安寺文化圏―奈良朝漢詩文述作の場―」(『奈良朝漢詩文の比較文学的研究』翰林書房，2003年)……178
黒板勝美『国史の研究』(文会堂書店，1908年)……179, 248, 250, 251, 261

黒板勝美『国史の研究』総説の部（文会堂書店，1913年）……248, 261
黒板勝美『国史の研究』各説の部（文会堂書店，1918年）……13, 114, 179, 247, 248, 261
黒板博士記念会編『古文化の保存と研究―黒板博士の業績を中心として』，1953年 ……262
黒崎直「近畿における8・9世紀の墳墓」（奈良国立文化財研究所『研究論集』Ⅵ〈奈良国立文化財研究所学報38〉，1980年）……240
黒沢幸三「霊異記の道場法師系説話について」（『同志社国文学』7，1972年）……89
黒部通善「打聞集所収「道場法師説話」考―付・名古屋における道場法師説話」（『同朋学報』22，1970年）……89
黒部通善「道場法師伝」（『日本霊異記　古代の文学4』早稲田大学出版部，1977年）……89
河内祥輔『古代政治史における天皇制の論理』（吉川弘文館，1986年）……208
小松茂美編『日本の絵巻8年中行事絵巻』（中央公論社，1987年）……88
今野達「元興寺の大槻と道場法師」（『専修国文』2，1967年）……89
坂本太郎・家永三郎編『高等日本史』上（好学社，1952年）……177, 246, 262
佐久間竜「官僧について」（『続日本紀研究』3-3・4，1956年，のち『日本古代僧伝の研究』吉川弘文館，1983年に再録）……48, 53, 118, 154
佐久間竜「優婆塞・優婆夷について」（『古代文化』9-1，1962年，のち『日本古代僧伝の研究』吉川弘文館，1983年に再録）……50, 87, 88
笹山晴生ほか編『詳説日本史B改訂版』（山川出版社，2017年）……244, 261
佐藤文子「白衣について」（『京都市史編さん通信』242，1993年）……92
佐藤文子「出家と得度のあいだのひとびと―日本と中国の度僧システムについての比較研究の試み―」佐藤文子・原田正俊・堀裕編『仏教がつなぐアジア―王権・信仰・美術』勉誠出版，2014年）……53, 119
重野安繹・久米邦武・星野恒『稿本国史眼』（大成館，1890年）……248, 262
柴山正顕「奈良時代における優婆塞について」（遠藤元男博士還暦記念日本古代史論叢刊行会編『日本古代史論叢』，1970年）……87
新保磐次著・三宅米吉閲『日本史要』上（金港堂書籍株式会社，1894年）……249, 250, 262
関晃『帰化人』（至文堂，初版1956年，増補版1966年）……239
曾根正人「平安初期南都仏教と護国体制」（土田直鎮先生還暦記念会編『奈良平安時代史論集』下，吉川弘文館，1984年，のち『古代仏教界と王朝社会』吉川弘文館，2000年に加筆再録）…117, 151
曾根正人「最澄と国家仏教―『請入唐請益表』について―」（平岡定海編『論集日本仏教史』3，平安時代，雄山閣出版，1986年，のち『古代仏教界と王朝社会』吉川弘文館，2000年に加筆再録）……155
薗田香融〈書評〉「二葉憲香著『古代仏教思想史研究』」（『仏教史学』12-1，1965年）……263
薗田香融「平安仏教―奈良から平安へ―」（『岩波講座 日本歴史』第4巻，古代4，岩波書店，1962年）……151, 155
薗田香融「最澄とその思想」（『最澄』日本思想大系4，岩波書店，1974年，のち『日本古代仏教の伝来と受容』塙書房，2016年に再録）……152
薗田香融「国家仏教と社会生活」（『岩波講座 日本歴史』第4巻，古代4，岩波書店，1976年，のち『日本古代仏教の伝来と受容』塙書房，2016年に再録）……48, 118
薗田香融・田村円澄「平安仏教」（『岩波講座 日本歴史』第4巻，古代4，1962年，岩波書店）…179
平雅行「中世仏教と社会・国家」（『日本史研究』295，1987年，のち『日本中世の社会と仏教』塙書房，1992年に「中世移行期の国家と仏教」として加筆再録）……52, 53, 118, 263
平雅行「書評・松尾剛次『鎌倉新仏教の成立―入門儀礼と祖師神話―』」（『史学雑誌』99-3，1990年）……53
平雅行『日本中世の社会と仏教』（塙書房，1992年）……151

多賀秋五郎『唐代教育史の研究—日本学校教育の源流—』(不昧堂書店, 1953 年) ……………………154
高雄義堅『中国仏教史論』(平楽寺書店, 1952 年) ……………………………………………………152, 153
高木博志『近代天皇制の文化史的研究—天皇就任儀礼・年中行事・文化財—』(校倉書房, 1997 年)
……………………………………………………………………………………………………262
高木博志「近代天皇制と古代文化——「国体の精華」としての正倉院・天皇陵」(岩波講座天皇と王権を考える第 5 巻『王権と儀礼』岩波書店, 2002 年, のち『近代天皇制と古都』岩波書店, 2006 年に再録) ……………………………………………………………………………………262
高島正人「日唐両学制の一考察」(『社会文化史学』7, 1971 年) ……………………………………154
高橋徹『道教と日本の宮都—桓武天皇と遷都をめぐる謎—』(人文書院, 1991 年) ……………………238
高橋昌明『酒天童子の誕生』(中公新書, 1992 年) ……………………………………………………241
高橋康夫「平安京とその北郊について」(『日本建築学会論文報告集』315, 1982 年) ………………238
瀧川政次郎「保良京考」(『史学雑誌』64-4, 1955 年, のち『京制並に都城の研究』法制史論叢第 2 冊, 角川書店, 1967 年に再録) ……………………………………………………………205, 208
瀧川政次郎「革命思想と長岡遷都」(『京制並に都城の研究』法制史論叢第 2 冊, 角川書店, 1967 年)
……………………………………………………………………………………………………238
瀧川政次郎『京制並に都城制の研究』(法制史論叢第 2 冊, 角川書店, 1967 年) ……………………205
瀧浪貞子「造宮職と造宮役夫」(『歴史公論』2-10, 1976 年, のち『日本古代宮廷社会の研究』思文閣出版, 1991 年に再録) ……………………………………………………………………………206
瀧浪貞子「歴代遷宮論—藤原京以後における—」(『史窓』36, 1979 年, のち『日本古代宮廷社会の研究』思文閣出版, 1991 年に再録) ……………………………………………………………205, 207
瀧浪貞子「高野新笠と大枝賜姓」(『日本古代宮廷社会の研究』思文閣出版, 1991 年) ……………240
竹内理三「智識優婆塞貢進文」(『寧楽遺文』下, 解説, 東京堂出版, 1944 年) …………48, 51, 52, 90
田中稔「西大寺における『律家』と『寺僧』—文和三年『西大寺白衣寺僧沙汰引付』をめぐって—」(『仏教芸術』62, 1966 年) ……………………………………………………………………………89
塚本善隆「宋時代の童行試経得度の制度」(『支那仏教史学』5-1, 1941 年, のち『中国近世仏教史の諸問題』塚本善隆著作集第 5 巻, 大東出版社, 1975 年に再録) ……………………………91, 152
土谷恵「中世寺院の童と児」(『史学雑誌』101-12, 1992 年, のち『中世寺院の社会と芸能』吉川弘文館, 2001 年に再録) ………………………………………………………………………………88, 90
寺川真知夫「老僧観規は私度僧か—奈良時代中期以後の官度僧の一面—」(『解釈』21-9, 1975 年, のち『日本国現報善悪霊異記の研究』和泉書院, 1996 年に再録) ……………………………117
直木孝次郎「大極殿の起源についての一考察—前期難波宮をめぐって—」(『飛鳥奈良時代の研究』塙書房, 1975 年) ……………………………………………………………………………………208
仲井克己「日本霊異記の〈仏法〉と〈王法〉」(『仏教文学』7, 1983 年) ………………………………116
中井真孝「僧尼令・准格律条について—律令的官僧身分の規定—」(『ヒストリア』56, 1970 年)
……………………………………………………………………………………………48, 263
中井真孝『日本古代の仏教と民衆』(評論社, 1973 年) ………………………………………………90
中井真孝「僧尼令における犯罪と刑罰」(大阪歴史学会編『古代国家の形成と展開』吉川弘文館, 1976 年, のち『日本古代仏教制度史の研究』法蔵館, 1991 年に再録) ……………………………117
中井真孝「奈良時代の得度制度」(速水侑編『論集日本仏教史』2, 奈良時代, 雄山閣出版, 1986 年, のち『日本古代仏教制度史の研究』法蔵館, 1991 年に加筆再録) ……………………………177, 179
中川修「僧尼令的秩序の境界—道慈・玄昉・行基の場合—」(仏教史学会編『仏教の歴史と文化』, 1980 年) ……………………………………………………………………………………………54, 263
中島信親「平安京遷都後の長岡京域」(『都城制研究』6, 2012 年) …………………………………242
中田祝夫「解説」(『日本古典文学全集　日本霊異記』小学館, 1975 年) ……………………………116
中林隆之「優婆塞（夷）貢進制度の展開」『正倉院文書研究』1, 1993 年) ……………………53, 88

中村明蔵「優婆塞について」(『続日本紀研究』7-11, 1960 年) ……………………………………87, 90
西山恵子「藤原氏と浄妙寺」(『京都市歴史資料館紀要』10, 1992 年) …………………………………241
仁藤敦史「複都制と難波京」(『歴博』53, 1992 年, のち『古代王権と都城』吉川弘文館, 1998 年に大幅な加筆改稿のうえ再録) ……………………………………………………………………………………205
根本誠二「「優婆塞貢進解」について」(『史元』17, 明治大学日本古代史研究会, 1973 年) ………………………………………………………………………………………………………87, 88, 90
根本誠二「古代における優婆塞・優婆夷について—特に天平十七年期を中心として—」(下出積与編『日本史における民衆と宗教』山川出版社, 1976 年) ……………………………………………87, 88, 90
根本誠二「天平期の知識と優婆塞・優婆夷」(『地方史研究』206, 37-2, 1987 年) のち『奈良仏教と行基伝承の展開』雄山閣出版, 1991 年に「行基とその集団の形成」として再録) ………………………………………………………………………………………………49, 50, 87, 88, 90
野田有紀子「学令に見える大学の一側面」(『延喜式研究』16, 1999 年) ………………………………154
橋本政良「僧尼身分の設定と得度官許制」(『日本歴史』310, 1974 年) …………………………………48
橋本義則「奈良時代における歴代天皇の御在所の歴史的変遷」(奈良国立文化財研究所『平城宮発掘調査報告XIII 内裏の調査II』1991 年, のち『古代宮都の内裏構造』吉川弘文館, 2011 年に再録) ………………………………………………………………………………………………………206, 207
林紀昭「古代学制の基礎的考察 (1)」(『滋賀大学教育学部紀要』26, 1976 年) ……………………154
林譲「黒衣の僧について—鎌倉・南北朝期における遁世の一面—」(小川信先生の古稀記念論集を刊行する会編『小川信先生古稀記念論集 日本中世政治社会の研究』続群書類従完成会, 1991 年) ………89
林陸朗「長岡・平安京と郊祀円丘」(『古代文化』26-3, 1974 年) ……………………………………238
林屋辰三郎「藤原道長の浄妙寺について」(『古代国家の解体』東京大学出版会, 1955 年) ………241
原勝郎「鎌倉時代の布教と当時の交通」(『史学研究会講演集』第 4 冊, 冨山房, 1912 年) ………264
久木幸男『大学寮と古代儒教—日本古代教育史研究』(サイマル出版会, 1968 年) …………………154
久木幸男『日本古代学校の研究』(玉川大学出版部, 1990 年) ……………………………………………154
福田アジオ「村落領域論」(『武蔵大学人文学会雑誌』12-2, 1980 年, のち『日本村落の民俗的構造』弘文堂, 1982 年に再録) ……………………………………………………………………………………241
福永光司・千田稔・高橋徹『日本の道教遺跡』(朝日新聞社, 1987 年) ……………………………………238
福山敏男「奈良朝に於ける写経所に関する研究」(『史学雑誌』43-12, 1932 年, のち『寺院建築の研究』中, 中央公論美術出版, 1982 年に再録) ……………………………………………………………49, 51
藤沢一夫「山城北野廃寺」(『考古学』9-2, 1938 年) ………………………………………………………238
藤善真澄「唐五代の童行制度」(『東洋史研究』21-1, 1962 年, のち『中国仏教史研究 隋唐仏教への視角』法蔵館, 2013 年に再録) ………………………………………………………………………91, 153
藤善真澄「隋唐仏教時代区分試論—度僧制と貢挙制—」(『東洋学術研究』14-3, 1975 年, のち『中国仏教史研究 隋唐仏教への視角』法蔵館, 2013 年に再録) ……………………………………………153
藤善真澄「薬師寺東塔の擦銘と西明寺鐘銘」(『道宣伝の研究』京都大学学術出版会, 2002 年) …178
二葉憲香「民族宗教を基盤とする戒律の受容」(『龍谷史壇』36, 1952 年) ………………………………263
二葉憲香『親鸞の社会的実践』(百華苑, 1956 年) ……………………………………………………………263
二葉憲香『古代仏教思想史研究—日本古代における律令仏教及び反律令仏教の研究—』永田文昌堂, 1962 年) ………………………………………………………………………………………5, 48, 115, 258
二葉憲香「年分度者の原義とその変化」(木村武夫先生還暦記念論集『日本史の研究』ミネルヴァ書房, 1970 年, のち『日本古代仏教史の研究』永田文昌堂, 1984 年に再録) ………………………179
二葉憲香『日本古代仏教史の研究』(永田文昌堂, 1984 年) …………………………………………………48
二葉憲香「得度」(『国史大辞典』第 10 巻 (と〜にそ), 吉川弘文館, 1989 年) …………………………98
舟ケ崎正孝「試業得度・公験制下の民間僧尼の動向—養老〜天平期—」(『歴史研究』18, 1981 年,

のち『国家仏教変容過程の研究』雄山閣出版，1985年に再録）……51
船山徹「「漢訳」と「中国撰述」の間—漢文仏典に特有な形態をめぐって—」（『仏教史学研究』45-1，2002年，のち『仏典はどう漢訳されたのか—スートラが経典になるとき—』岩波書店，2013年に再録）……155
堀一郎「上世仏教の呪術性と山林の優婆塞禅師について」（『東北大学文学部研究年報』3，1953年，のち『我が国民間信仰史の研究』第二部，創元社，1953年に再録）……87
堀池春峰「優婆塞貢進と出家人試所」（『日本歴史』114，1957年，のち『南都仏教史の研究』上，法蔵館，1980年に再録）……51, 87, 90
堀池春峰「奈良時代仏教の密教的性格」（西田直二郎先生頌寿記念『日本古代史論叢』1960年，吉川弘文館，のち『南都仏教史の研究』下，法蔵館，1982年に再録）……87, 90
益田勝実「日本霊異記」（永積安明・松本新八郎編『国民の文学』古典篇，御茶の水書房，1953年）……99, 116
松尾剛次「官僧と遁世僧—鎌倉新仏教の成立と日本授戒制—」（『史学雑誌』94-3，1985年，のち『勧進と破戒の中世史—中世仏教の実相—』吉川弘文館，1995年に再録）……48, 53
松尾剛次「中世得度制について」（『三浦古文化』41，1987年）……115, 156
松尾剛次『鎌倉新仏教の成立—入門儀礼と祖師神話—』（吉川弘文館，1988年）……48, 53, 89
馬淵明子「一九〇〇年パリ万国博覧会と *Histoire de l'art du Japon* をめぐって」（東京文化財研究所『語る現在，語られる過去 日本の美術史学100年』平凡社，1999年）……262
宮崎圓遵「親鸞の時代批判と真宗の成立」（『日本仏教学会会報』17，1952年）……262
宮崎圓遵「親鸞の立場と教行信証の撰述」（慶華文化研究会編『教行信証撰述の研究』百華苑，1954年）……253, 262, 263
宮崎圓遵「反律令仏教における教団組織」（『印度学仏教学研究』3-2，1955年）……262
宮崎圓遵「親鸞聖人伝序説」（『本願寺新報』1180，1955年）……263
宮崎圓遵「旅の親鸞」（『大法輪』23-5，1956年）……254, 262
道端良秀『唐代仏教史の研究』（法蔵館，1957年）……91, 153
三宅徹誠「『賢愚経』「出家功徳尸利苾提品」と『出家功徳経』」（『印度学仏教学研究』59-2，2011年）……177
村尾次郎『桓武天皇』〈人物叢書〉（吉川弘文館，1963年）……239
モンテリウス著・浜田耕作訳『考古学研究法』（雄山閣出版，1984年，原著は1903年）……5
茂木秀淳「『霊異記』にみられる優婆塞」（『信州大学教育学部紀要』71，1990年）……88, 89
桃裕行『上代学制の研究』（目黒書店，1947年，のち修訂して思文閣出版，1994年）……154
百瀬正恒「平安時代の緑釉陶器—平安京近郊の生産窯について—」（日本中世土器研究会『中近世土器の基礎研究』Ⅱ，1986年）……239
諸戸立雄「唐代における僧侶の税役負担について—僧侶の課役免除に関連して」（『仏教の歴史と文化』仏教史学会三十周年記念論集，同朋舎出版，1980年，のち『中国仏教制度史の研究』第三章第三節，平河出版社，1990年に加筆再録）……90
諸戸立雄「唐・五代の童行と度牒制について」（『仏教史学研究』31-2，1988年）……91
諸戸立雄「南北朝・隋・唐・五代の童行と度牒の制」（『中国仏教制度史の研究』平河出版社，1990年）……91
諸戸立雄『中国仏教制度史の研究』（平河出版社，1990年）……153
八重津洋平「故唐律疏議」（滋賀秀三『中国法制史 基本資料の研究』東京大学出版会，1993年）……119
柳田国男「雷神信仰の変遷」（『妹の力』創元社，1940年）……89
柳田国男『地名の研究』（『定本柳田国男集』20，筑摩書房，新装版，1975年）……238
山口敦史「日本霊異記の自度について—〈私度僧の文学〉を考える—」（『日本文学論集』16，1992

年)………116
山中章「長岡宮式軒瓦と寺院の修理―延暦10年の山背国の浮図の修理をめぐって―」(廣田長三郎編『古瓦図考―ひろたコレクション―』ミネルヴァ書房，1989年)……………………………………239
吉田一彦「僧尼令の運用と効力」(速水侑編『論集日本仏教史』2，奈良時代，雄山閣出版，1986年，のち『日本古代社会と仏教』吉川弘文館，1995年に改訂再録)……………………………………91
吉田一彦「古代の私度僧について」(『仏教史学研究』30-1，1987年，のち『日本古代社会と仏教』吉川弘文館，1995年に再録)………………………………………………………………51,117,153
吉田一彦「僧尼と古代人」(『寺院史研究』2，1991年，のち『日本古代社会と仏教』1995年に再録)……………………………………………………………………………………………………177,178
吉田一彦「律令仏教論批判」(日本仏教研究会編『日本の仏教』創刊号，法蔵館，1994年，のち『日本古代社会と仏教』吉川弘文館，1995年に「国家仏教論批判」として加筆再録)………………261
吉田一彦『民衆の古代史―『日本霊異記』に見るもうひとつの古代―』(風媒社，2006年)………116
吉田一彦「国分寺国分尼寺の思想」(須田勉・佐藤信編『国分寺の創建』思想・制度編，吉川弘文館，2011年)………………………………………………………………………………………………261
吉田金彦『京都滋賀古代地名を歩く』(京都新聞社，1987年)……………………………………240
吉田清「智識優婆塞貢進について」(『花園史学』13，1992年)……………………………………88
吉田孝「律令時代の交易」(『日本経済史大系』1，東京大学出版会，1965年，のち『律令国家と古代の社会』岩波書店，1983年に再録)……………………………………………………………………51
吉田靖雄「奈良時代の密教の一考察」(『続日本紀研究』179，1975年，のち『日本古代の菩薩と民衆』吉川弘文館，1988年に「密教信仰と現世利益」として再録)……………………………………87
吉田靖雄「奈良時代の優婆塞の教学について」(『和歌森太郎先生還暦記念 古代・中世の社会と民俗文化』弘文堂，1976年)……………………………………………………………………………87
若井敏明「奈良時代の対仏教政策―得度の問題を中心に」(『ヒストリア』109，1985年)………49,87
和歌森太郎「地蔵信仰について」(『宗教研究』124，1951年)……………………………………241
和田萃「喪葬令皇都条についての覚書」(『青陵』24，1974年)…………………………………240